dtv

SABINE PAMPERRIEN

1967
Das Jahr der zwei Sommer

Mit Abbildungen

dtv

Ausführliche Informationen
über unsere Autoren und Bücher
www.dtv.de

Dieses Buch ist auch als eBook erhältlich.
www.dtv.de/dtv_digital

Zur Erinnerung an meinen Vater
Alfons Pamperrien

MIX
Papier aus verantwortungsvollen Quellen
FSC® C083411

Dieses Werk wurde vermittelt durch die Literaturagentur
Dirk Rumberg, Ultreya GmbH

Layout: Lisa Jüngst im Verlag
Satz: Fotosatz Amann, Memmingen
Gesetzt aus der Melior und Avenir
Druck und Bindung: CPI – Ebner & Spiegel, Ulm
Gedruckt auf säurefreiem, chlorfrei gebleichtem Papier
Printed in Germany · ISBN 978-3-423-28127-0

Inhalt

Aus Mangel an Phantasie erleben die meisten Menschen nicht einmal ihr eigenes Leben, geschweige denn ihre Welt, sonst müsste die Lektüre eines einzigen Zeitungsblatts genügen, um sie zum Aufruhr zu bringen.

Erwin Piscator

Prolog

Einmal blickte die ganze Welt nach Erbendorf. Zumindest empfinden die Chronisten der kleinen Stadt in der Oberpfalz das so. 1907 berichtete die französische Tageszeitung ›Le Temps‹ unter dem Titel ›Erbendorf in Bayern: Ausschnitt und Modell deutscher Einigkeit‹ über den erbitterten Streit der Erbendorfer Bürger um den Standort ihres Bahnhofs. Die Zeitung schrieb über Erbendorf, wollte sich damit aber eigentlich vor der ganzen Weltöffentlichkeit über die Diskrepanz zwischen Anspruch und Wirklichkeit der Einigkeitspropaganda des verhassten Deutschen Reichs lustig machen. Die Bürger Erbendorfs hatten für süffisante Kommentare der Erzfeinde eine Steilvorlage geliefert.

Als in den 1850er Jahren der bayerische König die Grundlagen für den Aufbau eines Eisenbahnnetzes schuf, war Erbendorf als bedeutender Eisenbahnknotenpunkt im Gespräch.[1] Doch verpassten die Erbendorfer offenbar eine Bewerbung und so verlief schließlich die große Verbindungsstrecke zwischen Schwandorf und Bayreuth wenige Kilometer an der Stadt vorbei und auch die geplante Verbindung in die Tschechoslowakei andernorts.[2] Erst durch den Ausbau eines Lokalbahnnetzes Ende des 19. Jahrhunderts wurde auch die eisenbahntechnische Anbindung der Handwerkerstadt erneut zum Thema.

Von der Hauptstrecke sollte ab Reuth ein knapp sechseinhalb Kilometer langer eingleisiger Abzweig Richtung Erbendorf führen.

Beim Abstecken der Strecke mussten 1905 die Absteckpflöcke unter Polizeischutz gestellt werden.[3] Zu diesem Zeitpunkt war die knapp 1300 Einwohner zählende Gemeinde[4] heillos zerstritten über die Frage, wo der neue Bahnhof stehen sollte. Der Ort bestand aus zwei Teilen, Nord und Süd: im Norden überwiegend Katholiken, im Süden Protestanten, und jede Partei wollte den Bahnhof auf eigenem Territorium. Der Streit darüber wurde maßlos, leidenschaftlich und gehässig geführt.[5] In den Schulen mochten Kinder von Norderern und Süderern, wie sich die widerstreitenden Parteien nannten, nicht mehr nebeneinandersitzen.[6] Verwandtschaften und Freundschaften zerbrachen.[7] Es kam zu Denunziationen und Diffamierungen, die die Beteiligten bis zu gerichtlichen Auseinandersetzungen vor das Königlich Bayerische Amtsgericht führten.[8]

Kein vernünftiges Argument half: Um die Situation zu befrieden, wurden in dem kleinen Ort zwei Bahnhöfe gebaut, einer im Süden und einer, wenige hundert Meter weiter, im Norden. Da die bayerische Staatsbahn nur einen Bahnhof bezahlte, musste der zweite von der Gemeinde selbst bezahlt werden. Zur Finanzierung dieser Extravaganz wurde der gesamte Gemeindewald gerodet und das Holz verkauft.[9] Erzfeind Frankreich amüsierte sich über einen echten Schildbürgerstreich. So sieht die Wirklichkeit im vor Nationalstolz strotzenden deutschen Kaiserreich aus, haha.

Hergestellt wird durch die vermeintlich salomonische Lösung des Konflikts allenfalls ein Waffenstillstand. Als 1910 ein neuer Pfarrer seinen Dienst in Erbendorf antreten will, beendet er die Zugfahrt eine Haltestelle vor dem Ort und reist mit der Kutsche weiter. Zu groß ist die Gefahr, mit der Wahl des Ausstiegsbahnhofs falsche Signale zu setzen und den Bürgerkrieg neu anzustacheln. Trotzdem: Als 1967 die neue Chronik der stolzen Stadt erscheint, ist darin nachzulesen, dass die Anbindung an das Eisenbahnnetz Erbendorf zu neuem Wohlstand und wirtschaftlichem Aufschwung verholfen hat. Die Eisenbahn, die auf der kurzen Strecke verkehrte, bekam den liebevollen Spitznamen »das Bockl«.

1968
– das Jahr, das angeblich alles verändert hat –
begann im späten Frühjahr 1967
und währte etwa achtzehn Monate.[1]

Vorwort

Ein Jahr der zwei Sommer, das ist das Jahr 1967. Der »Summer of Love« und der »Long, Hot Summer«, die beide gleichzeitig stattfinden und gegensätzlicher nicht sein könnten. Der Sommer der Liebe steht für die immer größer werdende Jugendbewegung und eine völlige Veränderung der Lebensentwürfe.

Der »lange heiße Sommer« steht im engeren Sinne für die schlimmsten Rassenunruhen, die die Vereinigten Staaten je erlebten. Mit rigorosem Einsatz von Polizei und Militär werden Aufstände niedergeschlagen. Der »Long, Hot summer« steht für das Aufflammen von Gewalt und den Respektsverlust gegenüber einer Staatsmacht, die offenkundig ihr Gewaltmonopol missbraucht.

Polizeistaatsmethoden sind nicht nur in Militärdiktaturen dieser Zeit zu besichtigen, sondern auch in der sogenannten Freien Welt. Und die Justiz? Man wird Muhammad Ali in den Vereinigten Staaten, Mick Jagger in England und Nazi-Ärzte in der Bundesrepublik vor dem Richter erleben und staunen.

Trotz oder gerade wegen ihrer Gegensätzlichkeit – das wird die Chronik des Jahres zeigen – sind beide Sommer ideell eng miteinander verwoben. Sie sind geprägt von Hoffnung und Hoffnungslosigkeit, beide vor Kraft strotzend und darauf ausgerichtet, etwas zu ändern. Die Impulse, die von diesen beiden großen Linien ausgehen, haben etwas in der Welt bewirkt. Der lange vorher begonnene, aber hier kulminierende Wertewandel und auch Werteverlust werden anhand vieler Einzelgeschichten spürbar.

In der Rückschau auf das einer ganzen Generation als identitätsstiftendes Jahr zugeschriebene 1968 ist der Fokus weit überwiegend auf Jugendrevolte und globalen Protest gerichtet. Der Historiker Norbert Frei hat in seiner luziden Analyse dessen, was 1968 ausmacht, herausgestellt, dass die gängige Wahrnehmung der »68er« so verkürzt ist, ihre Rezeption so überschattet durch den nachfolgenden linken Terrorismus, dass ihre Vorgeschichte, die in das letzte Drittel der Ära Adenauer rage, kaum wahrgenommen werde.[2]

Hinzuzufügen ist, dass die Fokussierung auf den deutschen Terrorismus die weltweite Wechselwirkung historischer Einflüsse vernachlässigt und auch die Alltagsgeschichte in einer Zeit, von der Andy Warhol sagte, jeder habe sich um jeden gekümmert.

Die Chronik des Jahres 1967, die hier erzählt wird, nimmt zwar auch die Revolten in den Blick und begleitet etwa einen Che Guevara bei seinem Versuch, in Bolivien einen Volksaufstand gegen das brutale Militärregime zu organisieren. Es geht mit den Berliner Studenten zu Demonstrationen oder mit dem »Establishment«, wie die Protagonisten der bürgerlichen Kräfte im Staat von der außerparlamentarischen Opposition genannt wurden, zu Podiumsdiskussionen über Erfolge und Ziele der NPD. Schriftsteller kommen mit ihren Beobachtungen zu Wort und werden in ihrer Einmischung in die Politik gezeigt.

Aber es gab eben auch noch andere Ereignisse, die die Bevölkerung beschäftigten. Weiß man noch, wie einsam Israel vor dem Sechstagekrieg dastand und was für eine Welle der Sympathie und Hilfsbereitschaft bei Bevölkerungen rund um den Globus entstand, als die tödliche Bedrohung offensichtlich wurde, der das Land ausgesetzt war? Während Regierungen stumm blieben, fuhren Taxifahrer durch Berlin, Paris und London und sorgten auf ganz direkte Art für Unterstützung, wie viele andere Bürger auch. Allein aus Gerechtigkeitsempfinden und Mitgefühl.

Die verschriene Springerpresse sorgte nicht nur für Stimmung gegen Gammler und Studenten. Besonders un- und außereheliche Kinder Prominenter einschließlich der dazugehörigen unmoralischen Liebschaften waren Thema. Ein verkrachter Künstler hingegen hatte das Glück, zum Star gehyped zu werden. Das war der Stoff, mit dem sich die Gemüter bewegen ließen.

Deshalb wird hier nicht nur Herrschaftsgeschichte erzählt. Es gibt andere Blicke auf Geschichte, etwa die Mentalität, die Technik, die Medizin, Kaufkraft und Konsumverhalten. Damit kommt die Chronik an in der Alltäglichkeit des bürgerlichen Lebens einer deutschen Durchschnittsfamilie.

Im oberpfälzischen Erbendorf wohnt im Jahr 1967 ein ganz normaler Mann mit seiner ganz normalen Familie. Keine Sensationen, keine die Welt verändernden Entdeckungen oder Eroberungen sind von ihm zu erwarten, keine politisch radikalen Ansichten oder der Ausbruch aus der bürgerlichen Existenz. Er ist ein sehr ordentlicher Mann. Deshalb führt er sorgfältig Buch über den vierköpfigen Haushalt, den er als Alleinverdiener zu versorgen hat.

Er heißt Kurt Drechsler und arbeitet als Bundesbahnbeamter im mittleren Dienst. Der 31-jährige trägt 1967 den Dienstgrad Inspektor und verkauft Fahrkarten, beaufsichtigt die Zugabfertigung oder ist als Zugbegleiter unterwegs. Seine Bezahlung erfolgt nach dem Beamtenbesoldungstarif A9. Er ist verheiratet und bewohnt mit seiner Frau ein schon seit

Jahrhunderten der Familie gehörendes Anwesen im Zentrum von Erbendorf.

1967 zählen schon zwei Söhne, Stefan und Jobst, die in diesem Jahr fünf und zwei Jahre alt werden, zu seinem Haushalt. Im Laufe des Jahres wird sich ein drittes Kind ankündigen, Peter. Die Familie ist nicht reich, hat aber eine gesicherte Existenz. Akribisch führt Kurt Drechsler in einem Taschenkalender ein Haushaltsbuch über alle Einnahmen, Ausgaben und Ersparnisse der Familie. Nur reine Lebensmittel führt er in seinen Aufzeichnungen als monatlichen Sammelposten.

Er hat einen klaren Grundsatz: niemals über die Verhältnisse leben, immer auch etwas zurücklegen. Gespart wird für Notzeiten, größere Anschaffungen und natürlich die Ausbildung der Kinder. Seinem Ordnungssinn ist zu verdanken, dass sich seine Notizen über Anschaffungen und Ausgaben seines vierköpfigen Haushalts, seine Gehaltsabrechnungen und seine Einsatzpläne aus diesem Jahr erhalten haben.

Diese Aufzeichnungen ermöglichen, die Kette weltbewegender Ereignisse des außerordentlichen Jahres 1967 im Leben der ganz normalen Bürger zu erden. Denn die lebten in dem Nachrichtenstrom über bevorstehende oder drohende gesellschaftliche Veränderungen ein ganz normales bürgerliches Leben weiter. Auch sie machen Geschichte, genau wie Staatsmänner, Popstars oder Sportikonen und all die Intellektuellen, die »die Geschichte« deuten.

Die Impulse, die von den Ereignissen des Jahres 1967 ausgingen, wirkten auf ganz unterschiedliche Weise und viel mehr als Unterströmungen. So viel war im Zusammenhang mit 1967 – weil es das Jahr vor 1968 ist – von Rebellion und Revolutionen die Rede, dass die leiseren Impulse viel zu wenig Beachtung finden. Jeder, der im Jahr 2017 seinen Verpackungsmüll zum Recyceln in die gelbe Tonne trägt, ist ein ganz klein wenig Hippie. Umso seltsamer, dass sich an den Abwehrreflexen der heutigen Gesellschaft gegen Anderssein und Fremdsein allem Anschein nach so gut wie nichts geändert zu haben scheint.

Die Chronik des Jahres 1967 wird den einen oder anderen Déjà-vu-Effekt auslösen. Sowohl die Diskussion um rechte Parteien wie auch die um das Bildungswesen scheinen 50 Jahre lang auf der Stelle getreten zu sein. Ebenso das Thema »Lügenpresse«. Und auch die Angst der Gesellschaft vor Terroranschlägen durch Attentäter war schon Thema. Das wirft viele Fragen auf, nicht nur an die Vergangenheit, sondern auch im Hinblick auf die Probleme der Gegenwart. Sehen wir alle Zusammenhänge? Was ist überhaupt anders als damals? Und: Könnten wir weiter sein? Oder auch: Könnten wir glücklicher sein?

Was führte auf lange Sicht zu größeren gesellschaftlichen Veränderungen in Deutschland? Der Mord an dem Studenten Benno Ohnesorg oder die Einführung der Satelliten-Live-Schalte um die ganze Welt? Oder nicht doch eher die erfolgreiche Teilnahme einer Frau am Boston-Marathon und eine beliebte deutsche Fernsehansagerin, die ein uneheliches Kind bekam? Politische Bewegungen, gesellschaftliche Tabu-Brüche oder die technische Revolution? Bewirkte der Neckermann-Katalog vom Frühjahr 1967 mit seiner revolutionären Neuausrichtung den größten Umbruch?

In der DDR, im Westen durchgängig »Ostzone« oder »Mitteldeutschland« genannt, war 1967 Wolf Biermann Staatsfeind Nr. 1, ernannt vom Staat. Und in der Bundesrepublik? Da gab es auch einen Staatsfeind Nr. 1. Ernannt hat ihn die Boulevardpresse. Nein, Rudi Dutschke war es nicht.

Ist die wildgewordene Mitte,
die uns in den zwanziger und dreißiger Jahren
den Nationalsozialismus beschert hat,
heute noch lebendig?
Ralf Dahrendorf 1967

Chronik

JANUAR

Am 3. Januar betreten die Brüder Gibb mit ihren Eltern und ihrem Manager das Schiff, das sie nach England bringen soll. Maurice und Robin sind gerade siebzehn geworden, Barry ist zwanzig. Der Vater hat nach dem großen Erfolg des letzten Albums seiner Söhne in Australien entschieden, den riskanten Sprung in das Heimatland der Rockmusik zu wagen. Sie sind bereits auf dem Schiff, als sie erfahren, dass ihr Song ›Spicks and Specks‹ in den australischen Charts auf Platz eins steht. Der Text, ein wehmütiger Abgesang auf Verluste, die die Zeitläufte so mit sich bringen, passt eher zu älteren Sängern. Vielleicht glauben die australischen Fans den Brüdern, die schon seit fast zehn Jahren als Boygroup durchs Land und von Radiostation zu Radiostation touren, auch die einsame Lebenserfahrung. »Wo sind die Mädchen, die ich verlassen habe? Ihre Spuren und Eindrücke in meinem Gedächtnis? Sie sind fort«, singen die drei zu harten Riffs der Gitarre des ältesten Bruders. Auch alle Freunde, alle Spuren und Eindrücke des ganzen Lebens sind fort, in dem Song. Von heiler Welt keine Spur. Die Überfahrt finanzieren sich die Brüder mit Auftritten an Bord. Fast einen Monat werden sie unterwegs sein.

Der Bundesgerichtshof hat gerade entschieden, dass der Staat nicht für die Behandlungskosten eines zehnjährigen Mädchens aufzukommen habe, die entstanden sind, weil nach mehrfachen Schlägen, die eine Lehrerin gegen den Kopf des Kindes führte, dessen Trommelfell verletzt wurde.

Es gibt einen Ministererlass, demzufolge Jungen ab der dritten Klasse bei besonders schweren Vergehen körperlich gezüchtigt werden dürfen, Mädchen aber grundsätzlich nicht. Der Bundesgerichtshof ist entgegen den darauf abstellenden Entscheidungen der Vorinstanzen der Meinung, dass die Lehrerin aufgrund eines »bestandenen und weiter bestehenden Gewohnheitsrechts« handelte.[1]

Am 14. Januar hält die alternative Szene von San Francisco im Golden Gate Park eine Großveranstaltung ab. »Human Be-In« nennt sich das Ereignis, das äußerlich als Freiluftkonzert daherkommt, aber vorwiegend eine starke Botschaft vermitteln will. In »Human Be-In« steckt weitaus mehr als »Menschen, die zusammenkommen«, der Begriff transportiert einen Aufruf zum Engagement füreinander und innerhalb der Gemeinschaft. Mit der groß beworbenen »Zusammenkunft der Stämme« soll nach außen dokumentiert werden, dass sich im Stadtteil Haight Ashbury ein für die amerikanische Gesellschaft – und vielleicht schon darüber hinaus – wegweisendes neues Gemeinwesen konstituiert hat.

Die angerufenen »Stämme« sind die verschiedenen Gruppen, die die Sub- und Gegenkultur repräsentieren, die sich seit Ende der 50er Jahre insbesondere im Stadtteil Haight-Ashbury entwickelt hat. Das traditionelle Arbeiterviertel mit einfach ausgestatteten viktorianischen Häusern verfügt über eine gut funktionierende und in Zeiten der Rassentrennung ungewöhnliche gemischte Nachbarschaft, deren billigen Wohnraum auch gern die Studenten der nahegelegenen medizinischen Fakultät der Universität von San Francisco nutzen.

Der Verfall der alten Häuser lässt die Wohnatmosphäre immer romantischer wirken. Es lebt sich wie aus der Zeit gefallen. Seit Jahren zieht die preiswerte Gegend in der malerischen Umgebung des Golden Gate Parks Aussteiger aus den gesamten Vereinigten Staaten an, die hier alternative Lebensformen probieren. Man hat eigene Zeitungen, eigene Radiosender, eigene Warenvertriebswege und eigene Mode, die phantastisch inspiriert ist vom Look früher in der San Francisco Bay ihr Unwesen treibender Piraten, viktorianischer Kleidung und Haartracht mit Rüschen, Samt und langen Locken, dem Kleidungsstil der Indianer oder dem der weißen Eroberer im 19. Jahrhundert. Die Absage an das Bürgertum und seine Lebensprinzipien ist vollkommen. Der Zulauf ist längst so groß, dass die ganze Welt dem Experiment interessiert zuschaut.

Die Szene macht bereits Witze über sich selbst, weil sie inzwischen schon für Werbezwecke benutzt wird. Die Handelskammer von San Francisco hat gerade zum Amüsement der Beteiligten eine der vom Establishment verpönten alternativen Straßentheatertruppen auf den Titel ihrer Hauspostille gehoben. Dieselbe Truppe ist wegen Erregung öffentlichen Ärgernisses durch ihre Aktionen schon festgenommen und mit Strafen belegt worden. Nun dienen sie ausgerechnet den »Geldsäcken« als Werbeträger der Botschaft, wie innovativ San Francisco sei.[2] Ein Perspektivwechsel ist das noch nicht, aber immerhin hat sich nach außen mitgeteilt, dass die alternative Szene Sympathien generiert und auch zahlungskräftiges neues Publikum in die Stadt bringt.

Wichtige Repräsentanten der alternativen Szene sind die

»Digger«. Hervorgegangen aus Straßentheatergruppen, geben sie ihrem Wirken das holistische Motto: »Erschaffe Dich neu als das, was Du sein möchtest, jetzt! Erschaffe die Gesellschaft neu wie Du sie möchtest, jetzt! Nimm Deine Freiheit wahr!«[3] Und »Freiheit« meint, dass wirklich alles »frei« ist: Lebensmittel, Waren, Wohnen, Liebe, genauso wie der ganze Mensch.[4]

Die Digger setzen sich schon mal Tiermasken auf, gehen auf die Straßen und halten mit Demonstrationen, bei denen sie »nieder mit dem Geld« fordern, den ganzen Straßenverkehr auf.[5] Dann wieder fahren sie mit einem Lkw, auf dessen Ladefläche Bauchtänzerinnen und Conga-Spieler für Stimmung sorgen, ins Bankenviertel und überreichen Passanten dort Joints, vielleicht auch gefälschte Dollarnoten, auf denen geflügelte Penisse abgebildet sind.[6] Der Anarchismus der Digger richtet sich gegen die Konsumgesellschaft und die Entfremdung der Arbeit.[7] Konsequent entwickeln sie ein Versorgungsmodell, das ohne Geld auskommt und zugleich allen verfügbar ist.

Sie sammeln alles, was von anderen als überflüssig entsorgt wurde, aber noch brauchbar ist und geben es in ihren Läden kostenlos ab. Dazu zählen neben Kleidung und technischem Gerät auch Nahrungsmittel, deren Verfallsdatum abgelaufen ist, sowie frische Ware von Farmern, die diese nicht verkaufen konnten. Der daraus zubereitete »Digger-Stew« wird in Digger-Suppenküchen kostenlos verteilt und sättigt auch so manchen Besucher der ebenso kostenlosen Konzerte im Golden Gate Park. Gern wird auch die kostenlose medizinische Versorgung in Anspruch genommen. Die Digger sorgen dafür, dass der Stadtteil Haight-Ashbury eine ganz eigene soziale Infrastruktur hat. Sie prägen die Identität der Bewohner und das Gemeinwesen.[8]

Ebenfalls zu den Protagonisten der Gegenkultur gehören die politischen Aktivisten von der Universität in Berkeley, die gegen den Vietnamkrieg agitieren und erfolgreich die Abschaffung der Rassentrennung an ihrer Hochschule durchsetzten, sowie die immer größer werdende Kunst- und Musikszene der Stadt, die sich beide von den frei ausgelebten neuen Lebensführungsmodellen inspirieren lassen und die mittlerweile Künstler und Musiker aus der ganzen Welt anziehen.

Weiter gehören Vietnamkriegsgegner und auch Veteranen dazu, die unter den Hippies abgetaucht sind, um sich Einberufung oder erneutem Einsatz zu entziehen. Ihr Unwille, zu töten und sich töten zu lassen, bestärkt entscheidend die pazifistische Grundhaltung der Hippies. Der Vietnamkrieg und die gesellschaftliche Gewalt der Segregation sind die ganz konkreten Folien sowohl für die grundsätzliche Ablehnung von Gewalt als auch für das Bedürfnis, Modelle für dauerhaft friedliche Gemeinwesen zu schaffen. In allen Gruppen ist es der antibürgerliche Reflex gegen die in Repressivität, Rassismus, sozialer Ungerechtigkeit und damit Gewalt erstarrte Gesellschaft, der sie offen für neue Ideen macht.

Ein Ansatz für solch neues Denken ist die These, dass Friedfertigkeit und Bewusstseinserweiterung in einem kausalen Zusammenhang stehen. Das friedliche Zusammenleben aller kann danach durch die Erhöhung der Spiritualität und Erweiterung des Bewusstseins erreicht werden. Dabei besinnt man sich auf Methoden der Meditation und öffnet sich für fernöstliche Religionen. Die Bewegung hat einige ZEN-Meister angezogen, die ihre Schüler in diesen bewusstseinserweiternden Meditationstechniken schulen. Besondere Bedeutung bekommen jedoch Drogen. Bewusstseinserweiternde Drogen wie LSD, Acid oder Marihuana werden behandelt wie Sakramente. Die alle Aktiven verbindende Haltung ist der feste Glaube an die Selbstvervollkommnung durch diese Mittel.

Aber auch andere Außenseiter der amerikanischen Gesellschaft werden angezogen, die mit Selbstvervollkommnung eher weniger am Hut haben. Zu den im Großen und Ganzen Sinn suchenden, weit überwiegend jungen Menschen gesellen sich die Motorrad-Cowboys von den »Hell's Angels«, die eng mit Musikern wie Grateful Dead befreundet sind und mit ihrem Look sowohl Haarmode als auch Kleidungsstil der Hippies stark prägen.[9] Die Hell's Angels werden wegen ihrer konsequent antibürgerlichen Haltung akzeptiert. Sie beschaffen Drogen und konsumieren sie auch intensiv, bilden aber so etwas wie die Negativ-Folie des transzendentalen Konzepts. Sprich: Sie nutzen gern aus, was ihnen freigiebig überlassen wird. Im Klartext des Ober-Hell's Angel heißt das: »Jeder Hippie ist nur allzu gern bereit, dir seine Old Lady zum Ficken zu überlassen. Manchmal will er als Gegenleistung ein bisschen Motorrad fahren.«[10] Für die Hell's Angels sind die Hippies liebe nette Typen, die einfach keine Lust haben, zu arbeiten oder zur Schule zu gehen.[11] »Sie wollen lieber high sein, vögeln und Partys feiern.«[12] Mit dem geilen Tunnelblick auf Auswüchse befinden sich die Hell's Angels im dichten Schulterschluss mit jedem Normal-Spießer. Vielleicht sind sie sogar Prototypen des zerstörerischen Potentials von abgehängten Kleinbürgern, die mal eben das Recht selbst in die Hand nehmen?

In San Francisco hat sich aus den verschiedenen und durchaus auch konträren Gruppen bereits ein Amalgam entwickelt, von dem eine enorme Anziehungskraft ausgeht. Neugierig werden die Experimente beobachtet. Könnte etwas dran sein an diesen alternativen Lebensentwürfen? Auf den kleinsten gemeinsamen Nenner der vorgefundenen Eigenheiten heruntergebrochen ist es die Kreativität der Leute von Haight-Ashbury, die ausstrahlt. Da entwickelt sich etwas Neues? Wird es Bestand haben?

Es hat bedeutsame, sich im weitesten Sinn aus ästhetischen Neuerungen ergebende politisch-soziale Paradigmenwechsel gegeben. Die kreative Potenz der – aus dem Blickwinkel der »Normalen« – verrückten Leute in Haight-Ashbury ist am ehesten vergleichbar mit der englischen Landschaftsgartenbewegung und der deutschen Romantik. Im England des 18. Jahrhunderts erregten Anhänger der Behauptung, die sich frei entfaltende Natur sei schön, heftigste Abwehrreflexe bei all jenen, die in der dem Absolutismus eigenen Ästhetik der streng formalen Zurichtung von Bäumen, Büschen, Beeten und eben auch Menschen den Höhepunkt der Zivilisation sahen.

Landschaftsgärtner, die, einen Stock hinter sich herziehend, die schönsten Wege und Aussichtspunkte auf die freie Natur zu markieren suchten, dienten als Vorlage für böse Karikaturen. Zu lächerlich auch deren Arbeitsthese: »Die ondulierende Schönheitslinie«. Das Urteil der »Normalen« über die Anhänger der neuen Ideen, ihre Kleidung und insbesondere auch ihre Vorstellungen von Familie und Liebe glich dem Urteil der normalen US-Bürger, die jetzt in der Verweigerung der Anpassung an Normen verwöhnte Überspanntheit erkennen. Genauso mussten sich Menschen schon einmal gegen eine Gesellschaft beweisen. Damals galt das Sich-Waschen als indiskutabel. Und bequeme Kleidung war armen Leuten vorbehalten.

Trotzdem setzte sich im 18. und 19. Jahrhundert der neue Stil durch. Das Konzept Landschaftsgarten transportierte den politischen Liberalismus, der von England aus auf die ganze Welt übergriff. Für Deutschland wurde das Gartenreich Wörlitz, das der aufgeklärte Fürst von Anhalt-Dessau schaffen ließ, das bedeutendste Beispiel der Verwobenheit von neuer Ästhetik und politisch-sozialer Reform. Die Impulse für Politik, Philosophie, Kunst, Gesellschaft, Bildung und Pädagogik in der Zeit der Aufklärung sind unschätzbar. Und es war die kritische Komponente der Spätromantik, die dann den politischen Aufbruch hin zur Demokratie in Deutschland ermöglichte.[13] Ob die Hippiekultur auch einen solchen Schritt ins Freie bewirken kann, muss sich noch zeigen. Dass die »Gegenkultur« selbst davon ausgeht, in einem solchen Sinn bereits wirksam zu sein, soll das »Human Be-In« dokumentieren.

Dahinter steckt durchaus ein Programm. Der Begriff »Freiheit«, das alte Mantra des American Way of Life, soll von seiner ideologischen Anbindung an »Unternehmung« gelöst werden. Denn die Fixierung auf den Wohlstand als Maßstab des persönlichen Erfolgs sei in Wahrheit ein unzähligen Freiheitsbeschränkungen unterworfener Prozess. Um wirklich frei zu sein, müsse zunächst das Streben nach Profit und Privatbesitz aufgegeben werden, denn das behindere persönliche Wahrhaftigkeit und Ehre. Danach könne der Mensch authentisch und in Einklang mit sich selbst leben.[14] Wenn genügend Menschen so lebten, würde die Kultur sich ändern und das Miteinander mitfühlender und menschlicher werden.[15] Sind das Illusionen über die wahre Natur des Menschen? Naive Träumereien?

Für die Organisatoren des »Human Be-In« ist die Gemeinschaft, die sich mit diesen Prämissen von Freiheit gebildet hat, schon so weit gediehen, dass man nun vor die Welt treten kann, um auf das Gelingen aufmerksam zu machen und zum Nachahmen aufzurufen.

»Eine neue Generation ist im leblosen Fleisch der alten gewachsen«, wird in einem zwei Tage zuvor veröffentlichten Aufruf zehntausendfach blumig skandiert. »Hängt Eure Ängste am Eingang an den Nagel und tretet ein in die Zukunft. Wenn Ihr es nicht glaubt, bitte wischt Euch die Augen und seht hin.«[16] Und was sieht man dann?

Zunächst einmal: viele Menschen. Von 20 000 bis 30 000 ist bei offiziellen Beobachtern die Rede.[17] 50 000 bis 70 000 sollen es wirklich sein.[18] Dicht an dicht sitzen und stehen sie auf der großen Rasenfläche. Es ist ein schöner milder Januartag. Überall wogen bunte Banner mit psychedelischen Mustern und Fahnen mit Hanfblättern im leichten Wind.[19] Zehntausende Menschen konsumieren Drogen, tanzen, malen sich die Gesichter an, kriechen in die Büsche, um Liebe zu machen, entfachen Feuer für den Grill, bauen Zelte auf und handeln mit Kristallen, Haschpfeifen, Ohrringen oder auch politischen Traktaten.[20] Zehntausende spielen Flöte, Gitarre, Tambourin, Bongos, Congas, Sitar, Saxophon oder singen und entspannen einfach.[21]

Peter Coyote, einer der führenden Digger, ist sich sicher, dass allen in diesem Moment bewusst ist, dass sie Teil einer sich ausbreitenden sozialen, alles verändernden Kraft sind.[22] Es ist ein magischer Moment. Überall werden Marihuana und Haschisch geraucht. Der süßliche Rauch steigt auf und schwebt als riesige Dunstglocke über dem Gelände.[23] Einige Digger gehen herum und verteilen kostenlos LSD, das der LSD-Mogul Stanley »Bear« Owsley gespendet hat.[24] Mancher Besucher fühlt sich, als betrete er einen geodäsischen Dom, ein optischer Effekt der Dunstglocke, der auch von Leuten wahrgenommen wird, die nicht bekifft sind.[25] Fast ist es, als befinde man sich an Bord eines riesigen surrealen Raumschiffs.

Auf der Bühne tummelt sich so ziemlich alles, was in der Musikszene Rang und Namen hat. Dazwischen verkünden Leute wie Jerry Rubin, der die politischen Aspekte der Bewegung formuliert, und Timothy Leary und Richard Alpert, die über Bewusstsein und Glückseligkeit sprechen, ihre Botschaften. Zen-Anhänger und Buddhisten wie die Dichter Gary Snyder und Allen Ginsberg präsentieren ihre Ansichten. Ein Zen-Meister sitzt auf der Bühne und lächelt stundenlang nur glücklich vor sich hin.[26]

»Turn on, tune in, drop out«, ruft Leary den tausenden Zuhörern sein geflügeltes Wort zu.[27] Das kennen sie schon. Leary, Vordenker des Einsatzes von bewusstseinserweiternden Drogen, wiederholt den Slogan oft, wenn er mit seinen Thesen auftritt. Und er tritt oft auf, auch in den bürgerlichen Medien. Sein Spruch ist schon fast so etwas wie das Mantra der Hippies geworden. Manchen ist nicht so ganz klar, was der Psychologe damit eigentlich zum Ausdruck bringen will. Darum geht es: Schärft alle eure Sinne, werdet euch eurer Fähigkeiten und Möglichkeiten bewusst und nutzt sie. Nehmt eure Umwelt und andere Menschen und ihre Bedürfnisse bewusster wahr. Und schmeißt allen Ballast über Bord, durch den gesellschaftliche Konventionen und Hierarchien euch von einem bewusst und glücklich gelebten Leben abhalten.

Zu dem Bild, das er nutzt, hat sich Leary vom kanadischen Kommunikationstheoretiker Marshall McLuhan inspirieren lassen. Alle Menschen sind Sender und Empfänger gleichzeitig und verfügen über unzählige Frequenzen, auf denen sie senden und empfangen können, nicht bloß die zwei, drei Konventionen, auf die sich die meisten Menschen bereitwillig »eintunen« lassen und anschließend in der Begrenzung verkümmern.

Das Publikum im Park nimmt solche Redebeiträge begeistert auf. Genau das leben sie ja schon und haben die Gemeinschaft, in der alle Mitglieder an der Erweiterung ihrer Wahrnehmung zur Verbesserung des eigenen Lebens und des Lebens der anderen arbeiten, gefunden. Kein Zweifel! Hier, an diesem Ort, in San Francisco, in Haight Ashbury. Der Gedanke »Spürt ihr das nicht auch, diesen riesigen Organismus voller positiver Energien?« verbindet alle, als hingen sie mit einer unsichtbaren Nabelschnur zusammen. Nun, Amerika, schau auf diesen Ort! Jetzt beginnt für alle der »Summer of Love«.

Und Amerika schaut. Unzählige Zeitungen und Magazine verbreiten Fotos und Geschichten von dem Ereignis im Golden Gate Park im ganzen Land. Die Resonanz ist überwältigend. Entzückt stellen Menschen in den abgelegensten Städten der Vereinigten Staaten fest, dass es da draußen Tausende gibt, die wie sie über Solidarität und Selbstbewusstsein[28] denken und bereit sind, sie in ihrer Gemeinschaft als Brüder und Schwestern in die Arme zu nehmen.[29] Von überall her strömen nun Gleichgesinnte nach San Francisco, die sich zuvor mit ihrem Unwohl- und Anderssein in der Gesellschaft isoliert fühlten.[30]

Am Abend des 21. Januar findet in der Hamburger Universität eine Podiumsdiskussion zum Thema »Radikalismus in der Demokratie« statt. Der Publikumsandrang ist riesig, denn eine solche Diskussionsrunde ist bisher einmalig. Unter der Leitung des hessischen Generalstaatsanwalts Fritz Bauer sollen der Soziologe Ralf Dahrendorf, der Publizist Rudolf Krämer-Badoni, der Verleger Gerd Bucerius, der NPD-Vorsitzende Adolf von Thadden und der Ostberliner

Rechtsanwalt Friedrich Karl Kaul über »KPD-Verbot, Nazi-Verbot, Mehrheitswahlrecht«, so der Untertitel der Ankündigung, diskutieren. Es soll auch darüber gesprochen werden, wie es möglich sein kann, dass eine rechtsradikale Partei in Deutschland 20 Jahre nach dem Ende des verbrecherischen Regimes der Nationalsozialisten wieder in die Parlamente gewählt wird. Am 6. November des Vorjahres ist es der NPD bei ihrer ersten Teilnahme an einer Landtagswahl gelungen, mit einem Stimmenanteil von fast acht Prozent in den hessischen Landtag einzuziehen. Bei den bayerischen Landtagswahlen am 20. November hat die hier ebenfalls erstmals angetretene NPD 7,4 Prozent der Stimmen erhalten und stellt mit 15 Abgeordneten neben CSU und SPD die dritte Fraktion im Drei-Parteien-Landtag. Die zu den vorherigen Landtagen zählenden Kleinparteien FDP und Bayerische Volkspartei haben den Einzug in den bayerischen Landtag verfehlt.

Wahlforscher und mit ihnen alle Medien beschäftigen sich intensiv mit der Frage, wie der rasche Aufstieg der Partei möglich ist. Ihr Entstehen verdankt die NPD dem Zusammengehen von Aktiven aus verschiedensten nationalistischen und rechtsextremen Kleingruppierungen und Splitterparteien, dazu der Deutschen Reichspartei DRP, auf deren Organisationsstrukturen sie aufbauen konnte.

Die erst am 28. November 1964 mit 473 Mitgliedern gegründete neue Partei hatte bereits im September des darauffolgenden Jahres in allen elf Bundesländern Landesverbände mit 66 Bezirks-, 336 Kreis- und 240 Ortsverbänden, womit 70 Prozent der Gesamtfläche der Bundesrepublik abgedeckt waren.

Bei der Bundestagswahl 1965 trat die NPD an und erzielte mit zwei Prozent einen höheren Stimmenanteil als je zuvor die DRP. Anfang 1966 hatte die NPD 13 700 Mitglieder, am

Ende des Jahres waren es 25 000. Nicht nur aus dem Ausland wird sehr aufmerksam der Aufstieg einer nationalistischen Partei in Deutschland verfolgt, auch im Land ist die Sorge um die Haltbarkeit der Demokratie groß.

Der NPD-Vorsitzende hat sich bereit erklärt, in einer Art Tribunal Rede und Antwort zu stehen. Seine Zielrichtung ist klar. Er will seine Partei als ernstzunehmende politische Alternative in der bundesdeutschen Parteienlandschaft etablieren. Er rechnet damit, dass von den bürgerlichen Parteien und ihren journalistischen Sympathisanten viel Gegenrede kommen wird, und will das zur Selbstdarstellung nutzen. Von Thadden traut sich zu, in der bevorstehenden Debatte, die später in Rundfunk und Fernsehen übertragen wird, Punkte zu machen.

Während im Auditorium Maximum der Universität die Zuhörer ihre Plätze einnehmen und die zahlreich angereisten Medienvertreter ihr Equipment installieren, treffen die fünf Diskussionsteilnehmer in einem Nebenraum zusammen. Ein Kamerateam mit Fotografen ist schon dabei und nimmt auf, wie die fünf Männer, die gleich als Kontrahenten auf das Podium gehen werden, sich auf die anschließende Debatte einstimmen.

Kaul und Bauer sitzen zusammen und wundern sich, dass die anderen noch nicht da sind. Der Ostberliner, der häufig als Vertreter von Nebenklägern in den von Fritz Bauer maßgeblich vorangetriebenen Auschwitz-Prozessen auftritt, erzählt ganz locker von einer ähnlichen Veranstaltung in Tübingen. Da hätte er nicht zum Podium durchdringen können, weil 2000 Studenten ihm immer wieder den Weg verstellt hätten. »Ich bin nicht reingekommen. Die, die mich durchlassen wollten, wurden von anderen wieder nachgedrängt. Und es knallten die Scheiben. Ich bin dann auf so ein Bierbüffet geklettert und habe ihnen gesagt, dass das ein polizeiwidriger Zustand ist und dass ich nicht glaube, dass es richtig ist …« Bauer unterbricht ihn: »Wissen Sie, wer bei uns so einen polizeiwidrigen Zustand feststellen kann?« Darauf Kaul: »Na eben. Ich bin bei den Gerichten der Bundesrepublik zugelassen. Das ist ja geradezu meine legitime Funktion!« Das sagt er in vollem Ernst. Bauer korrigiert nicht, aber seine Miene spricht Bände: Was für eine Anmaßung. Was für eine bonzenhafte Vorstellung von Obrigkeit. In einem einzigen Satz hat Kaul formuliert, was das Rechtssystem der DDR von dem der Bundesrepublik unterscheidet: die mangelnde Gewaltenteilung, das Grundprinzip der Rechtsstaatlichkeit.

Vielleicht glücklicherweise erscheinen nun der ZEIT-Verleger Gerd Bucerius und der NPD-Vorsitzende Adolf von Thadden, der dem Verleger kumpelhaft die Hand auf die Schulter legt. Bucerius ist sichtbar bemüht, so zu tun, als bemerke er das nicht. Dann kommt der konservative Publizist Rudolf Krämer-Badoni in den kleinen Raum, nach ihm als jüngster Teilnehmer der Runde der 36-jährige Konstanzer Soziologie-Professor Ralf Dahrendorf.

Der Umgangston ist jovial. »Kommt, Kinder …« Oder: »Machen wir jetzt noch ein Familienfoto?« »Die Bräune auf meinem Gesicht kommt von Teneriffa, nicht von innen«, will von Thadden scherzen und lacht zu früh über den eigenen Witz. »Warum betonen Sie das?«, wird ungerührt zurückgefragt. »Bin schon drauf angesprochen worden«, stottert der NPD-Vorsitzende irritiert. Die Männer versuchen zu überspielen, dass ihre Begegnung als ziemliche Sensation bewertet wird. Setzt man sich überhaupt mit solchen Leuten an einen Tisch? Von Thadden geht davon aus, genau da zu sein, wo er hingehört. Aber seine Gesprächspartner zeigen ihm nonverbal recht deutlich, dass er sich nicht mit ihnen auf Augenhöhe wähnen sollte. Es ist ein heikler Moment. Von Thadden steht stellvertretend für mittlerweile hunderttausende NPD-Wähler.

SED-Mitglied Kaul vertrat die KPD in der Bundesrepublik im Verbotsverfahren, das 1956 mit dem Verbot der kommunistischen Partei endete. Kaul ist in diese Diskussion als Vertreter der radikalen Linken eingeladen. Von Thadden ist Vorsitzender der NPD, die sich gerade dadurch hervorgetan hat, dass ihre führenden Mitglieder eine Gedenkfeier an den Gräbern der im Gefängnis Landsberg hingerichteten Nazi-Verbrecher abgehalten haben. Während die KPD verboten ist und nur noch im Untergrund agieren kann, ist die NPD innerhalb kürzester Zeit so stark gewachsen, dass sie bereits als vierte Macht in der Parteienlandschaft der Bundesrepublik beschrieben wird. Das Bestreben, die NPD verbieten zu lassen oder durch die Einführung des Mehrheitswahlrechts ihren Einzug in die Parlamente zu verhindern, führt nun die Männer auf dem Podium der heutigen Veranstaltung zusammen.

Der Allgemeine Studentenausschuss (ASTA) der Hamburger Universität und der Kongress für kulturelle Freiheit[31] haben die Veranstaltung organisiert. Die Aula ist mit mehr als 2000 Zuhörern bis auf den letzten Platz besetzt. Wer keinen Stuhl mehr findet, macht es sich auf den Stufen der Aufgänge bequem. Es sind weitaus mehr Männer anwesend, aber doch auch viele Frauen. Die Kleiderordnung ist gutbürgerlich. An ihrem Aussehen lassen sich Studenten und Professoren oder Journalisten kaum voneinander unterscheiden. Anzug oder Hose-Jacke-Kombination überwiegen bei den Herren, Rock und Twinset oder Pullover bei den Damen. Adrette Haarschnitte sind bei beiden Geschlechtern ebenso selbstverständlich.

Drei Fernsehprogramme, Rundfunk und Vertreter anderer Medien sind vor Ort, darunter Wochenschau-Reporter aus dem Osten. Andere Medienvertreter sind im Publikum zu finden, wo die Kameras immer wieder auf bekannte Gesichter wie STERN-Gründer Henri Nannen im Kreise seiner Redakteure schwenken oder prominente ZEIT- und SPIEGEL-Mitarbeiter und bekannte Redakteure des NDR. Dreißig zivil gekleidete Sicherheitskräfte sind auch da, zudem Verfassungsschutzmitarbeiter und Mitarbeiter der Staatssicherheit der DDR.

Unter viel Applaus nehmen die Diskutanten ihre Plätze ein. Nach einer kurzen Einführung durch Fritz Bauer bittet der Stargast aus Ostberlin um das Wort. Kaul möchte eine grundsätzliche Erklärung abgeben, wie er sagt. Bauer gestattet ihm das unter Verweis auf die Demokratie in der Bundesrepublik, über die später gesprochen werden soll. Darauf zieht er ein Blatt Papier aus seiner Jackentasche und beginnt mit der Verlesung eines offenbar vorbereiteten Textes. Der Ton seines Vortrags ist schneidend.

»Wenn das Thema dieser Veranstaltung in seinem Leitsatz auch allgemein gehalten ist, so zeigt doch der Untertitel »KP-Verbot, Nazi-Verbot, Mehrheitswahlrecht«, dass dieses Podiumsgespräch sich ausschließlich mit Fragen der inneren Ordnung der Bundesrepublik befassen soll. Natürlich sind diese Fragen auch für mich, wie für jeden Bürger der Deutschen Demokratischen Republik, von großer Bedeutung. Denn von der Gestaltung der inneren Ordnung der Bundesrepublik hängt entscheidend eine den Lebensnotwendigkeiten entsprechende Regelung der Beziehungen der beiden deutschen Staaten zueinander und damit die Sicherung des Friedens überhaupt ab.« Vereinzelt erklingt Applaus aus dem Zuhörerraum. Kaul fährt fort. »Unbeschadet dieser Tatsache bleibt aber die Gestaltung dieser Ordnung ausschließlich eine innere Angelegenheit der Bundesrepublik. Die selbstverständliche Folge hiervon müsste sein, dass an diesem Gespräch nur Vertreter von westdeutschen politischen Parteien und Institutionen teilnehmen. Tatsächlich verdanke ich meine Einladung offenbar ja auch nur der Tatsache, dass man Vertreter der Kommunistischen Partei Deutschlands nicht einladen konnte. Das wäre aber umso nötiger, wenn dieses Gespräch, wenn es wirklich den notwendigen Ernst und Substanz haben soll, die Erörterung und Begründung folgender Tatsachen verlangt: 1. Die Aufrechterhaltung des Verbots der Kommunistischen Partei Deutschlands widerspricht den sachlichen und rechtlichen Gegebenheiten.« Raunen, Unmut, Beifall aus dem Publikum. »2. Jede auch nur gedachte Gleichsetzung der Kommunistischen Partei Deutschlands mit der NPD ist eine Verunglimpfung der Menschen …« Lautstarke Proteste aus dem Publikum. Kaul fährt unbeirrt fort. »… die im Kampf gegen die Schande des Nazismus für die …« »Aufhören!«, wird aus dem Publikum gerufen. »… deutsche Nation Leben, Gesundheit und Freiheit geopfert haben.« »Diskussion!«, ruft jetzt mehrfach Henri Nannen dazwischen: »Diskussion!« Andere Zuhörer schließen sich an. Der ganze Saal ist ein Rascheln und Murmeln. Kaul lässt sich nicht unterbrechen. »Die NPD, drittens, verdankt ihre Entstehung der von der bisherigen Regierungspartei betriebenen Politik. Sie ist eine Ersatzorganisation der am 23. Oktober 1952 verbotenen SRP.« Wieder ruft Henri Nannen laut: »Diskussion!« Kaul liest weiter vom Blatt: »Insofern steht sie und ihr Wirken von vornherein außerhalb des Gesetzes.« Jetzt wird es so laut im Saal, dass Kaul mehrmals seinen nächsten Satz beginnen muss. »Wie gesagt …« Fritz Bauer bittet um Ruhe im Saal. Man werde Gelegenheit bekommen, zu Kauls Erklärungen Stellung zu nehmen. Der setzt erneut an: »Wie gesagt, für die Erörterungen und Begründungen dieser Feststellungen ist im Rahmen dieses Gespräches die Teilnahme eines Sprechers der KPD unerlässlich. Ihn zu ersetzen ist für mich als Bürger der Deutschen Demokratischen Republik nicht möglich. Wenn ich der an mich ergangenen Einladung trotzdem gefolgt bin, so geschah das, abgesehen von der Achtung, die ich der Persönlichkeit und dem Wirken des Herrn Gesprächsleiters Herrn Generalbu…« Der Versprecher, mit dem Kaul Bauer fast zum Generalbundesanwalt befördert, sorgt für Lacher, die ihn seinen Lapsus sofort korrigieren lassen: »…staatsanwalt Fritz Bauer entgegenbringe, aus der Einsicht in die Notwendigkeit, die öffentliche Meinung der Bundesrepublik mit diesen Feststellungen zu konfrontieren. Eine weitere Teilnahme an diesem Gespräch muss ich mir deshalb versagen.« Ein ohrenbetäubendes Pfeifen und Buhrufen beginnt, dazwischen lautes ungläubiges Gelächter. Einer, der laut auflacht, ist auch Gerd Bucerius. Kaul erhebt sich, faltet das Blatt Papier zusammen und wendet sich zum Gehen. Unzählige Fotografen stürmen auf die Bühne und fotografieren den Abgang. Von Bauer verabschiedet sich der Ostberliner Anwalt mit einer angedeuteten Verbeugung, die anderen Podiumsteilnehmer ignoriert er.

Das Publikum will sich zunächst gar nicht mehr beruhigen. Es ist ein Eklat und eine verpasste Chance, miteinander ins Gespräch zu kommen. Es ging Kaul nur darum, eine offizielle Verlautbarung der DDR an exponierter Stelle zu übermitteln. Was der Ostberliner Rechtsanwalt gerade gesagt hat, kommt einer schallenden Ohrfeige gleich. Von wegen Diskussion! Kaul sagt, dass ein DDR-Bürger sich nicht an politischen Diskursen in der Bundesrepublik beteiligen soll.

Eigentlich soll das aber heißen, dass sich gefälligst die Bundesrepublik nicht in die inneren Angelegenheiten der DDR einzumischen habe. Wenn zu beweisen gewesen wäre, dass DDR-Vertreter nicht zum freien Meinungsaustausch fähig sind, dann wäre das jetzt bewiesen. Das ist es, was die Zuhörer besonders aufregt. Der Mann hat ganz bewusst verhindert, dass ein zur Diskussion bereiter Gast statt seiner auf das Podium geladen wird. Das Verhalten ist eine schlichte Frechheit!

Kauls Auftritt zeigt aber auch das Absurde der deutschen Teilung. Seine Haltung ist paradigmatisch für die Stimmung zwischen der Bundesrepublik und der DDR, die permanent auf die Nichteinmischung in ihre inneren Angelegenheiten pocht, sobald Kritik an den Zuständen in der »Ostzone« geäußert wird. Das rechtliche Verhältnis zwischen beiden Seiten ist – zu Lasten der Menschen – noch immer nicht geklärt, die Bundesrepublik beharrt weiter auf ihrem Alleinvertretungsanspruch und erkennt die DDR völkerrechtlich nicht an. Von Beziehungen zwischen den beiden Teilen Deutschlands kann kaum die Rede sein. Schlimm, dass auch auf einer informellen Ebene wie bei dieser universitären Diskussionsveranstaltung zur Verlautbarungstaktik gegriffen wird. Denn hier sitzen Leute auf dem Podium, die sich inhaltlich mit der Radikalisierung auseinandersetzen wollen und sich auf der Basis des kleinsten gemeinsamen Nenners der Demokratie zusammensetzen, der Redefreiheit des Gegners.

Nachdem das Publikum sich beruhigt hat, beginnt unter den restlichen Podiumsgästen eine aufschlussreiche Diskussion. Im Verlauf des Abends wird Fritz Bauer immer wieder auf die Demokratie anspielen. Zunächst geht es um die Option, das Mehrheitswahlrecht einzuführen. Fürsprecher ist Gerd Bucerius, der inzwischen parteilose frühere CDU-

Bundestagsabgeordnete. Er weist darauf hin, dass in den »großen Demokratien«, wie er sagt, das Mehrheitswahlrecht gelte. Er führt die USA und Großbritannien an. Überall, wo das Verhältniswahlrecht gelte, habe sich die Demokratie als schwach erwiesen. Er nennt Italien und Frankreich. Dort wurde Ende der 50er Jahre das Wahlrecht abgeändert, um den wachsenden Einfluss der Kommunisten einzudämmen. In Italien kommen wegen der Zersplitterung der Parteien selten dauerhaft handlungsfähige Regierungskoalitionen zustande.

Sein Argument: »Beim Verhältniswahlrecht müssen die großen Parteien um die radikalen Stimmen links und rechts kämpfen.« Sehr deutlich sei das zum Beispiel in der letzten Wahlnacht geworden – er meint die Wahlen in Bayern –, als von Franz Josef Strauß weitaus schärfere nationale Töne zu vernehmen waren als sonst. In Nordrhein-Westfalen werde die SPD gezwungen, »mit radikalen Parolen nach links zu werben, um die arbeitslosen Bergarbeiter der KPD wegzugewinnen«. Mit dem Verhältniswahlrecht drohe der Demokratie nach seiner Ansicht »Explosionsgefahr«. Und, ganz wesentlicher Punkt: Es sei ein Irrtum zu meinen, das Parlament müsse die Volksmeinung spiegeln. Nein, sagt er: »Die erste Aufgabe des Parlaments ist es, eine Regierung zu bilden. Das ist dann demokratisch, wenn diese Regierung durch Wahlen beseitigt werden kann.« Viel Beifall erhält er nicht. Zu oberflächlich erscheint seine Argumentation.

Als Gegenredner hat jetzt der NPD-Vorsitzende das Wort. Wenn die NPD durch eine Änderung des Wahlrechts ausgeschaltet würde, dann ginge auch die FDP, wie man in Hannover – wo er herkommt – sage »über den Deister«. Lachen brandet im Publikum auf. Von Thadden setzt nach: »Wobei man dieses als eine angenehme Begleiterscheinung betrachtet.« Die Pointe sitzt. Das Lachen steigert sich. Sitzen da Sympathisanten? Sein Blick geht immer wieder ins Publikum. Nun argumentiert er juristisch.

Das Bundesverfassungsgericht verhindere den Ausschluss der NPD aus dem Parlament. Jetzt ist das Lachen im Publikum etwas ungläubig. Geht es hier nicht auch um das mögliche Verbot der NPD? Da hat das Bundesverfassungsgericht doch noch gar nichts entschieden? Von Thadden setzt seinen Vortrag ungerührt fort: Das Bundesverfassungsgericht habe mehr als 15 verschiedene Entscheidungen gefällt, in denen Änderungen der Fünf-Prozent-Klausel abgelehnt worden seien. »Politik ändert sich nicht durch Drehen am Wahlrecht«, fährt er fort. Die jetzige Situation sei Folge der aktuellen Regierungspolitik. »Genau!«, bestätigt ein Zuhörer. Opposition könne man nur ausschalten, indem die Regierung optimale Politik betreibe, ergänzt von Thadden und erntet noch mehr Beifall. Der NPD-Mann hat gepunktet und genießt es sichtlich.

Nach ihm ergreift Ralf Dahrendorf das Wort. Dahrendorf nimmt zuerst Bucerius aufs Korn. Ihn erinnere, sagt er, die Darstellung von Bucerius an eine berühmte Korrelation, die man in allen Statistik-Lehrbüchern finde, wo zu lesen sei, dass über einen bestimmten Zeitraum hin in Jahren, in denen in Norddeutschland besonders viel Störche gesichtet wurden, auch die Kinderzahl besonders groß war. Schallendes Gelächter ertönt, dann Beifall. Er für sein Teil vermute, dass es für den Kindersegen noch andere Gründe gab. Erneut Gelächter. Jetzt hat er die ganze Aufmerksamkeit des Publikums.

Ihm sei seine Analyse sehr erschwert, weil Adolf von Thadden eine erstaunlich defätistische Position zu seiner eigenen Partei einnehme. Folgendes sei festzuhalten: »Mit

Mehrheitswahlrecht, mit Fünf-Prozent-Klauseln, auch mit Wahlrechtsmanipulationen kann man quantitativ unbedeutende Gruppierungen aus dem Spiel halten. Zu diesen quantitativ unbedeutenden Gruppierungen gehöre in der Gesellschaft der Bundesrepublik ohne jede Frage die Kommunistische Partei, die durch die permanente Gegenreklame, die die Ulbrichts und Kauls dieser Welt gegen sie machen, eben schlechterdings keine Chance hat in diesem Staatswesen.« Zustimmung aus dem Publikum. »Aber quantitativ nicht unbedeutende Gruppierungen, Gruppierungen, die eine Basis haben in einem Land, in einer Gesellschaft, kann man mit solchen Wahlrechtsmanipulationen nicht niederhalten. Ich bin selber überzeugt, dass auch bei relativem Mehrheitswahlrecht die nationalsozialistische Partei eine starke, auch eine sehr starke Vertretung …« Fritz Bauer unterbricht ihn: »Von welcher Partei reden Sie?« Dahrendorf setzt erneut an: »Die nationalsozialistische Partei.« Bauer: »Sie meinen die NDP.« Dahrendorf barsch: »Nein!«, und bringt seinen Satz zu Ende: »… eine sehr starke Vertretung in den Weimarer Reichstag gebracht hätte.« Er muss eine kurze Pause machen, weil das Publikum so laut lacht. »Weil hinter ihr eben starke soziale Gruppen standen. Und die große Frage, die sich uns heute stellt, ist doch: Ist die wildgewordene Mitte, die uns in den Zwanziger- und Dreißigerjahren den Nationalsozialismus beschert hat, und die in anderen Ländern nicht im selben Maße, aber in erheblichem Maße auch wirksam war, heute noch lebendig. Gibt es also heute noch die politischen Interessen und Einstellungen, in der Regel mittelständischer Gruppen – es lässt sich nicht leugnen –, die antidemokratisch für eine autoritäre oder gar totalitäre Staatsordnung sind, die ein breites Echo finden und die zu beseitigen nach meiner Meinung nur möglich ist durch eine klare innere und äußere Politik, nicht dagegen durch Wahlrechtsmanipulationen.«

Auch dafür bekommt er Beifall. Jetzt wendet er sich an den NPD-Vorsitzenden. Wenn der meine, dass das relative Mehrheitswahlrecht seine Partei gefährden könne, dann scheint er von vornherein in Rechnung zu stellen, dass es sich bei ihr um eine jener unbedeutenden Gruppierungen handelt, die man eben mit solchen Manipulationen von der politischen Bühne fernhalten könne. Auch damit provoziert er zustimmendes Lachen. Es müsse darüber gesprochen werden, ob es das Substrat für solche Gruppierungen gebe, und nicht nur nach dem Wahlrecht gefragt werden, denn das sei eine formale und keine inhaltliche Frage. Starker Beifall brandet auf.

Ob die NDP nationalsozialistisches Gedankengut verbreitet und antidemokratisch ist, wird im zweiten Teil der Veranstaltung erörtert. Fritz Bauer zitiert mehrere Passagen aus dem Urteil des Bundesverfassungsgerichts, mit dem 1952 die Nachfolgepartei der NSDAP, die Sozialistische Reichspartei SRP, verboten wurde. Bauer hat Zitate zu Sachverhalten herausgesucht, die damals zum Verbot der Partei führten und die heute zum Gedankengut der NPD zu gehören scheinen. Von Thadden soll als Angeklagter Rede und Antwort stehen, so sei das Szenario vor der Debatte mit diesem abgestimmt worden. Bauer bleibt in allem, was er nun vorträgt, völlig sachlich.

Das Bundesverfassungsgericht hat in der Begründung des SRP-Verbots unter anderem darauf abgestellt, dass die SRP ein Sammelbecken für alte Nazis sei, und anhand von Aussagen aus der Partei nachgewiesen, dass deren Aktivitäten auf eine Restaurierung der NSDAP hinausliefen. Außerdem wurde der SRP vorgeworfen, dass sie die »Landsberger«, die

Nazi-Verbrecher, die in Landsberg hingerichtet wurden, als Blutzeugen aufgerufen habe. In diesem Zusammenhang habe das Bundesverfassungsgericht zu sehr harten und sehr scharfen Worten gegriffen, sagt Bauer. Es spreche von der »Verwilderung der sittlichen Begriffe«, indem die Mörder als schuldlos hingestellt werden, liest Bauer weiter vor. Zudem verbreite die SRP die neue Dolchstoßlüge, dass 1945 die Wehrmacht unbesiegt geblieben wäre, wenn nicht Landesverräter wie Canaris, der Kreis des 20. Juli, die Rote Kapelle und andere Widerstandsgruppen den Endsieg vereitelt hätten. Die wahren Gründe der Niederlage würden verschwiegen. Außerdem warf das Bundesverfassungsgericht der SRP vor, die Regierung Dönitz anerkannt zu haben und Angriffe gegen frühere Emigranten. Wie nun unterscheidet sich die NPD von solchen Inhalten?

Von Thadden erklärt dem zunächst empört reagierenden Publikum, er habe keinen Grund, aus diesem Urteil irgendetwas zu lernen. Er beharrt auf seinem Standpunkt und begründet ihn damit, dass er bereits öffentlich erklärt habe, er sei ein Demokrat und als solchen zeichne ihn aus, dass er sich Mehrheiten beuge, ohne das Recht zu verlieren, sie zu bekämpfen. Das unterscheide sich diametral vom Gegenstand des SRP-Urteils. Bucerius wirft ein: »Das hat Hitler auch gesagt!« Von Thadden antwortet: »Das hat Hitler auch gesagt. Ich führe einen verzweifelten Kampf gegen die Unterstellung, dass die Identität der Vornamen bereits darauf schließen lasse …« Das Publikum wird laut, aber dann übertönt Beifall die Unmutsäußerungen, »darauf schließen lasse, dass ich die Sache wiederhole.« Dann bestätigt er, dass in der SRP tatsächlich eine auffällige Massierung sogenannter Ehemaliger vorhanden war. Das sei bei der NPD nicht so. Aus dem Publikum ertönen laute Rufe und Pfiffe. Von Thadden wiederholt, dass das bei der NPD nicht der Fall sei, was »Gottseidank« durch eine Fülle von wissenschaftlichen Gutachten belegt sei. Jetzt lacht das Publikum ihn aus. Wieder ertönen Pfiffe und Buhrufe, Namen werden gerufen. Von Thadden kritisiert, dass seinen Leuten nicht zugestanden würde, politischen Irrtümern erlegen zu sein. Er behauptet, bei Leuten wie Herbert Wehner, die eine kommunistische Vorgeschichte hätten, würde »der Mantel der Nächstenliebe darüber gebreitet«. Wieder buht das Publikum.

Jetzt geht von Thadden zur Beantwortung der Frage nach seinem Besuch des Friedhofs in Landsberg mit einigen Mitgliedern der NPD kurz vor den Bundestagswahlen 1965 ein. Er sei dort gewesen, ohne an einem bestimmten Grab, sondern auf dem Friedhof einen Blumenstrauß niederzulegen und eine Erklärung abzugeben. Die Erklärung habe gelautet: »Es sind während des Krieges und nach dem Kriege unendlich viele Menschen unschuldig ums Leben gekommen. An anderen Stellen wird der unschuldig Umgekommenen immer wieder gedacht. Auch hier sind Menschen unschuldig umgekommen. Ihrer hat noch keiner gedacht. Wir tun es. Das war die Erklärung.« Ungläubiges Murmeln ist aus dem Publikum zu hören. Gerd Bucerius mischt sich ein. »Herr von Thadden, Ihre Harmlosigkeit ist ja wirklich erstaunlich.« Das Publikum lacht auf und zollt Beifall. »Und ich frage mich, ob sie echt oder gespielt ist. Und ich habe den ganz schrecklichen Eindruck, sie ist außerdem noch echt.« Bucerius schließt gleich an, dass man sich den Vorgang in Landsberg doch nun einmal etwas präziser anschauen sollte. Bucerius zitiert, was eines der NPD-Mitglieder damals auf dem Friedhof sagte: »Wir haben hier aller derer gedacht, die aus Willkür und Machtgier unschuldig durch die Gewalt ihr Leben verloren. Während an die Opfer in Dachau und Bergen-Belsen alle Welt denkt, besucht diese Gräber hier niemand. Wir tun das.« Der NPD-Vorsitzende Fritz Thielen habe dazu gesagt: »So klingt die Sprache der wahren Vaterlandsliebe.« Bucerius: »Hier werden Mörder mit den Ermordeten verglichen und zwar mit grässlich und massenhaft Ermordeten verglichen.«

Bucerius kommt zu seinem zweiten Punkt und zitiert aus den ›Deutschen Nachrichten‹, deren Chefredakteur von Thadden ist. Der Verleger liest vor: »Bedingungsloser Hass hat die jüdischen Funktionäre an den Schalthebeln der Macht 1933, 1939 und 1941 zu verbrecherischen Kriegserklärungen an Deutschland geführt.« Oder: »Heine ist Jude. Und da die Lyrik noch mehr als jede andere dichterische Gattung Ausdruck des Nationalcharakters und der Volksseele ist, so kann Heine unmöglich der größte deutsche Lyriker nach Goethe sein.« Es folgt ein Zitat aus dem ›Stern‹, wo ein NPD-Funktionär auf die Frage, ob Hitler schuld am Zweiten Weltkrieg sei, sagte: »Ich glaube, die Schuld ist ziemlich gleich verteilt, auch auf andere Völker und Staatsmänner. So möchte ich hier vor allem als Hauptmitschuldige bezeichnen die Herren Churchill und Roosevelt.« Abgesehen davon, dass Churchill bei Ausbruch des Krieges noch nicht an der Macht gewesen sei, sei anzumerken, so der Verleger, dass die Behauptung, andere als Hitler seien schuld am Zweiten Weltkrieg gewesen, zum Verbot der SRP beigetragen hätte. Der Gipfel des Zynismus ist für Bucerius eine Aussage von von Thadden selbst in seinem Blatt. Von Thadden habe gesagt, es sei eine unwiderlegliche Tatsache, dass alle Juden im deutschen Machtbereich bis Kriegsausbruch und einige Zeit danach ohne Schaden an Leib und Seele legal aus dem Deutschen Reich auswandern hätten können, wenn sie von den anderen Ländern und Völkern aufgenommen worden wären.

Zu allen diesen Fragen sei dringend eine Erklärung nötig. Ob er denn tatsächlich nicht Hitler für alleinschuldig halte?

Wenn er das zugeben würde, würde er sich um jedes Recht bringen, die Grenzen des Potsdamer Vertrages rückgängig zu machen und die Teilung Deutschlands aufzuheben. »Was?«, fragt Bucerius, »ist das nicht gerade die Voraussetzung für die Aufhebung der Teilung?« »Nein«, sagt der NPD-Mann und wechselt das Thema. Die beiden Zitate über Heine und die Juden hätte er nicht zugelassen in seinem Blatt, wenn er sie gelesen hätte. Mehr könne er dazu nicht sagen. »Sie sind doch Chefredakteur«, sagt der Verleger. Auch das schmettert von Thadden ab: »Hier war doch vorhin Herr Nannen. Ich möchte bezweifeln, dass er jeden Text vor dem Erscheinen liest.« »Hmm, Sie passen aber oft nicht auf!«, witzelt Bucerius. Die Zuhörer lachen schallend. Hatte der NPD-Mann nicht gerade auf eine Anspielung auf den Standardvorwurf seiner Partei, die Medien würden alle lügen, behauptet, in seiner Publikation stehe immer die Wahrheit? »Sie kneifen!«, wird mehrfach gerufen. »Wieso, ich habe doch gerade alles erklärt«, sagt der NPD-Mann ungerührt. Nichts hat er erklärt.

Der Soziologe Ralf Dahrendorf führt die Diskussion auf die nächste Ebene. Was macht eigentlich die NPD aus? Zunächst stellt er heraus, dass es sich um eine ziemlich konturenlose Verbindung rechtskonservativer Gruppierungen und alter Nazis handele. Unter dem Beifall des Publikums stellt er dann fest, dass nicht davon auszugehen sei, dass sich die Geschichte der Jahre 1933 bis 1945 identisch wiederhole, weshalb nicht alle Argumente sich auf die NS-Zeit beziehen sollten. Danach macht Dahrendorf klar, es sei unbestreitbar anhand unzähliger Belege, dass die stärkste und einflussreichste Gruppe innerhalb der NPD das, was an demokratischen Formen und Inhalten in Deutschland aufgebaut worden sei, bestreite. Dazu zähle auch, dass sich die NPD das Privileg anmaße zu bestimmen, wer guter Deutscher ist, und dabei ständig diejenigen als bessere Deutsche bezeichne, die das Land und seinen Namen für lange Zeit geschändet haben und für seine Teilung verantwortlich sind. Zwischen den Landsberg-Äußerungen bestehe keinerlei qualitativer Unterschied.

Zitate, nach denen er Willy Brandt als Landesverräter bezeichnet haben soll, bestreitet der NPD-Vorsitzende, trägt dann Bucerius vor. Von Thadden solle gesagt haben, dass die deutsche Justiz gezwungen werde, ehrenhafte deutsche Soldaten zu verurteilen, und gleichzeitig dürfe ein Landesverräter wie Karl Frahm[32] frei herumlaufen. Und weiter: Ein Mensch, der in norwegischer Uniform gegen sein Vaterland gekämpft hat, verliere das Recht, sich ein Deutscher zu nennen. Diese Leute seien wahre Kriegsverbrecher. Von Thadden bestreite, das gesagt zu haben, wiederholt Bucerius. Dann fragt er, was es dann mit dem Paragraphen 10 des NPD-Programms auf sich habe, wo es heiße: »Deutschland braucht in der Zukunft wieder ein wahres Geschichtsbild. Wir wehren uns gegen die Verherrlichung des Landesverrats.«

Alles ganz anders gemeint, sagt der NPD-Mann. Sein Vortrag endet mit der Aussage, dass das deutsche Volk und die deutschen Soldaten im Zweiten Weltkrieg nicht gekämpft hätten, um Hitlers mörderisches Regime zu erhalten, sondern sie »fühlten sich als Verteidiger nicht des Nationalsozialismus, sondern Deutschlands, mehr noch, des ganzen westlichen Kulturkreises«. Für diesen Hinweis erhält von Thadden erneut viel Applaus aus den mittleren Sitzreihen im Saal. Neugierig wenden Zuhörer aus den vorderen Reihen die Köpfe. Wer applaudiert da eigentlich?

Wenn von Thadden nicht der Öffentlichkeit vorspielen

muss, ein lupenreiner Demokrat zu sein, ist er weniger ausweichend. Parteigenossen und NPD-Sympathisanten stimmt er bei Parteiveranstaltungen mit Sätzen ein wie: »Wir werden gewählt werden von vielen Frauen und Müttern, die in Zukunft nicht immer nur mit Angst durch dunkle Straßen gehen wollen, sondern sich an Zeiten erinnern, wo man auch ohne Angst durch dunkle Straßen gehen konnte.« Nicht nur seine Anhänger wissen, was er damit meint.

Sie wissen auch, was er meint, wenn er davon spricht, dass er und sie sich »im Geiste Seite an Seite mit Hoffmann von Fallersleben« befinden, »verfemt, geächtet, ausgeschlossen aus dem Land der Väter«. Zu gern würden sie »Deutschland, Deutschland über alles singen«. Aber das darf man ja nicht mehr! Mit seinen Beispielen und seiner Wortwahl bestärkt er demonstrativ die Selbstbeschwörungsformeln seiner Anhänger: »Man muss doch noch sagen dürfen …« oder »wenn man das nicht sagen darf, dann stimmt doch mit diesem Land etwas nicht …«

Und dann die Jugend: Da sieht der NPD-Mann ein großes Wählerpotential für seine Partei bei all jenen, denen »durch die Umerziehung nicht das Rückgrat herausoperiert« wurde. Auch da wissen nicht nur seine Anhänger, dass er die von den Siegermächten verordnete Erziehung zur Demokratie meint. Man sieht ja auf den Straßen, was dabei herausgekommen ist, will das sagen.

»Sind Sie ein Gammler?«, fragt der Dokumentarfilmer Peter Fleischmann den bärtigen jungen Mann. Fleischmann ist in der Innenstadt Münchens unterwegs, um Material für seinen Dokumentarfilm zu beschaffen. »Ja. Ich rechne mich zu der Gruppe. Ja.« »Und seit wann gammeln Sie?« »Seit vierzehn

Monaten.« »Ach«, sagt ein anderer. Kinnlange semmelblonde Haare zieren sein makellos glattes Gesicht. »Das sind doch alle gar keine richtigen Gammler. Wenn ich fünf Jahre lang meine Haare nicht geschnitten habe und mich nicht gewaschen habe, dann bin ich ein richtiger Gammler.« »Gammler, das ist doch ein Schimpfwort«, mischt sich ein weiterer Bartloser mit wallenden langen Haaren ein. »So bezeichne ich mich gar nicht. Ich sage Tramper oder Reisender, nein, das ist zu vornehm, Tramper oder Globetrotter, das ist richtig. Aber doch nicht Gammler.« »Und Sie?«, fragt der Filmemacher den nächsten, dessen auffallend ebenmäßige Gesichtszüge durch ein großes Pflaster auf der Wange verunziert sind – ein Furunkel? »Ich gammle nur im Sommer. Im Winter arbeite ich.« »Ach, als was denn?« »Ich bin Fotolaborant.« Der Nächste ist nur auf der Durchreise. In Marokko findet dieses Jahr das große Gammler-Treffen statt.

Gammler sind schon seit einigen Jahren auf den Straßen der Bundesrepublik zu besichtigen. Und auch in der DDR haben Jugendliche sich dazu entschieden, einfach auf der Straße zu leben und nichts zu tun, außer das Leben auf ihre Art zu genießen. Aus dem Osten sind schon handgreifliche Besserungsmethoden überliefert. Nachdem das Parteiorgan ›Neues Deutschland‹ für die an ihren langen Haaren zu erkennenden Gammler einen »sauberen Messerformschnitt« verlangte, wurden einige Arbeiter aktiv und verpassten einem langhaarigen Kollegen zwangsweise einen ihrer Ansicht nach ordentlichen Kurzhaarschnitt.[33] Wie im Osten, so im Westen stößt die neue Jugendbewegung auf heftigsten Widerspruch. Dabei sind es nur etwa 800 bis 1000 Jugendliche[34], die in größeren Städten meist in Gruppen ein Leben als musikalische und, falls politisch, dann pazifistische Stadtstreicher leben. Im Sommer leben sie im Norden, im Winter zieht es sie nach Süden. Viele reisen bettelnd um die ganze Welt, manche gehen barfuß. Alle sagen ostentativ den bürgerlichen Werten ade, mit denen sie aufgewachsen sind: Ordnungssinn, Fleiß und Sauberkeit. Es ist eine Art passiver Widerstand, kein Kampf gegen eine alte Ordnung: ein Ausstieg aus der Gesellschaft. Sein Vorbild sei »der in der Tonne«, Diogenes, sagt einer.

Mit den Jugendbewegungen der früheren Jahrhunderte haben sie nur gemeinsam, dass auch sie radikal anders sein wollen als ihre Eltern. Sie verwickeln sich nicht in aggressive Auseinandersetzungen mit der Staatsmacht oder anderen Jugendgangs, wie noch ihre rebellierenden Altersgenossen der 50er und frühen 60er Jahre. Der SPIEGEL hat sie im vergangenen Jahr die »langsamste Jugendbewegung« aller Zeiten genannt.[35] Dafür werden sie gehasst und verfolgt, als seien sie ein Heer von Millionen.

Der im vergangenen Jahr zurückgetretene Bundeskanzler Ludwig Erhard hat dem Gammler-Unwesen den Kampf angesagt. »Solange ich regiere, werde ich alles tun, um dieses Gammler-Unwesen zu zerstören.«[36] Und die NPD fordert, endlich Maßnahmen zu ergreifen, um das ganze Problem »radikal und im Sinne des gesunden Volksempfindens« zu lösen.[37]

»Was würden Sie sagen, wenn Ihre Kinder oder jemand aus der Verwandtschaft Gammler würde«, fragt der Filmemacher eine nette Dame mittleren Alters. »Gar nichts. Was soll man da machen«, fragt sie zurück. Da mischt sich ein recht junger Mann ein: »Mir wäre ein kleiner Hitler ganz recht. So ein ganz kleiner.« Er deutet mit der Hand eine ganz kleine Person an. »Und dann?«, fragt der Filmemacher. »Da täten s' wieder arbeiten. Da ginge es dann ins Arbeitslager. Da können die alle mal richtig arbeiten. Dann wär da Ruhe.

Das treibt die Flausen aus.« Der Mann entwickelt seine Ideen weiter. »Wenn die alle arbeiten würden, bräuchten wir die ganzen Gastarbeiter nicht.« Er bekräftigt nochmals: »Die bräuchten wir dann nicht.« Einer der Gammler spricht ihn an: »Was schätzen Sie, wie viele Gammler es in München gibt?« »Das interessiert mich gar nicht«, antwortet der Passant. »In München gibt es 30 oder 40 Gammler«, sagt der Gammler.

Am Abend des 26. Januar sitzt der 37-jährige arbeitslose Max Sahmland mit seiner Verlobten und einer gemeinsamen Freundin in der HO-Gaststätte in Zeuthen.[38] Gemeinsam beschließen sie, noch am selben Abend in den Westen zu flüchten.[39] Mit gestohlenen Fahrrädern fährt das Trio gegen Mitternacht zum Bahnhof Zeuthen[40] und von da aus mit der S-Bahn nach Berlin-Adlershof. Zu Fuß geht es dann vom S-Bahnhof aus über die Rudower Chaussee in Richtung Grenzgebiet.[41] Die Nacht ist stürmisch und regnerisch, aber nicht kalt.[42] Die schlechte Sicht begünstigt ihr Vorhaben, glauben sie.

Sahmland kennt die Örtlichkeiten in diesem Bereich der innerstädtischen Zonengrenze gut, da er einige Zeit in der Kläranlage in der Rudower Chaussee beschäftigt war.[43] Als die drei im Grenzgebiet ankommen, lässt Sahmland die beiden Frauen zunächst in einem Graben zurück. »Sei tapfer«, sagt er zu seiner Verlobten. Er selbst kriecht am Boden auf die Grenzsicherungsanlagen zu und schneidet mit der Kombizange, die er bei sich führt, einen Durchschlupf in einen Drahtzaun.[44] Allerdings löst er dabei ein Signalgerät aus.[45] Es ist 2 Uhr 30 am Morgen des 27. Januar.[46] Sahmland robbt weiter und lässt das erste Grenzhindernis hinter sich.

Die alarmierten Grenzposten begeben sich sofort auf die Suche nach der Ursache. Dabei entdecken sie einen Mann, der sich im Laufschritt auf den rettenden Teltow-Kanal zubewegt und dabei erfolgreich weitere dort errichtete Hindernisse überwindet.[47] Die Grenzposten eröffnen sofort das Feuer auf den Flüchtenden.[48] Die beiden wartenden Frauen hören die Schüsse, brechen ihren Fluchtversuch ab und verlassen unbehelligt das Grenzgebiet.[49]

Als Sahmland aufschreit, wissen seine Verfolger, dass sie getroffen haben. Trotzdem setzt er seine Flucht fort und schafft es, den schon auf Westberliner Gebiet liegenden Treidelpfad am östlichen Ufer des Teltowkanals zu erreichen.[50] Die Grenzposten schießen trotzdem weiter auf ihn. Er springt in den Kanal, um schwimmend das sichere andere Ufer zu erreichen. Zwei Arbeiter des Eternit-Werks am gegenüberliegenden Ufer beobachten den Vorfall und wollen dem Flüchtling zu Hilfe kommen. Er ist jetzt nur noch wenige Meter vom westlichen Ufer entfernt. Doch müssen die beiden Helfer in Deckung gehen, weil die DDR-Grenzer immer noch auf den Flüchtenden schießen.[51]

Insgesamt feuern die Grenzsoldaten hundert Schüsse auf den 37-Jährigen ab.[52] Obwohl die östliche Grenze parallel zum Teltowkanal in drei Metern Entfernung vom Ufer verläuft, betritt eine Alarmgruppe unter Leitung des Kompaniechefs den schon zu Westberlin gehörenden Treidelweg und schießt weiter auf den Flüchtenden.[53] Vor den Augen der Helfer versinkt der Verletzte.[54]

Zur selben Zeit treffen Polizei und Feuerwehr ein und leuchten mit Scheinwerfern das Gebiet aus.[55] Dabei entdecken sie, dass die DDR-Soldaten am anderen Ufer sich bereits auf westlichem Hoheitsgebiet bewegen. Sie sollten sofort das Ufer verlassen, andernfalls werde von den Waffen

Gebrauch gemacht, brüllen die Beamten zu den Grenzsoldaten hinüber.[56]

Die ziehen sich tatsächlich zurück und beobachten dann von ihren Wachtürmen aus, wie stundenlang von westberliner Gebiet aus Feuerwehr und Wasserpolizei nach dem Flüchtigen suchen.[57] Inzwischen sind auch Taucher eingetroffen. Erst am frühen Nachmittag des 27. wird die Suche abgebrochen. Max Sahmland bleibt verschwunden.

Kurt Drechsler ist am 27. Januar für den Dienst auf dem Bahnhof Erbendorf-Süd eingeteilt. Zwei Tage lang wird er von heute an im Stellwerk in die Tätigkeit eines Fahrdienstleiters eingewiesen. Auf der eingleisigen Nebenstrecke von Reuth nach Erbendorf verkehren wochentags sieben Personenzüge in beide Richtungen sowie täglich zahlreiche Güterzüge, die vorwiegend die Produktionsstätten des Porzellanherstellers Seltmann Weiden versorgen. Irgendwann in nächster Zukunft wird Kurt die Verantwortung für den Fahrbetrieb allein tragen. Mit der stetigen Erweiterung seiner fachlichen Kompetenzen und Zuständigkeiten geht auch seine Karriere bei der Deutschen Bundesbahn voran.

In den Vereinigten Staaten im Bundesstaat Florida besteigen am 27. Januar gegen 13 Uhr Ortszeit die Astronauten Virgil I. (»Gus«) Grissom, Edward White und Roger Chaffee die Raumkapsel für letzte Tests vor ihrem Start in den Orbit. Bei ihrem Flug sollen sie das Befehls- und Servicemodul für den ersten bemannten Flug zum Mond in die Erdumlaufbahn bringen. Auf Bruchteile von Sekunden genau soll dieser ambitionierte Schritt bei der Eroberung des Weltraums vorbereitet werden.

Wie üblich bei neuen Raumfahrtprogrammen wird an diesem Tag ein plugs-out-Test durchgeführt. Das Raumfahrzeug befindet sich startklar in der Abschussrampe, die Tanks der Raketen sind aber leer und die Raumkapsel von der externen Energieversorgung getrennt – die »Plugs«: Energieanschlüsse sind »out«: gezogen. Die Raumkapsel wird nur von einer internen Batterie mit Strom versorgt.

Als sich die hermetisch abschließbare Einstiegsluke hinter den drei Männern schließt, wird in der Kabine durch die automatische Sauerstoffversorgung ein Überdruck mit reinem Sauerstoff hergestellt, genau wie später während des Fluges. Die Brücke, über die Astronauten die Kapsel erreichen, wird, anders als bei echten Starts, nicht zurückgezogen, sondern bleibt mit der Kapsel verbunden. Der Kontrollraum ist voll besetzt wie bei einem realen Raketenstart.

Fünf Stunden lang werden alle Abläufe durchgetestet. Auftauchende Probleme sind unwesentlich. Grissom klagt über den unangenehmen Geruch seines Sauerstoffs, der faulig oder wie saure Buttermilch rieche. Einen kurzen Alarm gibt es, als die Sauerstoffkonzentration in den Raumanzügen der Astronauten kurzfristig eine zu hohe Konzentration erreicht.

Ein richtiges Problem ist nur die mangelhafte Verständigung. Elektrostatische Störgeräusche machen die Kommunikation zwischen der Crew und dem Kontrollraum fast unmöglich. Bei Grissom wächst der Unmut. »Wir kommen nie zum Mond, wenn wir es nicht mal schaffen, zwischen zwei oder drei Gebäuden hier unten die Kommunikation aufrechtzuerhalten.«

Um eine Minute nach halb sieben abends registrieren die Beobachter einen plötzlichen Anstieg von Sauerstoffzufluss und Druck in der Kapsel. Außer der Feststellung der irregulären Messwerte sind aus der Kapsel kaum verständliche Wortfetzen zu hören. »Feuer«, meinen die Männer im Kontrollraum zu verstehen. Und dann entweder »Sie bekämpfen ein schlimmes Feuer – wir müssen raus hier« oder »wir haben ein schlimmes Feuer – wir müssen raus hier. Wir verbrennen.« Wegen der schlechten Verbindung ist nicht erkennbar, wer spricht.

Auf dem Monitor, der die Gangway überwacht, müssen die Menschen im Kontrollraum zusehen, was geschieht. Durch das kleine Fenster der Raumkapsel sind auflodernde Flammen zu erkennen. Von der Gangway aus versuchen Techniker verzweifelt, die doppelt gesicherte Einstiegsluke der Raumkapsel zu öffnen. Vergeblich. Der Innendruck ist zu hoch. Nur drei Sekunden nach der ersten Erwähnung des Feuers durch die Crew erreicht der Druck in der Kabine den kritischen Punkt. Die Ummantelung der Raumkapsel zerreißt, Flammen schlagen in die Gangway. Alle drei Astronauten sind tot.[58]

Kurts Drechslers verfügbares Einkommen liegt mit allen Zulagen bei fast 1000 Mark im Monat und übersteigt damit deutlich das durchschnittliche Einkommen der deutschen Arbeitnehmer. Das Leben ist schön. Seine Frau Berta bekommt im Januar eine neue Keilhose für 78 Mark und ein Haarband für 4 Mark 80, seine Mutter Pantoffel für 5 Mark. Das eigene Auto kostet ihn 65 Mark 30 für Benzin. Zudem hat die Batterie ihn im Stich gelassen und muss für 2 Mark 50 aufgeladen werden. Ein Friseurbesuch schlägt mit 2 Mark 80 zu Buche. Zum Ski fahren im nahen Skigebiet kommt der 31-Jährige trotz der Wechselschichten, zu denen er eingeteilt ist, auch: 5 Mark gibt er für Fahrten mit dem Schilift aus. Und es werden schon Karten für den Faschingsball im Februar gekauft. 26 Mark Eintritt kostet der Spaß. Für die Sparbüchse bleiben im Januar 50 Mark, vermerkt er in seinem Haushaltsbuch.

Die Beatles wollen Deine Hand halten,
die Stones wollen Deine Stadt niederbrennen.

Tom Wolfe

Im Frühjahr bringt die Post den Kunden des Versandkaufhauses Neckermann den neuen Katalog. Er sieht ganz anders aus als sonst. Erstmals zeigt das Cover nicht wie üblich eine adrette Dame mit dem biederen Appeal der sauberen Hausfrau, die ihrem Gatten zu gefallen gedenkt, sondern zwei munter in Szene gesetzte junge Frauen im angesagten Modestil des Swinging London, schick geschminkt, mit Minirock und Hosenanzug und in den Schockfarben Orange, Grün und Lila.[1]
Die Botschaft ist plötzlich eine ganz andere. Die junge Mode wird massenkompatibel. Und das Angebot hat sich auch verändert. Während noch ein Jahr zuvor nur zehn Prozent des von Neckermann angebotenen Bekleidungssortiments betont jugendlich waren, sind dieses Jahr 40 Prozent auf den jugendlichen Geschmack zugeschnitten.[2]

Nie zuvor stand einer jungen Generation so viel Geld für private Ausgaben zur Verfügung. Die 8,6 Millionen jungen Menschen im Alter zwischen 14 und 24, die in der Bundesrepublik leben, können jährlich 23,8 Milliarden Mark ausgeben.[3] Fast jeder Fünfte besitzt ein eigenes Auto, jeder Vierte ein Tonbandgerät, mehr als 50 Prozent Plattenspieler und Radio.[4] Für Kosmetikartikel werden mehr als 600 Millionen Mark ausgegeben, knapp 300 Millionen für alkoholfreie Getränke und mehr als 70 Millionen für Foto- und Filmzubehör.[5] Vom Jahresumsatz der Schallplattenindustrie entfallen 80 Prozent auf den Bereich Unterhaltungsmusik, nur 20 Prozent auf klassische Musik.[6] 4,8 Milliarden Mark werden in den modischen Auftritt investiert.[7] Die Bekleidungsbranche floriert.

Beinahe die Hälfte des zur Verfügung stehenden Geldes wird jedoch gespart.[8] Bei einer Umfrage geben 72 Prozent der jungen Menschen zwischen 14 und 24 an, dass sie es für angebracht halten, »möglichst regelmäßig Geld für später zurückzulegen«.[9] Die Banken beginnen, die Privatkunden als Geschäftsfeld zu entdecken.[10] Bis Ende der 50er Jahre war es nicht üblich, dass normal abhängig Beschäftigte Bankkonten unterhielten.[11] Doch dann wurden das Lohn- und Gehaltskonto und das Geschäft mit Klein- und Konsumentenkrediten auch für die Großbanken immer einträglicher.[12] Überall sprießen Bankfilialen aus dem Boden und machen den Sparkassen Konkurrenz.[13] Im Jahr 1967 setzt sich die Gründungswelle aus dem Jahr 1966 fort. Durchschnittlich alle fünf Tage wird von einer deutschen Großbank irgendwo eine Geschäftsstelle eröffnet.[14] Bei den Kreditinstituten sieht es ähnlich aus.[15]

Für Kleinanleger werden neue Sparmodelle entwickelt, die höhere Renditen versprechen als die klassischen Sparbücher.[16] Damit sollen nun auch Arbeitnehmer an den lukrativen Renditen des Wertpapierhandels beteiligt werden.[17] Die Entwicklung von Fonds läuft in Deutschland allerdings noch schleppend. Mitte der 60er Jahre hat dieses Segment mit etwa 600 000 Investmentsparern noch keine sehr große Bedeutung.[18]

Aber der Markt expandiert mit den steigenden Einkommen abhängig Beschäftigter immer weiter. Nun drängt es auch ausländische Investmentfonds wie den International Overseas Service des in Genf ansässigen US-Investors Bernard »Bernie« Cornfeld nach Deutschland. Mit neuen Vertriebsmodellen wie Telefonverkauf und Haustürgeschäft macht der schillernde Amerikaner hervorragende Geschäfte. Er lockt seine Kunden mit satten Renditen und dem Versprechen, den

»Volkskapitalismus« zu ermöglichen. Besonders gut kommt bei Interessenten an, dass sich zahlreiche Prominente und ehemalige Politiker entweder als seine Kunden vorstellen oder für ihn arbeiten.

Bei Walter Kempowski daheim in Nartum artet das nette Beisammensein am Abend des 2. Februar, einem Donnerstag, etwas aus. Besonderes Ereignis ist der Bau eines Turms mit Wäscheklammern. »Ein Happening«, hält er in seinen Aufzeichnungen fest[19], wohl noch ganz beschwingt vom kollektiven kreativen Schub. Was Hippies und Studenten in den Metropolen der Welt können, kann man auf dem Dorf in Niedersachsen doch auch. So wie andernorts in spontanen Form- und Farb- und Tonorgien spießigem Schönheits- und Ordnungssinn eine Absage erteilt wird, entreißt der Schulmeister von Nartum nun mit seinen Gästen die Wäscheklammer ihrer eigentlichen Bestimmung und durchbricht damit die bürgerlichen Zwänge. Ganz ernst kann er das nicht meinen, oder ist er selbst ein wenig spießig bei der Einschätzung dessen, was ein Happening ist? Vielleicht auch nur noch ein wenig berauscht. Er schreibt unter die Notiz über den Vorabend »Kimpowsku« und hält zudem fest: »Der Aufpasser kommt.«[20] Die Warnung ist wohl an ihn selbst gerichtet.

Am 3. Februar erscheint in der überaus bürgerlichen Hamburger Wochenzeitung DIE ZEIT ein schneidend böser Artikel über einen der Lieblingsschriftsteller der Deutschen.[21] Autor ist der angesehene Germanist Peter Wapnewski, Ordinarius seines Fachs an der Freien Universität Berlin und Mitglied der Gruppe 47. Der Professor, der mit seiner Vermittlung der Literatur des Mittelalters die Mediävistik im ganzen Land prägt, attackiert den Bestsellerautor Joachim Fernau.

Fernau produziert seit Jahren populärwissenschaftliche Geschichtsbücher vorwiegend über die deutsche Geschichte. Der gelernte Journalist hat sich damit einen ganz eigenen Markt geschaffen. Seine Bücher verfasst er so, dass Geschichte vermittelt wird wie »am Kamin bei einem Glase Wein«, so ein Selbstzitat.[22] Regelmäßig landet er mit diesem Rezept feuilletonistisch aufbereiteter Bildungs- und Kulturvermittlung und Titeln wie ›Deutschland, Deutschland über alles‹, ›Die Genies der Deutschen‹ und einer griechischen Geschichte der Antike ›Rosen für Apoll‹ auf der Bestsellerliste.

Seit 1952 hat er 14 Bücher veröffentlicht. 1966 erschien unter dem Titel ›Disteln für Hagen. Bestandsaufnahme der deutschen Seele‹ seine Adaption des Nibelungenlieds. Das Buch steht seit Monaten auf der Belletristik-Bestsellerliste, aktuell auf Platz 3, hinter Heinrich Bölls ›Ende einer Dienstfahrt‹ und dem seichten Wälzer ›Der Honigsauger‹ von US-Autor Robert Ruark, vor Martin Walsers ›Das Einhorn‹ und einem weiteren US-Schinken, Alex Haleys ›Hotel‹.[23] Die Bücher Fernaus gelten als »wahre Haus- und Volksbücher« und werden sogar in Lexika erwähnt.[24] Gibt es eine bessere Empfehlung?

Wapnewski stört sich sehr daran, dass ausgerechnet ein Autor wie Fernau als Geschichtslehrer der Deutschen Anerkennung findet. Mit seiner Deutung der als urdeutsch rezipierten Nibelungensage wagt sich Fernau in das Fachgebiet Wapnewskis. Nur mittelbar treibt den diese leichtgewichtige Adaption wegen des Bestsellerruhms um. Was ihn geradezu in Rage bringt, ist die Wirkmacht der Geschichtsdeutung durch Fernau, dessen Erfolg nicht nur laut Eigenwerbung auf seinem »historischen Sinn« beruhe, seinem »richterlichen Sinn, seiner Kunst, die Vergangenheit zu deuten«. Denn hier deutet einer deutsche Geschichte und Befindlichkeit, der sich einst mit Leidenschaft in den Dienst der Nazi-Deutung eben dieser Themen gestellt hat. Und mehr noch: der schon damals den Ton traf, mit dem er massenhaft Leser auf die Seite seiner Sache brachte. In ›Disteln für Hagen‹ verheißt Fernau seinen Lesern, Hitler werde ein Mythos werden, und ermuntert die Deutschen sich wegen der »schrecklichen Zutaten« ihres Wesens nicht länger zu schämen.[25]

Viele der damals verwendeten Klischees, mit denen die Nazis bei ihrer Vereinnahmung der deutschen Geschichte und Literatur arbeiteten, kolportiert er bis in die Gegenwart.[26] Der Furor, mit dem der Mediävist Wapnewski nun am seriösesten Ort, den die deutsche Presse zu bieten hat, den dichtenden Journalisten attackiert, hat einen Grund. Als junger Wehrmachtssoldat wurde der damals 21-jährige Wapnewski Zeuge der propagandistischen Wirkung von Fernaus Kunst, Geschichte zu deuten. Er befand sich als Mitglied einer Genesenden-Kompanie in Wien und erlebte dort im September 1944 die Wirkmacht von Fernaus besonderem Talent zur Geschichtsdeutung.[27]

Als SS-Kriegsberichterstatter hat Fernau einen Artikel verfasst, der in allen wichtigen Zeitungen Deutschlands erschien und massenhaft gelesen wurde. Der bevorstehende Sieg der Alliierten über Deutschland war für alle sichtbar, Niederlage folgte auf Niederlage, immer näher rückten von allen Fronten die feindlichen Armeen, die Zerstörungen waren schon unermesslich. Und genau jetzt schrieb eben jener Fernau: »In einem halben Jahr spätestens werden wir wissen, was heute noch wenige wissen: dass diese letzte Kriegsphase, die am 16. Juni 1944 ausbrach, ein Geheimnis gehabt hat und dass die drei Monate Juni, Juli und August in Wahrheit ein ganz anderes Gesicht hatten, als wir alle glaubten. Die Zeit, die wir jetzt, unmittelbar jetzt, durchmachen, ist das Dramatischste, was die moderne Weltgeschichte jemals erleben kann. Spätere Zeiten werden einmal klar und deutlich sehen, dass es auf Millimeter und Sekunden ankam und dass es auszurechnen gewesen sein musste, warum Deutschland siegte.«[28]

Sein Kritiker Wapnewski seziert, mit welchen Mitteln der Manipulation der SS-Schreiberling Fernau in diesem Text arbeitet. Die Leser bringe er auf seine Seite, indem er sich in perfider Einfühlung mit ihnen und ihren Ängsten gleichsetze.[29] Überaus geschickt bastele er aus Kriegsgeschichte, Geschichtsmetaphysik und sprachlicher Manipulation ein Szenario, das ihn als Mitwisser eines Geheimnisses ausgebe, vor dem die Engländer, »Churchill, der Brandstifter«, längst zitterten.[30] Das gegenwärtige Anrennen von allen Seiten erweise sich in Kenntnis dieses Geheimnisses nur als letztes Aufbäumen der Feinde vor einem bevorstehenden vernichtenden Schlag, so Fernau damals. Denn im Herbst könne Deutschland – anders als die Angreifer – noch einmal »nachtanken«.[31] Der SS-Propagandist spielte dabei schlau mit dem Gerücht von einer Wunderwaffe, das die Nazi-Propaganda zu Durchhaltezwecken gestreut hatte. Wapnewski blieb unvergesslich, was um ihn herum in der Genesenden-Kompanie nach der Lektüre dieser Durchhalteparolen passierte. Trotz der offenkundig bevorstehenden militärischen Niederlage kehrte der verhängnisvolle Sendungsglaube zurück, der die Menschen völlig gegen jede Vernunft weiter kämpfen ließ und den Krieg verlängerte.

Für Wapnewski ist diese Haltung die Ursache des ganzen Elends. Deshalb beschloss er damals, sich den Namen des

Verfassers zu merken und ihn nicht zu vergessen. Dass derselbe Autor heute mit eigentlich immer noch derselben Haltung die Deutungshoheit über die »deutsche Seele« hat, ist für den Germanistik-Professor unerträglich. Indirekt gilt sein Weckruf den Lesern Fernaus und einem offenbar hunderttausendfach verbreiteten Bedürfnis nach restaurativer Aufbereitung der deutschen Geschichte.[32] Die Erfolge der NPD sind auch auf die weiterhin wirksame Überzeugungskraft der alten Propagandatricks zurückzuführen.

Fernau ist nicht der einzige deutsche Bestsellerautor, der sich aus der Schulung durch den Nazi-Propagandaapparat entwickelt hat. Ein weiterer großer Name ist Paul Carell, der hauptberuflich als Publizist für Blätter des Axel Springer Verlags tätig ist, nachdem früheren Auftraggebern wie SPIEGEL und ZEIT seine Vergangenheit als Nazi-Propagandist zu anrüchig wurde. Carell, als Karl Schmidt SS-Standartenführer und Pressechef im NS-Außenministerium, ist abonniert auf historische Darstellungen des Kriegs der Wehrmacht im Osten. In seinen überaus erfolgreichen Büchern können die Leser sich anlesen, wie sauber die Wehrmacht sich bei Unternehmen »Barbarossa« oder »Taifun« verhielt und wie tapfer die Soldaten waren. Mit seinen Werken vermittelt er die Legende, dass die Wehrmacht mit den Verbrechen der Nationalsozialisten nichts zu tun hatte und Hitler allein für das militärische Scheitern verantwortlich war. Auch sein neues Buch ›Verbrannte Erde‹ über die ehrenvolle Fortsetzung des Ostfeldzugs nach der Schlacht von Stalingrad mit dem »Unternehmen Zitadelle« ist ein Bestseller.[33] Aktuell steht der Titel in den Sachbuchcharts auf Platz 5.[34]

Am 6. Februar findet in Houston der lang geplante Kampf zwischen Muhammad Ali und Ernie Terrell um die doppelte Weltmeisterschaft im Superschwergewicht statt. Bei der Vorstellung der Gegner vor der Presse sind die beiden hünenhaften Boxer beinahe aufeinander losgegangen. Terrell, selbst Afroamerikaner, hatte Ali schon im Jahr zuvor wegen dessen Einstellung zum Militärdienst öffentlich kritisiert.

Der eigentlich schon für den 29. März 1966 in Chicago geplante Kampf musste verschoben werden, nachdem Ali wegen seiner Reaktion auf seine bevorstehende Einberufung zum Militärdienst nicht nur in die öffentliche Kritik, sondern auch ins Visier der Disziplinarabteilungen der für ihn zuständigen Boxverbände und ins Visier der Justiz geraten war. Sechs Wochen vor dem geplanten Kampf hatte die für die Musterung zuständige Stelle seine Einstufung als untauglich aufgehoben und ihn für wehrdienstfähig erklärt. Mitten im Krieg bedeutete die Umänderung seiner Tauglichkeit, dass er zum Kampf nach Vietnam einberufen würde. Er machte sofort klar, dass er nicht die Absicht habe, dem bevorstehenden Einberufungsbefehl Folge zu leisten.

Mit seiner Stellungnahme begab er sich auf die Seite der zu Beginn des Jahres 1966 noch kleinen Minderheit von Vietnamkriegsgegnern, die sich vorwiegend aus der studentischen Bürgerrechtsorganisation Student Nonviolent Coordinating Commitee (SNCC) speiste. Das Komitee hatte in seinem ersten öffentlichen Statement zum Vietnamkrieg geschrieben, Schwarze sollten nicht in Vietnam kämpfen, solange nicht alle Schwarzen in Mississippi frei wären.[35] Obwohl selbst viele Schwarze und auch schwarze Bürgerrechtsvertreter diese Haltung als illoyal und unamerikanisch ablehnten, hatte der SNCC seine Haltung Anfang Januar noch einmal präzisiert und junge Männer bei der Verweigerung des Wehrdienstes unterstützt.[36] Auch Martin Luther King hielt sichtbar Distanz zu dieser Haltung, die explizit das Mantra der USA, die freiheitlichen Werte weltweit zu verteidigen, als heuchlerisch attackierte.[37]

Ein Satz, den Ali im Februar 1966 sagte, ließ die Wogen hochschlagen: »I ain't no quarrel with them Vietcong. Ich habe keinen Streit mit den Vietcong.« In der allgemeinen Aufregung über diesen als lässig-arroganten Ausdruck extremer Egomanie interpretierten Satz ging unter, was Ali noch sagte: »Zwei Jahre lang teilte die Armee jedem mit, ich sei ein Idiot. Ich habe mich dafür geschämt. Und jetzt beschließen sie, ich sei ein weiser Mann. Jetzt, ohne nochmals zu prüfen, ob ich klüger oder dümmer bin als zuvor, entscheiden sie, ich könne doch in die Armee gehen. Ich verstehe das nicht. Bei all den Baseballspielern, Footballspielern, all den Basketballern, warum wählen sie mich aus, den einzigen Schwergewichtsweltmeister?«[38] Ali hat guten Grund zu glauben, dass die Behörden ihn auf diese Weise mundtot machen wollen. Zuvor waren bereits Vertreter des SNCC umgestuft und für tauglich erklärt worden, ganz offensichtlich, um sie für ihre Widerständigkeit abzustrafen.[39]

Die weiß dominierte öffentliche Meinung war klar gegen Ali. Die Regierung seines Heimatstaats Kentucky, die ihn nach seiner olympischen Goldmedaille geehrt hatte, verurteilte ihn öffentlich dafür, Schande über alle loyalen Menschen aus Kentucky zu bringen.[40] Im Kongress wurde dazu aufgerufen, seinen bevorstehenden Kampf mit Ernie Terrell zu boykottieren.[41] In Chicago forderten Zeitungen und Regierungsvertreter ein Verbot des Kampfes. Das Verbot erging dann durch den Generalstaatsanwalt von Illinois, der den Kampf mit dem Vorwand für illegal erklärte, Ali habe den

Vertrag für den Kampf nicht mit seinem richtigen Namen unterzeichnet.[42] Auch etliche Fernsehstationen gaben bekannt, dass sie Alis Kämpfe nicht mehr übertragen wollen.

Der politische Druck wurde so groß, dass auch an anderen Veranstaltungsorten wie New York, Las Vegas, Miami, Louisville und Pittsburgh kein Veranstalter einen Kontrakt eingehen mochte. Aber auch viele Schwarze bezogen gegen ihn Stellung, darunter sein Gegner Terrell, der ihn verantwortungslos nannte und, obwohl selbst wegen seiner Körpergröße von knapp zwei Metern als untauglich eingestuft, tönte: »Wenn du gerufen wirst, musst du gehen.«[43] Als der Kampf wegen der Proteste in den USA in Kanada stattfinden sollte, zog Terrell zurück.[44] Auch Boxlegenden wie Sonny Liston, Jim Braddock oder Rocky Marciano halten Ali sein politisches Engagement vor. Tenor: Er solle boxen und sich nicht wie ein weißer amerikanischer Intellektueller aufführen; was interessiere die Boxwelt sich für seine politischen Ansichten und seine Religion?[45] Ein bedächtiger Floyd Patterson fordert zwar Redefreiheit für den ehemaligen Gegner, der ihm eine demütigende Niederlage beibrachte, ordnet die Äußerungen von Ali aber als unüberlegtes Gerede eines irregeleiteten dummen Jungen ein.[46]

Ali hat seither fünfmal im Ausland seinen WBC-Titel verteidigen können, einmal in Kanada per Punktsieg gegen George Chuvalu, in Großbritannien zunächst gegen Henry Cooper und anschließend gegen Brian London jeweils durch frühe technische K. O.s und dann noch in Frankfurt gegen Karl Mildenberger, der erst in der zwölften Runde ausgeknockt wurde. Erst am 14. November 1966 kam wieder ein Kampf in den USA zustande. Ali verteidigte in Houston seinen WBC-Titel gegen Cleveland Williams durch technischen K. O. in der dritten Runde.

Diesem sportlichen Siegeszug und den dadurch winkenden Einnahmen eines Kampfs können sich auch die Berater von Ernie Terrell, der den WBA-Titel hält, nicht verweigern. Nun treffen die Weltmeister der beiden größten Boxvereinigungen doch noch aufeinander. Die Vorstellung der Gegner vor der Presse gerät beinahe außer Kontrolle. Demonstrativ spricht Terrell den jüngeren Kontrahenten als Cassius Clay an. Der schaut erstaunt auf. »Warum sprichst du mich nicht mit meinem Namen an?« Terrell erwidert: »Wie? Was ist denn dein Name? Du hast mir gesagt, er sei Cassius Clay.« Es ist eine plumpe Provokation. Ali nimmt die Vorlage an. »Ich habe Dir nie gesagt, dass mein Name Cassius Clay ist. Mein Name ist Muhammad Ali.« Er drängt den zwischen ihnen stehenden Reporter beiseite und stellt sich direkt vor Terrell, der ihn noch um einige Zentimeter Körpergröße überragt. »Und du wirst das genau da in der Mitte des Rings nach dem Kampf verkünden, wenn du es jetzt nicht tust.«

Ali rückt Terrell immer näher und erhebt drohend den Zeigefinger. Seine Stimme wird lauter. Er redet sich in Rage. »Du redest wie ein alter Onkel Tom, wie ein zweiter Floyd Patterson! Ich werde dich bestrafen!« Mehrfach wiederholt er hämisch den Vorwurf, Terrell rede wie Onkel Tom. Dabei wird er immer wütender. Als er dann einfach gehen will, reagiert Terrell und stürzt sich aufgebracht auf ihn. Wenn nicht einige Anwesende sich dazwischenwerfen würden, würde eine Prügelei zwischen den beiden Boxern beginnen. Ist das noch die übliche Show, der für das zahlende Publikum gespielte Hass? Wie schon bei Floyd Patterson, der Ali mit der Behauptung gegen sich aufgebracht hatte, er, der gläubige Katholik, sei der bessere Amerikaner und der zum Islam konvertierte Ali »unamerikanisch«, ist auch dieser Kampf zweier afroamerikanischer Boxer politisch aufgeladen durch die konträren Haltungen zum Zusammenhang von Rassendiskriminierung, Religion und Vietnamkrieg.[47]

Was sich im Vorgeplänkel vor der Presse andeutete, macht Ali abends vor knapp 40 000 Zuschauern im Ring wahr. Der Fight wird eine einzige Demütigung für den WBA-Weltmeister Terrell. Dessen berüchtigte Linke wird von Alis perfekter Beinarbeit und seiner Körperbeherrschung vollständig neutralisiert.[48] In der vierten Runde wird Terrell unter dem linken Auge verletzt, das bis auf einen kleinen Schlitz zuschwillt.[49] In der siebten Runde erleidet er einen Cut über dem rechten Auge und torkelt von da an fast blind durch den Ring und versucht, irgendwie anzukommen gegen seinen Gegner, der ihn verhöhnt, ihn mit beiden Fäusten attackiert und dann einfach wegtanzt.[50] »Wie ist mein Name? Wie ist mein Name?«, wiederholt Ali fortwährend, und: »Onkel Tom!« Schlag um Schlag steckt der »Riese« Terrell ein. Nur zum Knockout kann sich Ali nicht durchringen. Terrell muss bis zum bitteren Ende im Ring bleiben. Er versucht nur noch zu clinchen, um weitere Treffer zu verhindern. Nach der letzten Glocke wird Ali zum überlegenen Sieger nach Punkten erklärt.

Jetzt ist Ali auf dem Gipfel seines sportlichen Erfolgs angekommen. Er hält beide Schwergewichtstitel. Aber die Presse fällt über ihn her. Die ›New York Daily Post‹ schreibt über den Kampf, er sei eine »abstoßende Vorstellung kalkulierter Brutalität gewesen, eine offene Absage an Anstand und sportliche Fairness«. Berühmte Kommentatoren schreiben von »einer Art Lynchen« (Jimmy Cannon) oder bezeichnen Ali als einen »niederträchtigen und bösartigen Mann, dessen Fassade umso mehr abbröckele, je tiefer er sich in die Black Muslim-Bewegung begebe« (Arthey Daley).[51] Um das ganze Ausmaß von Alis Schlechtigkeit zum Ausdruck zu bringen, scheint jeder Vergleich berechtigt. »Man sehnt sich geradezu nach der Rückkehr von Frankie Carbo und ähnlichen Gangstern«, kommentiert Milton Gross.[52]

Die Reaktion zeigt neben der Bereitschaft zur Diffamierung, dass eine unterschwellig politische Botschaft dieses Boxkampfs bei den Hardlinern durchaus angekommen ist. Auch Freunden Alis ist nicht entgangen, dass er in diesen Kampf mehr hineingelegt hat als in andere Kämpfe. Der Sieg gegen Terrell (wie zuvor schon einmal die Demütigung von Floyd Patterson) ist sein – momentaner – Triumph über den »American way«.[53]

Am selben Tag ist Rosenmontag. Bei den großen Karnevalsumzügen in Mainz, Köln und Düsseldorf säumen Hunderttausende Schaulustige die Straßen. Allein in Köln schätzt die Polizei die Zahl der Zuschauer auf 800 000 bis eine Million, viele aus den Benelux-Ländern. Während in Mainz mehrere Wagen das Abbröckeln des deutschen Wirtschaftswunders zum Thema haben, wird es in Düsseldorf auf einem Wagen unter einem großen Grabstein schon begraben. Häufiges Thema sind die Große Koalition und die Gammler. Aber auch ein Yellow Submarine mit den Beatles an Bord – aus Pappmaché – ist in Düsseldorf zu bestaunen.[54]

Kurt und Berta Drechsler haben sich für 80 Mark Kostüme für den Faschingsball schneidern lassen. Jobst geht als Cowboy und bekommt einen Revolvergürtel für 5 Mark 50.

Die Polizei im britischen Chichester bekommt am 12. Februar einen anonymen Tipp. Auf dem zehn Kilometer von der Stadt entfernten Anwesen eines Rockstars soll eine Drogenparty stattfinden. In Windeseile wird ein Sondereinsatzkommando zusammengestellt. Der Einsatzleiter muss sich noch informieren, wie Drogen überhaupt aussehen. Aus den Asservaten erhält er ein Stück von einem Haschziegel. Aha, so sieht das Zeug aus. Und so riecht es! Drogenexperten gibt es in der Grafschaft nicht. Doch man weiß sich zu helfen.

Kurze Zeit später fahren vor Keith Richards' Landhaus »Redlands« sieben Polizeiautos vor. Achtzehn Polizisten dringen in das Haus ein und beginnen mit einer Razzia. Es ist die erste Drogenrazzia auf britischem Boden überhaupt. Die erwartete Orgie finden die Beamten nicht vor. Der Rocker und seine Gäste essen gerade Abendbrot, sitzen dabei vor dem Fernseher und schauen sich einen Film an. Sie sind müde von einer Wanderung, die sie am Vormittag unternommen hatten.[55] Verdächtig erscheint den ermittelnden Beamten trotzdem einiges. Ordentliche bürgerliche Existenzen haben sie jedenfalls nicht vor sich. Die Deckenbalken sind nicht etwa dunkel gebeizt, wie es sich für ein englisches Cottage gehört, sondern bunt angestrichen. Jaggers höfliches und zuvorkommendes Verhalten ist doch gespielt? Und dann sitzt da eine völlig schamlose junge Frau, die nichts weiter anhat als einen Bettüberwurf aus Fell. Es ist Marianne Faithfull, die neue Freundin von Mick Jagger, Tochter aus gutem Haus, der Eintritt zur Upper Class, sozusagen. Die Polizisten wittern Dekadenz und Verkommenheit. Sie wissen kaum, wo sie hinschauen sollen. Immerhin finden sie Drogen im Haus. Zwar weder LSD noch Heroin, dafür aber andere verbotene Substanzen. Mick Jagger hat vier Pillen mit verbotenen Amphetaminen in seinem Zimmer, überall im Haus riecht es nach Marihuana. In allen möglichen Behältern werden Überreste von Joints entdeckt. Unter den

Gästen, die verhört werden, ist auch ein Drogendealer. Acid King Dave nennen die Stones und ihre Entourage diesen Freund, der David Snyderman heißt. Dessen mit harten Drogen bestückter Diplomatenkoffer wird nicht kontrolliert. Die Polizei gibt sich mit der eigentümlichen Erklärung zufrieden, in dem Koffer befinde sich unbelichtetes Filmmaterial. Was die Stones nicht wissen: Er ist Teil eines Komplotts und wurde vom MI5 und dem FBI in ihren Inner Circle eingeschleust, um sie zu diskreditieren.[56] Ihr schlechter Einfluss auf die Jugend soll beendet werden.

Am 13. Februar veröffentlichen die Beatles eine Single mit zwei A-Seiten. Auf der einen Seite ist ›Strawberry Fields Forever‹ zu hören. Der Text ist beinahe die philosophische Essenz der Jugendbewegung, die zwischen den Polen oszilliert und nicht nur wegen bewusstseinserweiternder Drogen Probleme hat, Realitäten zu benennen.

Nothing is real
And nothing to get hung about
Strawberry Fields forever
Living is easy with eyes closed
Misunderstanding all you see
It's getting hard to be someone
But it all works out
It doesn't matter much to me

Auf der anderen Seite ist die sonnige Erinnerung an das Absurde der kleinbürgerlichen Herkunft aus Liverpool zu hören: Penny Lane. Erstmals verwenden die Beatles bei diesem Song Stilelemente der klassischen Musik.

Am 28. Februar findet in Pforzheim die Beerdigung von Fritz Erler statt. Hans Werner Richter reist gemeinsam mit Günter Grass an. In Mainz besteigen sie den Sonderzug der SPD, der die Politgranden des – Hans Werner Richter kann es sich nicht verkneifen – »Reichs« von Bonn nach Pforzheim bringt. Richter empfindet den Zug als makaber: »Im Speisewagen Politiker, in jedem Abteil Politiker, auf jeder Toilette Politiker, alle in schwarz, alle in Trauer.«[57] Einige versaufen schon jetzt die Leiche, beobachtet er, halb amüsiert, halb abgestoßen. Grass und Richter gehen von hinten bis vorn durch den ganzen Zug, verblüfft von der Länge und neugierig auf die Fahrgäste.

In einem der Abteile stoßen sie auf Justizminister Gustav Heinemann und dessen Staatssekretär Horst Ehmke. Die beiden Juristen sind umgeben von Akten und blicken von offenkundig intensiver Arbeit kaum auf. Seltsamer Ort, finden die Schriftsteller und fühlen sich irgendwie auch nicht so richtig gewürdigt. Was Heinemann und Ehmke denn so emsig machen, wollen sie wissen. Man arbeite an der Notstandsgesetzgebung, kommt als Antwort. Und schon senken sich die Köpfe wieder in die Akten. Den beiden Gegnern der Notstandsgesetze wird versichert, dass mit diesen Gesetzen nun alles viel besser werde.[58] Richter registriert belustigt, dass die beiden Politiker während des Gesprächs mit Grass und ihm weiter fleißig in den Akten herumstreichen und radieren.[59] Das soll wohl der Beweis sein, denkt er.

Grass geht ihm auf die Nerven.[60] Richter macht sich über seinen Begleiter lustig, dem in der Kirche die Sänger des Chores die Sicht nehmen. Nein, nicht weil Grass nichts sieht. Haha, denkt sich Richter: Schlimm ist, dass Grass nicht gesehen werden kann, schlimm für Grass. Und dann später, auf dem Friedhof und beim anschließenden Leichenschmaus: Wo ist Grass? Der gibt in irgendwelchen Ecken und immer wieder und bei jeder sich bietenden Gelegenheit Autogramme.[61]

Richter fällt noch etwas anderes auf. Im gesamten Ablauf zeigt die Trauerfeier mit all ihren militärischen Ehrenbezeigungen, dass eine militärische Tradition künstlich am Leben gehalten wird, die sich, da ist er sich sicher, längst selbst aufgegeben hat.[62] Die ganze Zeremonie wie auch ihre Teilnehmer atmen für ihn den Geist deutscher Kleinbürgerlichkeit.[63]

Bei Familie Drechsler in Erbendorf schlagen in diesem Monat zwei Arztrechnungen besonders zu Buche mit 45 Mark für den Internisten und 174 Mark für den Zahnarzt. Ansonsten werden im Februar keine besonderen Anschaffungen getätigt. Einiges an Werkzeug wird gekauft, drei Schraubenschlüssel und Spachtel für zusammen 7 Mark und eine Rolle Tesa Moll zum Abdichten der Fenster für 2 Mark 50. Und dann werden noch eine neue Zahnbürste für 1 Mark 25 und eine Dose Schuhcreme für 1 Mark benötigt. Ehefrau Berta gibt für ihr Kaffeekränzchen 7 Mark 50 aus. Der Eintritt beim Fußballspiel der Spielvereinigung Büchenbach kostet 4 Mark.

Nein, ich werde nicht zehntausend Meilen entfernt von daheim helfen, ein anderes armes Volk zu ermorden, und zu verbrennen, einzig um die weltweite Dominanz der weißen Sklavenhalter über die braunen Völker fortzusetzen.

Muhammad Ali

MÄRZ

Am 8. März findet die Berliner Wasserschutzpolizei im Teltowkanal eine männliche Leiche. Der Tote hat einen Personalausweis bei sich, der auf den Namen Max Sahmland ausgestellt ist. Es handelt sich um den Mann, der sechs Wochen zuvor vor den Augen der herbeigeeilten Retter im Kugelhagel der DDR-Grenzer im Teltowkanal versank. Eine Obduktion ergibt, dass er mehrfach getroffen wurde. Eine der Kugeln durchdrang seine rechte Lunge.[1] Er ist ertrunken. Sahmland ist das erste Todesopfer an der innerstädtischen Grenze in diesem Jahr. Mit ihm sind es nun 73 Menschen, die seit dem Bau der Mauer im Jahr 1961 bei Fluchtversuchen ihr Leben verloren.[2] Er ist einer von vielen, deren Scheitern hilflose Helfer vom Westen aus mit ansehen mussten.

Am 17. März kommt Alain Resnais' Film ›La guerre est finie‹ in die deutschen Kinos. Das Franco-Regime hatte zuvor erfolgreich verhindert, dass das Politdrama nach einem Drehbuch des Exil-Spaniers Jorge Semprun dem internationalen Publikum des Filmfestivals von Cannes gezeigt wurde. Auch die Freiwillige Selbstkontrolle der Filmwirtschaft in Deutschland verweigerte zweimal die Freigabe, bevor sie dann endlich doch erfolgte. Das macht den Film nun noch interessanter für das Publikum.

Der Film erzählt den inneren Konflikt eines Kommunisten, der weiß oder ahnt, dass er von seiner Partei sinnlos verheizt wird. Der spanische Bürgerkrieg ist lange vorbei, das Land ist durch den Tourismus und die wirtschaftliche

Öffnung in einem Umbruch begriffen, der weit radikaler ist als jede Résistance und jede Revolution. Nur die Parteiführer im Exil haben es nicht bemerkt oder wollen es nicht wahrhaben.[3]

Der 23-jährige Gerd Koenen nimmt Sempruns inneren Abstand zu den revolutionären Attitüden nicht wahr. Für ihn ist die Schlüsselszene der Moment, in dem Hauptdarsteller Yves Montand seiner jungen Geliebten den Laufpass gibt. Der spanische Revolutionär hatte das Mädchen »auf irgendeiner Existenzialisten-Party am Rive Gauche aufgegabelt, wo ihn Studenten vom Typ der Pariser Mairevolutionäre mit linksradikalen Phrasen attackierten, ohne auch nur zu ahnen, dass auf ihn, den Kommunisten aus dem spanischen Untergrund, eine neue ernste Mission wartete«.[4] Gerd Koenen spürt, dass auch er eine Mission zu erfüllen hat.[5]

Am 18. März fährt der aus Kuwait kommende Supertanker Torrey Canyon vom Atlantik aus in den Ärmelkanal und nimmt Kurs auf das walisische Milford Haven. Das Schiff hat 120 000 Tonnen Rohöl gebunkert, die in den dortigen Ölraffinerien weiter verarbeitet werden sollen. Statt die übliche internationale Schifffahrtsroute westlich der Scilly-Inseln zu benutzen, fährt das Schiff weiter in den Ärmelkanal ein. Erst bei Land's End an der Südspitze Cornwalls manövriert der Kapitän das Schiff nach links. Mit voller Geschwindigkeit von 16 Knoten pflügt das 300 Meter lange Schiff durch die unruhige See. Der voll beladene Supertanker steuert nun auf die schmale östliche Passage zwischen den Scilly-Inseln und Großbritannien zu. Das Gewässer weist gefährliche Untiefen im Bereich des Seven-Stones-

Riffs auf, das als Unterwasserverlängerung der Granitklippen Cornwalls weit ins Meer ragt. Von Schiffen mit einer Größe von mehr als 12 000 Bruttoregistertonnen wird die Passage deshalb nicht benutzt. Schon Phönizier, Römer und Normannen kannten das Riff als gefährlichstes Fahrwasser an den britischen Küsten. Das Gebiet ist ein berüchtigter Schiffsfriedhof. 6000 Havarien verzeichnen die Annalen seit der Antike in einem Areal von nur 53 Quadratkilometern.

Die Besatzung des seit hundert Jahren vor den Klippen zur Warnung liegenden Feuerschiffs »Wolf Rock« versucht, die Brücke des Tankers mit einer Signallampe anzumorsen und dann mit Leuchtraketen auf die Gefahr aufmerksam zu machen. Doch der Tanker verändert weder seinen Kurs noch wird die Geschwindigkeit verringert. In voller Fahrt schrammt der riesige Schiffsrumpf über das berüchtigte Riff und läuft auf. Aus mehreren Lecks beginnt Öl auszulaufen.

Sofort wird eine Hilfsaktion eingeleitet, um das Schiff wieder flottzubekommen. Es soll unbedingt verhindert werden, dass der der Brandung ausgesetzte Schiffskörper auseinanderbricht und die ganze Ladung sich ins Meer ergießt. Nie zuvor gab es eine vergleichbare Bedrohung für die Umwelt durch auslaufendes Öl. Zudem existieren keinerlei erprobte Verfahren zur Abwendung einer Ölpest durch 120 000 Tonnen Öl.

Am 23. März befindet sich Che Guevara mit seinen Leuten in der Nähe des Flusses Nacahuasu. Heute findet die erste bewaffnete Auseinandersetzung der Guerilleros mit der bolivianischen Armee statt. Gegen acht Uhr morgens tappt eine Abteilung der Armee in den am Tag zuvor am Fluss angelegten Hinterhalt. Sieben Soldaten finden den Tod, 14 werden unverletzt und vier verletzt gefangen genommen.[6] Etliche Waffen und Munition werden erbeutet, darunter drei 60 mm-Mörser, 16 Mauser und 3 Usis, dazu Radios und Stiefel.[7] Der Coup ist ein großer Erfolg für die Guerilleros. Ärgerlich ist, dass es nicht gelingt, den Proviant zu erbeuten, den die Soldaten mit sich führten.[8] Dafür gerät aber der Operationsplan der Armee in ihre Hände.[9] Dieser sieht einen Vorstoß von beiden Seiten des Nacahuasu vor.[10] Guevara verfügt sofort, dass ein Trupp seiner Leute auf die gegenüberliegende Seite des Flusses geht.[11] In mehreren Gruppen beziehen nun Vorhut, Nachhut und Hauptgruppe Stellung.[12] Erneut wird ein Hinterhalt gelegt.[13] Zwei der Gefangenen, ein Major und ein Hauptmann, plappern wie die Papageien, findet der »Commandante«, der mit ihnen spricht.[14] Die Nacht verbringen die Guerilleros nun in Kampfbereitschaft und warten, ob am nächsten Tag die berühmten Ranger kommen.[15]

Doch Bodentruppen werden nicht gesichtet. Stattdessen werden am nächsten Tag Angriffe der Luftstreitkräfte geflogen, deren Bombenabwürfe nicht nur einigen Gefangenen, sondern auch einigen der Guerilleros einen riesigen Schrecken einjagen.[16] Die Gefangenen werden freigelassen, nachdem ihnen alle brauchbaren Kleidungsstücke abgenommen wurden.[17] Die beiden Offiziere dürfen bekleidet abziehen und bekommen bis zum 27. um 12 Uhr Zeit, die Toten zu bergen.[18] Der Guerillero hält sich an den Ehrenkodex militärischer Auseinandersetzungen.

Mit seinen eigenen Leuten ist Guevara nicht ganz zufrieden. Der Erfolg wäre noch umfassender geworden, wären nicht Fehlentscheidungen getroffen worden. Als Konsequenz enthebt er den bisherigen Anführer des Vortrupps seines Postens. Doch insgesamt ist er überaus zuversichtlich, die begonnene Aktion zu einem erfolgreichen Ende führen zu können. Dass nun endlich die erste direkte Konfrontation mit der bolivianischen Armee stattfand, lässt ihn fast jubeln.

Am Morgen des 27. März bricht die Torrey Canyon auseinander.[19] Das Schlimmste, was passieren konnte, ist passiert. Die Südwestküste Großbritanniens ist von einer Ölpest bisher unbekannten Ausmaßes bedroht. Es ist erst die Hälfte der 120 000 Tonnen Rohöl, die der Tanker gebunkert hat, ausgelaufen.[20] Der dadurch entstandene Ölfilm reicht jetzt schon von Newquay im Norden Cornwalls um Land's End an der Westspitze bis zum Cap Lizard. Bis zu 25 cm hoch steht an den Küsten in diesem Areal das Öl.[21] Tausende Möwen, Lummen, Papageientaucher und andere Seevögel wurden schon tot angespült.[22] Fachleute vermuten, dass bereits 10 000 Vögel tot und weitere 30 000 kontaminiert und nicht zu retten sind.[23] Tausende von Soldaten, Feuerwehrleuten und freiwilligen Helfern stehen an den Küsten zwischen Newquay und Lizard und versuchen, das Öl mit Bindemitteln unschädlich zu machen. Doch Fachleuten zufolge ist dieser Kampf hoffnungslos. Für eine Tonne Öl benötige man zehn Tonnen Bindemittel. Und solche Mengen stehen schlichtweg nicht zur Verfügung.[24]

Der kräftige Westwind trägt dazu bei, dass das Öl weiter gegen das Land und nach Osten vordringt. Die Brecher am Wrack sind so stark, dass die beiden Teile des Tankers schon weit auseinandergedriftet sind und fast im rechten Winkel zueinander liegen. Mittlerweile sind auch die Küstenstriche westlich von Plymouth bedroht. Der britische Premierminister Harold Wilson hat wegen der Katastrophe seinen Urlaub unterbrochen und ist an den Regierungssitz nach London zurückgekehrt, um an einer Sondersitzung teilzunehmen, in der es um den Kampf gegen die Ölpest geht.[25]

Ende März fliegt das britische Model Twiggy nach New York. Ein ganzer Pulk von Presseleuten und Fotografen erwartet die 17-Jährige. Sie ist zu einem Fotoshooting für die Aprilausgabe der amerikanischen ›Vogue‹ eingeladen. Bei der im Flughafengebäude stattfindenden Pressekonferenz erzählt die noch nicht volljährige britische »Frau des Jahres 1966«, sie wolle gern Disneyland besuchen und Cassius Clay kennenlernen. Besonders sind die Journalisten an ihren Körpermaßen interessiert. »Warum aufsagen?«, fragt sich wohl das androgyne »Zweiglein«. »Herzeigen!« Zur Freude ihrer Fans öffnet die Britin ihren Mantel und präsentiert ihre Beine.

Am 29. März wird der Erlass wirksam, mit dem die katholische Glaubenskongregation am 14. Juni des vorigen Jahres die Außerkraftsetzung des Index Librorum Prohibitorum beschloss. Ab heute darf jeder Katholik auf der Welt lesen, was er will, ohne Strafen seiner Kirche befürchten zu müssen. Das Verzeichnis verbotener Bücher, das 1559 von Papst Paul IV. bei der Neueinrichtung der römischen Inquisition begann, listete Bücher auf, die Katholiken bei Strafe der Exkommunikation und damit bei Verlust des Seelenheils nicht lesen durften.[26] Ursprünglich eingeführt, um die Schriften der Protestanten und damit die Ausbreitung der Reformation zu unterdrücken, deren Wirkmacht sich besonders dem Buchdruck verdankte, hatte die römische Inquisition im Laufe der Jahrhunderte die Liste immer wieder ergänzt und erweitert, bis auch blasphemische und erotische

Werke indiziert wurden.[27] Die letzte Fassung von 1948 umfasste mehr als 6000 Titel und wurde noch bis 1962 ergänzt.[28]

Dass neben Luther auch Spinoza, Maimonides, Locke, Pascal, Voltaire, Rousseau und Kant nicht genehm waren mit ihren Gedanken, liegt nahe. Doch auch Balzac, Dumas Vater und Sohn, Stendhal und Zola kamen auf die Liste. Katholiken durften weder ›Madame Bovary‹ lesen noch die anderen großen französischen Romane des 18. und 19. Jahrhunderts.

Rousseaus ›Emile‹ oder ›Le contrat social‹, Kants ›Kritik der reinen Vernunft‹ oder berühmte historische Werke wie ›Aufstieg und Fall des Römischen Reichs‹ von Edward Gibbon waren tabu. Leopold von Ranke, Begründer der modernen Geschichtswissenschaft, kam 1841 mit seinem Buch über die Päpste auf den Index.

Heinrich Heines Reisebilder stehen auch auf dem nun nicht mehr wirksamen Index. Dass sich nun alle deutschen Katholiken auf die Lektüre dieser Texte stürzen, ist nicht wahrscheinlich. Heines Ruf ist miserabel. Zwar haben die westdeutschen Germanisten Heine auf ihrem letzten Germanistenkongress ihre Aufmerksamkeit geschenkt und in der DDR ist eine große, auch im Westen als wissenschaftlich akzeptabel befundene Biografie[29] erschienen, doch gilt er in der Bundesrepublik noch immer als Nestbeschmutzer und Vaterlandsverräter.[30]

In aller Munde sind andere Autoren. Zu den letzten, deren Lektüre die Exkommunikation bedeutet hätte, zählte 1948 das Gesamtwerk Jean Paul Sartres, 1952 André Gides Gesamtwerk und 1956 Simone de Beauvoirs ›Das andere Geschlecht‹ (›Le deuxième sexe‹).[31] Streng gläubigen Katholiken war es bei Androhung der Exkommunizierung bis zu diesem Tag untersagt, zentrale Texte der humanistischen Bildung, der Aufklärung und der Moderne zu lesen. Fast kann man sagen, dass sie bis zu diesem Tag von einem eigenen Verständnis der zunehmend dynamischen intellektuellen Entwicklung der Neuzeit ausgeschlossen wurden.

Nicht, dass diese Schriften nicht auch in den tonangebenden katholischen Kreisen rezipiert wurden. Nur durften einfache Katholiken sie nicht ungefiltert aufnehmen. »Katholische Christen dürfen selber denken«, eine der Schlagzeilen[32] zur Ankündigung der Suspendierung des Index im vergangenen Jahr, wird ab heute wahr. Es ist formal eine ganz außerordentliche Emanzipation. Der Grund, warum die katholische Kirche den Index abschafft, hat mit Liberalisierungstendenzen weniger zu tun, als man annehmen möchte. Vielmehr ist das Angebot an neuen Büchern so explodiert, dass die römische Inquisition ihr Amt als Zensor einfach nicht mehr flächendeckend ausüben kann.[33]

Am selben Tag erfährt Muhammad Ali an seinem Wohnort in Louisville in Kentucky, dass auch sein dritter Widerspruch gegen den Einberufungsbefehl abgelehnt worden ist.[34] Unter anderem wird sein Einwand, es sei nicht gerecht, dass ein nur aus Weißen besetztes Gremium über seine Beschwerde entscheide, verworfen.[35] Damit rückt die Zwangsverpflichtung immer näher.

Auch Martin Luther King hält sich an diesem Tag in Louisville auf.[36] Er nimmt an einem Treffen des Vorstands der Southern Christian Leadership Conference (SCLC) teil, deren Vorsitzender er ist. King hat die Vorstandssitzung in Louisville anberaumt, um sich vor Ort ein Bild zu machen von den dort stattfindenden Unruhen. Diese hatten begonnen, als farbige Bürger in Weißen vorbehaltene Stadtteile gingen, um dort friedlich gegen die Rassentrennung zu protestieren.[37] Bei ihren Protestmärschen wurden sie von einem wütenden weißen Mob empfangen, der vor den Augen der untätig bleibenden Polizei mit Steinen und Flaschen die friedlichen Demonstranten bewarf.

In Louisville wird nun auch der Vietnamkrieg zum Thema des SCLC. Zum Abschluss des Treffens veröffentlicht der Vorstand der afroamerikanischen Bürgerrechtsorganisation ein Statement, in dem der Krieg als ungerecht und unmoralisch verdammt wird.[38] Gleichzeitig verdammen die auch international angesehenen Vertreter der Bürgerrechtsbewegung das Rekrutierungssystem, weil es die Armen benachteilige und Schwarze[39] in völlig unverhältnismäßiger Zahl an die vordersten Fronten des Krieges bringe.[40] Daran, dass der Vorwurf stimmt, besteht zu diesem Zeitpunkt keinerlei Zweifel mehr.[41] Es ist ganz offensichtlich, dass es Weißen sehr leicht gemacht wird, sich der Dienstpflicht zu entziehen.

Und noch einen weiteren Vorwurf bringt die Bürgerrechtsorganisation an die Öffentlichkeit, indem der zynische Umgang mit den gefallenen Afroamerikanern angesprochen wird. Nach ihrem Tod für das Vaterland, dem zu dienen von ihnen verlangt wurde und für das zu sterben ihnen als »süßer Tod« vermittelt wurde, enden ihre sterblichen Überreste fein säuberlich getrennt von denen der weißen Kameraden nicht etwa auf den berühmten Ehrenfriedhöfen der US-Army, sondern auf nach Rassen getrennten Friedhöfen irgendwo im tiefsten Süden.[42]

Während seines Aufenthalts in Louisville nimmt Martin Luther King sich Zeit für eine private Begegnung mit Muhammad Ali.[43] Danach gehen beide vor die Presse, wo King Ali für dessen Standhaftigkeit bei der Verweigerung des Wehrdienstes lobt.[44] Dabei bezieht er sich auf Äußerungen Alis:

»Wie Ali sagte: Wir sind alle Opfer desselben Unterdrückungssystems.«[45] Der Hüne neben ihm nickt und legt dann herzlich seinen Arm um Kings Schulter und drückt den Friedensnobelpreisträger. »Bruder«, sagt er nur.[46]

Auch Muhammad Ali ist in der Stadt unterwegs, um mit den Menschen über die Unruhen zu sprechen und seine Unterstützung ihrer Forderungen zu bekunden. Er geht durch die Straßen und verschafft sich vor Ort durch Besichtigungen und direkte Bürgerkontakte einen Eindruck. Zahlreiche Reporter begleiten den Weltmeister. Ihnen gegenüber bekräftigt er noch einmal, dass er nicht bereit sei, der bevorstehenden zwangsweisen Einziehung zur US-Army Folge zu leisten.[47]

»Warum soll ich eine Uniform anziehen und zehntausend Meilen von zuhause entfernt Bomben und Granaten auf braune Menschen in Vietnam werfen, während sogenannte Neger in Louisville wie Hunde behandelt und ihnen die simpelsten Menschenrechte verweigert werden? Nein, ich werde nicht zehntausend Meilen entfernt von daheim helfen, ein anderes armes Volk zu ermorden und zu verbrennen, einzig um die weltweite Dominanz der weißen Sklavenhalter über die braunen Völker fortzusetzen. Es ist an der Zeit, dieses Übel zu beenden.

Man hat mich davor gewarnt, dass ein solcher Standpunkt meinen Ruf gefährden würde und mich Millionen Dollar kosten könnte, die mir als Champion zufließen würden. Aber ich habe es gesagt, und ich wiederhole es jetzt nochmals. Der wahre Feind meines Volks befindet sich genau hier. Ich werde weder meine Religion noch mein Volk noch mich selbst dadurch entehren, dass ich mich zum Werkzeug dafür machen lasse, ein anderes Volk, das um Gerechtigkeit, Freiheit und Gleichheit kämpft, zu versklaven.

Wäre ich überzeugt, dass der Krieg Freiheit und Gleichheit für die 22 Millionen Angehörigen meines Volks bringen würde, müsste man mich nicht einberufen, ich würde mich morgen freiwillig melden. Zugleich muss ich mich entweder den Gesetzen unseres Staates unterwerfen oder den Gesetzen Allahs. Ich habe nichts zu verlieren dabei, für meinen Glauben einzustehen. Also werde ich ins Gefängnis gehen. Wir befinden uns seit vierhundert Jahren im Gefängnis.«[48]

Ebenfalls am 29. März fliegen britische Bomber in mehreren Wellen zum Seven-Stones-Riff und versuchen, mit Spreng- und Brandbomben die Reste des Wracks der Torrey Canyon zu versenken und die Ölladung zu verbrennen.[49] Raketenangriffen von vier Hunter-Jägern folgt ein Großangriff mit Bomben von 27 in Formation fliegenden Bombern dieses Flugzeugtyps.[50] Um die Zivilschifffahrt fernzuhalten, hat die britische Marine mit Kriegsschiffen einen Ring um die Gefahrenstelle gelegt.[51] Gegen 16 Uhr erschüttert eine gewaltige Explosion die Schiffsreste.[52] Flammen schießen 150 Meter hoch aus dem Wrack.[53] Die bei dem Feuer entstehende schwarze Rauchsäule steigt 1500 Meter hoch.[54] In einem Radius von 1500 Metern fängt auch die auf dem Meer schwimmende Ölschicht Feuer.[55] Als sich die Schwaden lichten, ist zu erkennen, dass noch immer Teile des Wracks aus dem Wasser ragen.[56]

Die Stones sind in diesen Tagen auf Europatournee, um ihre neue Langspielplatte zu promoten. An jedem Flughafen werden die Musiker intensiven Gepäckkontrollen und peinlichen Leibesvisitationen unterzogen. Immer ist die Presse dabei. Fotos von den Drogenkontrollen gehen um die Welt und verstärken den Eindruck fortwährenden Drogenmissbrauchs. Dass keine Drogen gefunden werden, geht in der Berichterstattung fast unter. Oder will es keiner wissen, damit das Klischee erhalten bleibt?

Am 29. März absolvieren die Rocker ihre ersten Auftritte in Deutschland. Sie geben in Bremen zwei Konzerte. Dafür wird mit Plakaten geworben, auf denen die Gruppe als »härteste Band der Welt« angekündigt wird. Beide Konzerte finden am selben Tag in der Bremer Stadthalle statt. Schon die Ankunft wird zum Ereignis. Die Rockgruppe reist in dicken amerikanischen Straßenkreuzern über die Autobahn aus Hamburg an, wo die Musiker im schicken Schlosshotel Tremsbüttel wohnen.[57] Am Bremer Kreuz kurz vor der Hansestadt an der Weser wartet schon eine Polizeieskorte, die den Autokorso der Rockstars zur Stadthalle ins Zentrum lotst.[58] In der Stadthalle findet vor 200 Journalisten eine Pressekonferenz statt, bei der den Musikern Goldene Schallplatten für drei Millionen in Deutschland verkaufte Tonträger überreicht wird.[59]

Beim anschließenden Gespräch mit der Presse zeigen sich die preisgekrönten Musiker temperamentlos. Die »Langmähnigen«, wie die Presse Männer mit solchen Frisuren wie diese hier tituliert – die etwas zerwühlten Haare der fünf Rocker bedecken die Ohren und Stirnen, erreichen aber kaum die Kragen und hängen auch nicht in die Augen –, sitzen gelangweilt vor den Mikrofonen.[60] Zahlreiche Ringe an den Fingern und grellbunte Anzüge fallen der schreibenden Presse bei der Suche nach Sensationen auf, während Keith Richards Standardantwort auf jede gestellte Frage, sinngemäß: »Keine Ahnung«, in die Blöcke notiert wird.[61] Nur Mick Jagger zeigt sich etwas eloquenter. Den aufmerksamen Journalisten entgeht aber nicht, dass er die besondere

Fähigkeit besitzt, mit vielen Worten nichts zu sagen.[62] Aus der Antwort auf die Frage, welche Strafe er wegen seines Drogenvergehens erwarte, können die Anwesenden mit etwas Empathie ablesen, was ihr Gegenüber von dem ganzen Rummel hält. Mick Jagger sagt trocken: »Die Todesstrafe.«[63]

Um 17 Uhr 30 beginnt das erste Konzert. Ein großes Aufgebot an Polizei innerhalb und außerhalb der Stadthalle soll dazu beitragen, ähnliche Krawalle wie bei der ersten Konzertreise der britischen Band im Jahr 1965 zu verhindern. Weitaus mehr Ordner als sonst üblich passen im Saal auf. Man rechnet mit dem Schlimmsten. Zu Beginn des Konzerts werden die Besucher aufgefordert, doch bitte zu beweisen, dass sie sich »gesittet benehmen« können. Das ist vorwiegend als Bitte zu verstehen, doch die Stühle, auf denen sie sitzen, nicht zu zertrümmern und auch das übrige Mobiliar unangetastet zu lassen. Man weiß ja inzwischen, zu welchen Entladungen es bei den Konzerten der Stones im Publikum kommt. Auf die Idee, die Stühle vor dem Konzert zu entfernen, ist entweder noch niemand gekommen oder sie wurde verworfen.

Bevor die Stones auf der Bühne erscheinen, treten als Vorgruppen die US-Gruppe The Batman, Rattles-Sänger Achim Reichel, die britische Band The Creation und die australischen Easy Beats auf.[64] Die Stimmung ist gut, wenn auch nicht übersprudelnd.[65] Trotzdem haben die Ordner alle Hände voll zu tun, durch die Reihen zu gehen und dafür zu sorgen, dass die Musikfans auf ihren Stühlen bleiben.[66] Als dann Mick Jagger, Keith Richards, Bill Wyman, Brian Jones und Charlie Watts die Bühne betreten, beginnt ein unglaubliches Gekreische und Gejohle, das den ganzen Auftritt der Briten begleitet. Die Band spielt knapp 30 Minuten. Bei den beiden neuesten Hits ›Ruby Tuesday‹ und ›Let's spend the night together‹ erreicht das hingerissene Kreischen Orkanstärke.

Und dann ist auch schon alles wieder vorbei. Nicht nur die extra um zwei Meter angehobene Bühne wird nicht gestürmt, auch das Mobiliar wird nicht zerlegt.[67] Zum Erstaunen der anwesenden Ordnungskräfte gehen die gerade noch von Ekstase geschüttelten Fans ganz ruhig heim.[68] Das Abendkonzert verläuft ähnlich und bleibt ebenfalls ohne besondere zerstörerische Vorkommnisse.[69]

Am 30. März belegen 16 Düsenmaschinen der britischen Luftwaffe das Wrack der Torrey Canyon mit Spreng- und Napalmbomben.[70] Es ist bereits der dritte Versuch der Royal Air Force, die noch verbliebenen Öltanks zu zerstören und das im Wrack verbliebene Öl in Brand zu setzen.[71] Nur noch ein kleiner Teil des Riesenschiffs ragt aus dem Wasser. Experten hatten zu dem Vorgehen in der Erwartung geraten, nur so eine weitere Ausbreitung der Ölpest vermeiden zu können. Es ist ein Wettlauf mit der Zeit, denn das Öl lässt sich nicht mehr in Brand setzen, wenn es länger als vierzehn Tage mit Seewasser Kontakt hat.[72]

Vor der Küste sind inzwischen 56 Schiffe damit beschäftigt, Chemikalien zu versprühen, mit denen eine Schaumbarriere errichtet werden soll. Derweil macht sich die Regierung in London bereits über die juristischen Aspekte Gedanken.[73] Weder ist durch international gültige Regelungen geklärt, unter welchen Bedingungen ein Land außerhalb der eigenen Hoheitsgewässer bei einer solchen Katastrophe zum eigenen Schutz eingreifen darf, noch, wer für all die Folgeschäden einer solchen Tankerkatastrophe haftet. Inzwischen weiß man, dass das Schiff in der während des Krieges üblichen

Schnellbauweise für Handelsschiffe nicht genietet, sondern geschweißt wurde. Zudem wurde der Schiffsrumpf nachträglich verlängert, ohne die Ruderanlage entsprechend anzupassen. Trifft die Werft eine Mitschuld?

Familie Drechsler schafft in diesem Monat einen neuen Teppich für 80 Mark an. Im März wird einiges an Festkosten für das Auto fällig. Die KFZ-Steuer kostet 88 Mark 90, die Kaskoversicherung 68 Mark 80 und außerdem sind Motoröl- und Getriebeölwechsel fällig sowie das Abschmieren. Das benötigte Material kostet 10 Mark 35. Der Freund, der die Wartung des Autos durchführt, bekommt 3 Mark Trinkgeld. Für Berta und Jobst werden neue Schuhe gekauft, für Berta blaue für 23 Mark 90 und für Jobst gute Kinderschuhe für ebenfalls 23 Mark 90. Der Fünfjährige muss diesen Monat aushalten, beim Friseur die Haare geschnitten zu bekommen. Das kostet 2 Mark. Berta bekommt noch neue Strümpfe für 5 Mark 90 und eine Haartüte für 1 Mark 35, in der sie im Bad ausgefallene Haare sammeln kann, die dann an den Perückenmacher verkauft werden.

I knew that I could never again raise my voice
against the violence of the oppressed in the ghettos
without having first spoken clearly to the greatest purveyor
of violence in the world today – my own government.

Martin Luther King

Anfang April werden in der katholischen Zeitschrift ›National Catholic Reporter‹ in den USA Auszüge aus geheimen Papieren der päpstlichen Studienkommission für Geburtenkontrolle veröffentlicht. Die Kommission war 1963 eingesetzt worden, um mit theologischen und soziologischen Gutachten die bisherige Haltung der Kirche zur Schwangerschaftsverhütung zu überprüfen.

Anlass für die Einsetzung der Kommission war die Einführung der Antibabypille, deren Verwendung für gläubige Katholiken von der Genehmigung ihrer Kirche abhängig ist. Bisher ist als einzige Methode zur Schwangerschaftsverhütung die Knaus-Ogino-Methode erlaubt. Diese Methode, bei der durch Temperaturmessung der Eisprung bestimmt werden soll und damit die unfruchtbaren beziehungsweise fruchtbaren Tage der Frau, ist extrem unsicher. Die zahllos mit dieser »Kalendermethode« ungewollt gezeugten Kinder werden grinsend »Knäuschen«[1] genannt. Seit Jahren warten Katholiken auf der ganzen Welt auf die Entscheidung aus Rom über die sichere künstliche Verhütung mit der Pille.

Den an das Magazin geleakten Papieren ist nun zu entnehmen, dass sich die Mehrheit der Kommission für die Zulassung der Pille als Mittel zur Geburtenkontrolle entschieden hat. Führender Vertreter der Befürworter ist der Vorsitzende der deutschen Bischofskonferenz, Kardinal Julius Döpfner, der schon ein Jahr zuvor die Argumente der Befürworter in einer Audienz beim Papst vorgetragen hat.[2] Insgesamt sprechen sich nach den ungewollt an die Öffentlichkeit gelangten Unterlagen 36 oder 38 der 60 Mitglieder der Kommission für die Freigabe der Pille aus.[3] Damit soll keinerlei Empfehlung für die Einnahme der Pille verbunden sein, und es soll auch bei der Grundlehre der Kirche bleiben, dass Geschlechtsverkehr nur zur Familiengründung und nur in der Ehe stattzufinden habe und Abtreibung, außerehelicher Geschlechtsverkehr oder Sterilisation weiter streng untersagt sind. Die Mehrheit der Kommissionsmitglieder ist nur zu dem Schluss gekommen, dass die Pille aus theologischen Gründen nicht »wider die Natur« sei.[4]

Der Jubel ist allerdings verfrüht. Dass solche geheimen Papiere aus der Kirche an die Öffentlichkeit gegeben werden, ist etwas ganz Neues. Offiziell schweigt der Vatikan. Eingeweihte Kreise relativieren den Inhalt der Papiere. Der Papst sei erstaunt und betrübt über den Vertrauensbruch, ist von diesen »informierten Kreisen« im Vatikan zu erfahren. Im Vatikan selbst überwögen die Befürworter der strengen Beibehaltung der bisherigen Regelung. Offenbar wollten fortschrittliche Kreise in den USA den Papst mit der Indiskretion unter Druck setzen, so der Vorwurf. Allein der Papst entscheide. Der Machtkampf zwischen fortschrittlichen und konservativen Kreisen in der katholischen Kirche geht trotz des Votums der Kommission weiter.[5]

Am 2. April setzen sich die Mitglieder der Kommune 1 zusammen und entwickeln Pläne für Aktionen beim bevorstehenden Besuch des US-Vizepräsidenten in Berlin. Das Kommune-Protokoll hält darüber fest: »Humphrey Aktion: Martin-Luther-Str. oder Rathaus. Rote Rauchbomben, möglichst viele. Zum Auto laufen, Superbälle[6] werfen. Sachen werfen (Schlagsahne etc. oder tutti frutti[7]). Wenn das Auto angehalten ist, Lieder singen (Hoch soll er leben Backe backe Kuchen Berlin ist eine Reise wert) PUDDING Superbälle genaue Lagebesprechung kleine Superbälle kaufen.«[8] Die Details der Route von Humphreys Wagenkonvoi durch die Stadt erfahren sie vom Schriftsteller Reinhard Lettau, der mit Dagrun, der in der Kommune lebenden Exfrau seines Schriftstellerkollegen Hans Magnus Enzensberger befreundet ist.[9] Ein Chemiestudent, den die Kommunarden durch den Trauzeugen von Rudi Dutschke kennenlernten, soll helfen, Material für die Rauchbomben zu beschaffen.[10] Abends diskutiert die Kommune mit Freunden über ihre Pläne.[11] Außer Rainer Langhans findet sich aber darunter niemand, der mitmachen will.[12]

Der 3. April ist ein Montag. Die Schüler der Geschichtsklasse des Lehrers Ron Jones an der Elwood P. Cubberley Senior High School im kalifornischen Palo Alto wundern sich, als sie in ihr Klassenzimmer kommen. Als sie eintreten, dringt der Klang von Musik Richard Wagners an ihr Ohr. Der Raum hat sich über das Wochenende völlig verändert, Poster sind von den Wänden entfernt, alles ist peinlich sauber und die Tische, bisher für Gruppenarbeiten locker verteilt, sind nun in penibler Ordnung in Reihen ausgerichtet. In der vergangenen Woche ist die letzte Unterrichtseinheit zu Ende gegangen. Erwartet die Schüler nun ein Experiment?

Die Cubberley High School gilt als eine der besten Schulen in den Vereinigten Staaten. Elwood P. Cubberley war einer der bedeutendsten Reformer der Lehrerausbildung. Die Schule ist freiheitlichen Idealen verpflichtet und bekannt für Kreativität und Offenheit für neue Unterrichtsmethoden. Viele Eltern schicken ihre Kinder in diese Schule, weil hier die individuelle Entwicklung der Schüler besonders gefördert wird.

Palo Alto befindet sich im Zentrum des Silicon Valley, wo sich im Einzugsbereich der Stanford University ein ständig wachsendes Netzwerk von Think Tanks, Forschungseinrichtungen, Luftfahrtindustrie und Hightech-Unternehmen bildet. Die meisten Schüler stammen aus Familien der Mittel- oder Oberklasse und bereiten sich gezielt auf das College vor. In dem leistungsorientierten, weltoffenen Umfeld sind rassische Vorurteile schon weitgehend zurückgedrängt. Es gibt sogar einen »inter-rassischen« Rat. Von den 433 Schülern des untersten Jahrgangs stammen zehn aus afroamerikanischen Familien, 21 aus asiatisch-amerikanischen Familien und vier sind Latinos. Die 433 Sophomores, wie die Schüler der ersten Stufe der dreijährigen Highschool genannt werden, haben als ihren Sprecher einen der afroamerikanischen Schüler gewählt.[13]

Der 25-jährige Ron Jones ist einer der jüngsten Lehrer. Nach Militärdienst und Studium ist die Stelle in Palo Alto seine erste. Der begeisterte Surfer ist wegen seiner lockeren und zugewandten Art und seines unorthodoxen Unterrichts bei den Schülern außerordentlich beliebt.[14] Als Lehrer für den Bereich Zeitgeschichte hat er in den sechs Monaten, die er inzwischen unterrichtet, das uneingeschränkte Vertrauen seiner Schüler gewonnen. Gerade hat er eine Unterrichtseinheit über den Nationalsozialismus und den Zweiten Weltkrieg abgeschlossen. Neben all den Fakten und Zahlen blieb eine Frage im Raum stehen, die nicht beantwortet werden konnte. Wie es sein könne, dass die Deutschen nach dem Krieg fast unisono behaupteten, von den Verbrechen, die um sie herum geschahen, nichts mitbekommen zu haben, wollten die Schüler wissen.

Neugierig nehmen sie nun in der neuen Sitzordnung Platz und hören zu, wie ihr Lehrer ihnen die Veränderung erklärt.

Er will ihnen einen Eindruck von der Mentalität der Deutschen vermitteln, so fremd sei diese nicht. Ob sie bereit zu einem Experiment seien? »Klar!« Bisher war diese Art, Lernerfolge zu erzielen, immer nach dem Geschmack der Schüler. Also los: Im Experiment will der Lehrer den Schülern die Bedeutung und die Vorzüge von Disziplin verständlich machen. Ohne hartes und regelmäßiges Training komme kein Sportler zum Erfolg. Kein Balletttänzer oder Maler könne ohne harte Arbeit an sich selbst Perfektion erreichen.

»Stimmt«, denken die Schüler, kann der Lehrer in ihren Gesichtern lesen und setzt seine Aufzählung fort. Auch die absolute Hingabe eines Wissenschaftlers bei der Umsetzung einer Idee sei Ausdruck von Disziplin. Immer gehe es um die bewusste und kontrollierte Entwicklung der eigenen Fähigkeiten. Der eigene Wille sei eine außerordentliche Macht. Überlegene körperliche und geistige Fähigkeiten ließen sich nur durch harte Arbeit an sich selbst erreichen. Jones Argumente lassen sich schwer widerlegen. »Aber wie macht man das einfach so«, kann er aus den fragenden Augen der Schüler ablesen.

Auch darauf ist Jones vorbereitet. Er animiert die Schüler, zum Beispiel einfach einmal ihre Körperhaltung zu überdenken. »Erspüren wir das mal gemeinsam«, leitet er Veränderungen ein. Die Klasse folgt seinen Anweisungen. Zunächst beschreibt er, dass eine ordentliche Sitzposition sowohl die Konzentrationsfähigkeit fördert als auch den Willen stärkt. Er ordnet an, dass alle ihre Füße unter den Tischen nebeneinanderstellen und die Hände flach hinter den unteren Bereich ihrer Stühle legen. Nun sitzen alle Schüler kerzengerade vor ihm. »Ihr könnt leichter atmen, stimmt's? Ihr seid wacher. Fühlt ihr euch nicht besser?«

Das neue Sitzen wird weiter trainiert. Jones geht durch die

Reihen, korrigiert und verbessert. Dann dürfen die Schüler ihre Plätze verlassen und er überrascht sie mit dem Kommando, die Position schnellstmöglich wieder einzunehmen. Dabei stoppt er die Zeit. Die Klasse übt so lange, bis sie in fünfzehn Sekunden wieder in Habachtstellung auf ihren Stühlen sitzt. Auch der Selbstwahrnehmung des Sitzens widmet er nun eine Übung: die Füße haben parallel nebeneinanderzustehen, Knöchel zusammen, Knie in einem Beugungswinkel von exakt 90 Grad; die Hände gehören flach über Kreuz hinter die Lehne, die Wirbelsäule aufgerichtet, das Kinn runtergedrückt, Kopf geradeaus.

Was kann man noch üben, um die Aufmerksamkeit zu verbessern? Den Schülern wird gestattet, miteinander zu reden. Und was merken sie plötzlich: es stört! Richtig ins Zeug legen sie sich, als es anschließend darum geht, lautlos von draußen in den Schulraum zu kommen und schnellstens die Habachtstellung auf ihren Plätzen einzunehmen. In fünf Sekunden schaffen sie das Manöver, stoppt Jones.

In den letzten 25 Minuten der Unterrichtseinheit führt der Lehrer ein paar neue Vorschriften ein. Die Schüler müssen bereits vor dem letzten Klingeln in Habachtstellung auf ihren Plätzen sein. Sowohl wenn sie etwas fragen wollen als auch wenn sie antworten sollen, müssen sie aufstehen und sich neben ihr Pult stellen. Jede Wortmeldung müssen sie mit »Mr. Jones« einleiten. Antworten sollten möglichst kurz und knapp erfolgen. Schüler, die zu schwerfällig sind, werden gerüffelt und müssen so lange wiederholen, bis sie die Anforderungen erfüllen. Belohnungen gibt es sowohl für Antworten als auch für Fragen. Dabei sollen die Schüler knackig und aufmerksam sein.

Das Ergebnis ist verblüffend. Die Beteiligung im Unterricht nimmt deutlich zu. In rascher Abfolge erheben sich die

Schüler mit zackig vorgetragenen Fragen und Antworten. Plötzlich beteiligen sich auch die, die zuvor das Reden lieber denjenigen überließen, die immer ihre Finger in die Luft strecken. Und noch etwas fällt auf: Die Qualität der Antworten wird besser.

Am 4. April will Ron Jones sein Experiment fortsetzen. Ob die Schüler noch Lust haben? Was er vorfindet, hat er nicht erwartet. Denn als er in das Klassenzimmer kommt, sitzt die ganze Klasse bereits ganz still in Habachtstellung in der neuen Sitzordnung, Hacken zusammengeknallt, Rücken gerade, angezogenes Kinn. Einigen Schülern ist anzusehen, dass sie sich ein Grinsen verkneifen. Doch die meisten blicken hoch konzentriert streng geradeaus. Jones geht zur Tafel und schreibt in großen Buchstaben: »Stärke durch Disziplin« und darunter »Stärke durch Gemeinschaft«.

»Gemeinschaft«, was bedeutet das überhaupt? Jones vermittelt ihnen an Beispielen aus seinen eigenen Erfahrungen als Sportler, Trainer und Historiker, um was es geht. Gemeinschaft sei die Verbindung einzelner Individuen, die zusammen arbeiten und zusammen etwas erreichen wollten. Mit den Nachbarn eine Scheune errichten, nennt er als Beispiel und kann davon ausgehen, dass die Schüler Bilder der Amish vor ihrem inneren Auge sehen und den Jubel aller Beteiligten, wenn der Richtkranz gesetzt wird. Es ist für die Schüler ein Aha-Erlebnis. Ja, sie kennen es doch alle! Aber konnten sie es bisher benennen?

»Gemeinschaft ist das Gefühl, Teil von etwas Größerem zu sein als man selbst, einer Bewegung, eines Teams, eines Anliegens«, definiert er. Um sie zu verstehen, müsse man sie ebenso erfahren wie man die Disziplin erst habe erfahren müssen. Jones lässt die Schüler gemeinsam die an die Tafel geschriebenen Losungen sprechen. Erst stehen zwei Schüler und sagen laut die Losungen auf, dann zwei weitere, immer mehr, bis am Ende die ganze Klasse steht und unisono vorträgt: »Stärke durch Disziplin, Stärke durch Gemeinschaft«. Es bereitet ihnen sichtlich Freude. Während sie im Chor die Losungen repetieren, schauen sie einander an. Es tut sich etwas zwischen ihnen. Sie empfinden die verbindende Kraft des Zugehörigkeitsgefühls. Bis zum Ende des Unterrichts arbeitet Jones mit ihnen an diesem einfachen Akt der Herstellung von Gemeinschaft. Mal wird die eine, mal die andere Losung wiederholt, mal werden die Losungen in unterschiedlichen Lautstärken wiederholt, immer zusammen, und immer wird darauf geachtet, die richtige Haltung dabei einzunehmen.

Am Ende der Übung fällt dem Lehrer ein, dass man einen speziellen Gruß ausschließlich für die Schüler der Klasse einführen könnte. Zum Gruß soll die rechte Hand in Schulterhöhe erhoben werden, die Finger leicht eingerollt. Das soll eine Welle symbolisieren, die dritte, die bei Wellenketten auf den Strand prallt und bei Surfern als die stärkste gilt. »Third Wave-Gruß« tauft der Lehrer das Geheimzeichen und ordnet an, dass sich die Schüler der Klasse fortan außerhalb des Klassenzimmers auf diese Art zu grüßen haben. Jones beendet den Unterricht mit dem neuen Gruß. Ohne weitere Aufforderung erheben sämtliche Schüler den Arm und formen die Hand zur Welle.

Etwa zur gleichen Zeit nimmt Martin Luther King jr. gegen alle Widerstände von Familie und Freunden nun doch Stellung gegen den Vietnamkrieg. Er hält in der Riverside Church in New York eine Rede, in der er auf das Missverhältnis zwischen den Militärausgaben der USA und den Ausgaben für soziale Reformen eingeht.[15] In seiner langen Begründung, warum er nicht länger zur Außenpolitik schweigen kann, geht er auch auf die zunehmende Gewalt in den Schwarzenghettos ein:

»Der dritte Grund beruht auf einer noch tieferen Erkenntnis, die aus den Erfahrungen entstanden ist, die ich in den Ghettos des Nordens in den letzten drei Jahren gemacht habe, besonders in den letzten drei Sommern. Ich habe mich unter den verzweifelten, missachteten und zornigen jungen Männern bewegt. Ich habe ihnen erzählt, dass Molotow-cocktails und Schusswaffen ihre Probleme nicht lösen würden. Ich habe versucht, ihnen mein tiefstes Mitgefühl zu zeigen und gleichzeitig meine Überzeugung zu vermitteln, dass wirklich bedeutsame gesellschaftliche Veränderungen nur durch gewaltfreies Handeln zustande kommen. Aber sie haben mir – völlig berechtigt – die Frage gestellt, was dann mit Vietnam los ist. Ob nicht unser eigenes Land dort massive Gewalt anwendet, um eine Änderung herbeizuführen. Damit trafen sie einen wunden Punkt. Und ich habe beschlossen, niemals mehr meine Stimme gegen die Gewalt der Unterdrückten in den Ghettos zu erheben, und mich klar an diejenigen zu wenden, die heutzutage in der Welt am meisten Gewalt ausüben – meine eigene Regierung[16] … Es sollte jedem, der sich um die Integrität und das Leben in Amerika Sorgen macht, unmissverständlich klar sein, dass man diesen Krieg nicht ignorieren kann. Wenn Amerikas Seele vergiftet ist, dann lautet ein Teil der Diagnose: Vietnam.«[17]

Martin Luther King fällt bei US-Offiziellen in Ungnade. Ihm wird vorgehalten, eine Rede gehalten zu haben, die genau auf der Linie der Kommunisten liege.

Am selben Tag wird in Berlin das Landesamt für Verfassungsschutz darüber informiert, »dass eine Personengruppe, die sich aus sogenannten Gammlern, Atomwaffengegnern und Maoisten zusammensetzt, beabsichtige, den Besuchsablauf zu stören« beim in zwei Tagen anstehenden Besuch des Vizepräsidenten in der Stadt.[18] Die Zusammenkünfte der Gruppe fänden »in der Wohnung eines Uwe Johnson« statt, so der Informant. Aus seinem vertraulichen Bericht erfährt der Verfassungsschutz, dass die Mitglieder der Kommune 1 die Absicht hätten, »Bomben mit unbekannten Chemikalien, Stinkbomben, Steine und Wurfbehälter mit Farbstoffen zu werfen«.[19] Der Berliner Innensenator leitet die Informationen an die politische Abteilung der Kriminalpolizei weiter, die sofort die weiteren Ermittlungen aufnimmt.[20]

Hans Werner Richter trifft sich am 5. April mit Hans Magnus Enzensberger.[21] Es wird ein langes Gespräch. Enzensberger kommt gerade aus Indien und Moskau zurück und will einen Artikel über den Aufstand in Kronstadt schreiben. Er befürchtet, dass der sowjetische Schriftstellerverband ihn nach einer solchen Veröffentlichung nicht mehr einladen wird und dass er kein Visum mehr bekommt. Enzensbergers Unabhängigkeit ist für Richter die Unabhängigkeit dessen, der zwischen allen Richtungen schwimmt und jeweils die radikalste für sich in Anspruch nimmt.[22] Richter ist einigermaßen fassungslos über die Unkenntnis seines jungen Kollegen. Der stelle sich den Ablauf der Kulturrevolution in China offenbar so vor, dass das Volk vor die Häuser der Funktionäre zieht, um sie zu kritisieren und abzusetzen.[23]

Wie üblich, kommt auch der Tratsch nicht zu kurz. Enzensberger hat wohl in Moskau eine Freundin, eine Geliebte, irgend so etwas – Richter spekuliert mehr, als dass er es weiß. Enzensbergers Frau hat sich getrennt und lebt nun mit acht Leuten in Uwe Johnsons Berliner Zweitwohnung in einer Kommune zusammen. Da ihnen die Wohnung zu klein wird, haben sie auch Johnsons Hauptwohnung besetzt. Johnson ist in New York und weiß nichts davon.[24]

Für die Bewohner von Johnsons Wohnung in der Niedstraße braut sich genau an diesem Tag Ungemach zusammen. Die Kriminalpolizei hat schnell ermittelt, dass es sich bei den Personen aus dem Schreiben des Verfassungsschutzes »teilweise« um »Teilnehmer an nichtgenehmigten Studentendemonstrationen« handelt.[25] Bei den »Personen« handele es sich »um eine den Behörden nicht bekannte Verbindung«, »deren Mitglieder sich unter einer Führung zusammengeschlossen haben und deren einziger Zweck die Begehung von Straftaten ist – Sachbeschädigung, Körperverletzung, gegebenenfalls Aufforderung zu strafbaren Handlungen, Widerstand und Ähnliches«, so ein Vermerk vom 5. April. Weiter heißt es in dem Vermerk: »Nach den bisher bekannten Tatsachen dürfte es sich im vorliegenden Fall eindeutig um Geheimbündelei bzw. einen sogenannten Untergrundverein« im Sinne der Paragraphen 128 Abs. 1 und 129 des Strafgesetzbuchs handeln.[26]

Geheimbündelei nach Paragraph 128 Abs. 1 stellt »Die Theilnahme an einer Verbindung, deren Dasein, Verfassung oder Zweck vor der Staatsregierung geheim gehalten werden soll, oder in welcher gegen unbekannte Obere Gehorsam oder gegen bekannte Obere unbedingter Gehorsam versprochen wird«[27] unter Strafe. Mitgliedern drohen sechs Monate Haft, Stifter und Vorsteher der Verbindung sind, so der Gesetzeswortlaut, mit »Gefängniß von einem Monat bis zu einem Jahre zu bestrafen«.[28] Geschaffen war diese Strafrechtsnorm in Preußen 1851 zur Bekämpfung der Freimaurer, denen aufgrund ihrer Orientierung an den Idealen der Aufklärung – nicht ganz zu Unrecht – unterstellt wurde, subversiv den als konstitutiv für die Ausübung von Obrigkeit erachteten Untertanengeist zu unterminieren. Nahtlos übernahm das Deutsche Reich die Norm und in dessen Folge dann auch die Bundesrepublik. Paragraph 129 sanktioniert die Bildung einer kriminellen Vereinigung. Außerdem, so der Vermerk, »dürfte ferner die Vorbereitung zu einem Sprengstoffverbrechen vorliegen«.[29]

Während die Kripo die nötigen Durchsuchungsbeschlüsse beschafft, haben die Kommunarden Probleme, die Chemikalien zu organisieren, die sie für ihre Geschosse benötigen. Vormittags wird Dieter Kunzelmann mit seiner Einkaufsliste in der »Werkstätte für Chemie und Foto« am Salzufer in Charlottenburg abgewiesen. Immerhin gelingt es dem Chemiestudenten Wulf Krause, unter dem Vorwand, ein Mittel zur Unkrautvertilgung zu benötigen, 200 Gramm Kaliumchlorat zu erwerben. Am frühen Nachmittag kann dann auch Kunzelmann einige Chemikalien kaufen.[30]

In der Wohnung in der Niedstraße basteln die Kommunarden derweil mit Hilfe eines Besenstiels Papphülsen. Der Besenstiel wird mit Pappe umhüllt, die wird zugeklebt und die Papphröhre vom Besenstiel abgezogen: fertig die Hülse. Die Zündschnüre werden aus Kerzendochten, die mit Kaliumchloratlösung getränkt werden, hergestellt. Von den insgesamt 17 Hülsen werden fünf mit Zutaten für rote oder weiße Rauchbomben gefüllt.[31] Mit der ersten fertigen Bombe fahren fünf Beteiligte in den Grunewald. Bevor die selbstgebastelten Geschosse gegen Humphrey zum Einsatz kommen, soll getestet werden, ob sie funktionieren. Und tatsächlich, die Rezeptur ist richtig. Es dauert zwar einige Zeit, bis die Zündschnur brennt, doch die Rauchentwicklung ist prima. Auch die anderen Wurfgeschosse, die an den Bäumen des Grunewalds getestet werden, zeigen Wirkung. Die Tüten platzen beim Aufprall. Mehl und Pudding rieseln von den Ästen.

Nach vollbrachtem Test gehen die durchgefrorenen Kommunarden zum S-Bahnhof Nikolassee. Bevor sie nach Friedenau zurückfahren, kehren sie erst einmal in die Bahnhofskneipe ein, um sich aufzuwärmen. Sie sitzen dort bei einer Lage Bier zusammen, als Polizisten sie gegen 18 Uhr 20 überraschen und festnehmen.[32]

Exakt zur selben Zeit klopft es an der Wohnungstür in der Niedstraße. Mehrere zivile Beamte der Polizei stürmen herein und nehmen die sechs in der Wohnung mit der Vorbereitung der Aktion gegen Humphrey beschäftigten Kommunarden fest.[33] Allen werden Handschellen angelegt. Anschließend werden die Verdächtigen in die Räume der politischen Polizei nach Tempelhof gefahren.[34]

In der Zwischenzeit werden an verschiedenen Orten umfangreiche Durchsuchungen vorgenommen und Berge von Beweismitteln beschlagnahmt. In Anwesenheit seiner Mutter wird die Wohnung des Chemiestudenten durchsucht. Den Polizeibeamten fällt besonders auf, dass der Student »auf seinem Schreibtisch mehrere Bücher über Mao Tse-tung und die Chinesische Revolution liegen hat.«[35] Die Beamten finden es auch eigenartig, dass auf dem Tisch die Zeitung ›Neues Deutschland‹ liegt. Deshalb stellen sie die Mutter zur Rede.[36] Die schweigt jedoch und weckt damit nicht unbedingt das Vertrauen der Polizisten.

Bei den folgenden Vernehmungen wird den elf Festgenommenen eröffnet, dass ihnen die Verabredung zu einem

Sprengstoffverbrechen und ein Anschlag auf das Leben von Hubert Humphrey zur Last gelegt werden. Ihnen wird mitgeteilt, dass der Gewahrsam andauern werde, weil anders die Gefahr für Leib und Leben des Vizepräsidenten nicht abzuwenden sei.[37] Zudem wird verfügt, dass sie »streng getrennt von Tatgenossen« in Einzelhaft kommen.[38]

Noch am späten Abend geht an die Presse ein Polizeibericht, der darüber informiert, dass die politische Polizei ein Komplott aufgedeckt habe. Elf unter verschwörerischen Umständen zusammengekommene Personen, die Anschläge gegen das Leben oder die Gesundheit des amerikanischen Vizepräsidenten Humphrey geplant hätten, seien festgenommen worden.[39] Weiter teilt die Polizei mit, dass es sich bei den Festgenommenen »in der Mehrzahl um Studenten, die einer extrem-radikalen Gruppe angehören«, handele.[40] Die Anschläge, so die Polizei, seien mittels Bomben, mit Chemikalien gefüllten Plastikbeuteln oder anderen gefährlichen Tatwerkzeugen geplant worden.[41] Bei ersten Durchsuchungen sei umfängliches Beweismaterial sichergestellt worden.[42] Gegen die Betroffenen werde ein Strafverfahren wegen der Verabredung zur Begehung eines Verbrechens und Vorbereitung eines Sprengstoffverbrechens eingeleitet.[43]

Bei den Ermittlungen wird auch das Gebäude am Kurfürstendamm observiert, in dem sich die Zentrale des SDS befindet. Rainer Langhans, der zu den Festgenommenen zählt, hat hier noch als Untermieter des SDS eine Wohnung.[44] Die Polizei sieht aus taktischen Gründen von einer Durchsuchung vorerst ab, da der SDS gerade eine Aktionsbesprechung zum Humphrey-Besuch abhält. Vor dem Haus wird ein Zivilfahrzeug mit zwei Beamten postiert. Bei ihren Durchsagen an die Leitzentrale der Polizei agieren die beiden Zivilpolizisten so auffällig, dass sie von SDS-Mitgliedern entdeckt und zur Rede gestellt werden.[45] Schnell kommen andere SDS-Mitglieder hinzu, und es entsteht ein Handgemenge, in dessen Verlauf die Polizisten Verstärkung anfordern müssen. Die Studenten knicken die Funkantenne des Autos ab, lassen die Luft aus den Reifen und versuchen, den Wagen umzukippen.[46] Mehrere Fahrzeuge der Schutzpolizei erreichen wenig später den Ort. Die Schupos schlagen die Angreifer ihrer Kollegen in die Flucht.[47] Die beiden Studenten, die die Zivilpolizisten lautstark zur Rede stellten, werden festgenommen.[48] Noch während der Nacht werden allerdings die drei festgenommenen Frauen schon wieder auf freien Fuß gesetzt.[49]

In den Redaktionen der Morgenzeitungen werden für die ersten Seiten bestimmte Artikel storniert. Stattdessen wird die Berichterstattung über den vereitelten Anschlag auf diese Seiten der am nächsten Morgen erscheinenden Ausgaben gehoben.

In Palo Alto beginnt am selben Tag Ron Jones mit dem nächsten Teil seines Experiments. In der Schule haben sich die Aktivitäten des Zeitgeschichtskurses bereits herumgesprochen und Schüler aus anderen Klassen wollen mitmachen. Einige schwänzen einfach den eigenen Unterricht und sind nun in Jones' Klasse. Dreiundvierzig Schüler sitzen jetzt in Habachtstellung vor dem jungen Lehrer. Heute verteilt er Mitgliedskarten. Drei dieser Karten hat er mit einem roten X markiert. Die drei Schüler, die diese Karten bekommen, informiert er, dass sie ab sofort die Aufgabe hätten, jeden, der sich nicht an die neuen Regeln in der Klasse halte, umgehend zu melden. Zur Erläuterung der Notwendigkeit dieser Maßnahme macht er den Schülern klar, dass Disziplin und

Gemeinschaft ohne gemeinsames Handeln keinen Sinn hätten. Es gehe darum, volle Verantwortung für das eigene Handeln zu übernehmen und es in den Dienst der Gemeinschaft oder der Familie zu stellen. Sie müssten so sehr an sich und die Gemeinschaft glauben, dass sie alles tun würden, um sie zu erhalten, zu schützen und zu erweitern. Und hat sich nicht schon gezeigt, dass harte Arbeit und Loyalität untereinander dazu führten, besser und schneller den Unterrichtsstoff zu bewältigen? Ist es jetzt nicht anders als in einer Klasse, in der die Konkurrenz untereinander Frustration und Erniedrigung mit sich bringt? Jetzt, wo sie einander unterstützten und als Gruppe agierten, kämen solch negative Effekte im Unterricht gar nicht mehr vor. Genau so scheinen die Schüler auch zu empfinden, denn einige ergreifen das Wort und bestätigen: »Ja, Mr. Jones, erstmals lerne ich ganz viel!« und »Mr. Jones, warum unterrichten Sie uns nicht immer so wie jetzt?« Tatsächlich lernen die Schüler schneller und mehr.

Zur Stärkung des Gruppenzugehörigkeitsgefühls verteilt Jones individuelle Aufgaben an die Schüler. Die Dritte Welle braucht eine eigene Fahne, die einige Schüler selbst gestalten sollen. Andere Mitglieder der Dritten Welle sind ab sofort selbst dafür verantwortlich, dass kein Nichtmitglied ihren Klassenraum betritt. Wieder andere sollen Kinder der benachbarten Grundschule davon überzeugen, dass die neue Sitzposition für besseres Lernen nötig ist. Außerdem sollen die Schüler vertrauenswürdige Freunde benennen, die als Mitglieder für die Dritte Welle in Frage kämen. Neue Mitglieder dürfen auch direkt geworben werden. Diese dürften aber nur von einem Mitglied vorgeschlagen werden. Mitglied werden sie erst durch den Erhalt der Mitgliedskarte, die nur Jones selbst ausgibt und deren Erlangung voraussetzt, dass die Anwärter sowohl ihre Kenntnisse der Regeln der Dritte Welle nachweisen als auch eine Erklärung abgeben, dass sie diese Regeln einhalten werden.

Die Schüler entwickeln nach dem Unterricht großen Eifer bei der Erfüllung ihrer Aufgaben. Statt der drei mit der Überwachung der Einhaltung der Regeln beauftragten Schüler berichten fortlaufend fast zwanzig Schüler über Regelverstöße ihrer Schulkameraden. Die ganze Schule beschäftigt sich mit dem Experiment und viele wollen mitmachen. Wie denn ein Dritte-Welle-Keks aussehe, will jemand von Jones wissen. »Chocolate Chips, selbstverständlich«, antwortet der von der Wirkung des Experiments selbst überraschte Lehrer. Die Bibliothekarin bedankt sich bei ihm für das riesige Banner, in dem das Lernen glorifiziert wird, und hängt es über dem Eingang zur Bibliothek auf. Am Ende des Tages ist die Dritte Welle auf 200 Mitglieder angewachsen. Bei einem abendlichen Fachbereichstreffen der Lehrer erscheint der Schulleiter und grüßt Jones mit dem Dritte-Welle-Handzeichen. Jones grüßt ebenso zurück.

Drei Schülerinnen seiner Klasse, die sonst zu den Wortführern zählen, halten sich auffallend zurück. Als Jones heimkommt, erhält er den Anruf des Rabbis einer der Familien. Die drei Freundinnen haben daheim über das Experiment berichtet und die Eltern seien sehr besorgt. Als Jones erklärt, dass er ein Experiment durchführe, damit die Schüler mehr über die deutsche Mentalität erführen, zeigt sich der Geistliche erfreut. Jones beschwichtigt weiter, dass er in seinem Geschichtsunterricht weitere Experimente dieser Art plane. Der Rabbi verspricht, die Eltern zu beruhigen.

Als Ron Jones am 6. April morgens vor Schulbeginn in der Cubberley High School das Klassenzimmer betritt, findet er den Raum verwüstet vor. Der Vater eines Schülers steht völlig erschöpft vor der Tür und gibt zu, dass er die Verantwortung trägt. Es stellt sich heraus, dass der Mann ehemaliger Offizier der Air Force ist und während des Zweiten Weltkriegs in deutsche Kriegsgefangenschaft geraten war. Als er von den Aktivitäten in der Schule hörte, drehte er durch und drang nachts in die Schule ein. Immer noch völlig außer sich erzählt er dem Lehrer von seinen in Deutschland umgekommenen Freunden. In abgehackten Worten bittet er um Verständnis und Hilfe. Jones kümmert sich darum, dass der verwirrte Mann heimgebracht wird und dass der Vorfall kein weiteres Aufsehen erregt.

Im Unterricht eröffnet Jones den Schülern wenig später, dass die Third Wave nicht nur eine Übung sei und auch kein Spiel. Tatsächlich ist die Gruppe Teil einer neuen Jugendbewegung. Überall im Land seien Lehrer wie er damit beschäftigt, Schüler zu rekrutieren und auszubilden. Es gehe darum, Schüler zu finden, die bereit seien, für einen politischen Wechsel im Land zu kämpfen.[50] Diese Jugendlichen seien fähig, der Nation eine bessere Gesellschaft durch Disziplin, Gemeinschaft, Stolz und Taten zu zeigen. Wenn sie ändern könnten, wie Schulen funktionierten, könnten sie auch die Art und Weise ändern, wie Fabriken, Läden, Universitäten und alle anderen Einrichtungen betrieben würden. Mehr als 1000 solcher Gruppen gebe es schon, und sie werden sich am nächsten Tag bei einer Kundgebung, die vom Fernsehen übertragen wird, gemeinsam erheben, um ihre Unterstützung für den nationalen Vorsitzenden der Bewegung kundzutun, erzählt der Lehrer. Der Jugendführer werde morgen das Third-Wave-Jugendprogramm verkünden, das dem

Land einen neuen Sinn für Ordnung, Gemeinschaft, Stolz und Tatkraft bringen soll.

Zweifel, ob die Schüler sich der Ernsthaftigkeit bewusst sind und vor den Pressevertretern, die sich angesagt haben, bestehen können, werden zerstreut. Die Schüler sind hellauf begeistert. »Sollen wir alle weiße T-Shirts anziehen?«, bieten sie an. »Können wir Freunde mitbringen?« Einer hat die ganzseitige Anzeige im ›Time‹-Magazin gesehen und weist nun darauf hin. In großen roten, weißen und blauen Lettern steht da: »Die Dritte Welle kommt.« Es soll Werbung für Holzprodukte sein. Aber Jones bestätigt die Vermutung der Schüler, dass das Tarnung sei. Und noch etwas: Sie dürfen bis morgen mit niemand außerhalb der Third Wave über die Bewegung sprechen.

Bei den Schülern stößt eine solche Bewegung auf großes Interesse und auch große Hoffnungen. Nicht nur, dass sie besonderes Vertrauen zu dem charismatischen jungen Lehrer haben. Sie haben auch etliche Gründe, sich nach einer Änderung der Verhältnisse im eigenen Land zu sehnen. Längst fühlen sie sich unmittelbar durch die Vorgänge in Vietnam betroffen. Noch zwei oder drei Jahre, je nachdem, welche Klasse der Highschool man gerade besucht – und dann werden die Jungen zum Militärdienst eingezogen und unweigerlich in den Krieg nach Südostasien geschickt. Jetzt sehen sie eine Chance, das anscheinend Unvermeidliche abzuwenden. Eine solche nationale Erhebung liegt geradezu in der Luft. Spürt man es nicht überall? Etwas Grundlegendes muss im Land geändert werden. Die Regierung kann doch nicht einfach fortfahren, die jungen Menschen im Land auf diese Art zu verheizen.[51]

In Berlin erscheinen am selben Tag sämtliche Tageszeitungen mit groß aufgemachten Artikeln über den verhinderten Anschlag auf den amerikanischen Vizepräsidenten. »Attentat auf Humphrey von Kripo vereitelt – FU-Studenten fertigen Bomben mit Sprengstoff aus Peking« titelt die im Axel Springer Verlag erscheinende ›Berliner Morgenpost‹ und informiert ihre Leser, dass die Polizei »mehrere kommunistisch orientierte Westberliner Studenten beim Abwiegen von Sprengstoff in behelfsmäßige kleine Granathülsen« überrascht habe.

Die ebenfalls im Axel Springer Verlag erscheinende, halbwegs liberal[52] ausgerichtete ›B. Z.‹, 1959 mit dem Ullstein Verlag in Springers Imperium übernommen, ist etwas zurückhaltender. Sie macht zwar auf mit »Studenten planten Attentat auf Humphrey«[53], lässt aber einfließen, dass der Verdacht sich noch bestätigen müsse. Klar ist den ›B. Z.‹-Journalisten schon jetzt, dass, sofern der Vorwurf zutrifft, es sich »nur um das Vorhaben einiger politisch Geisteskranker handeln« könne.[54] »Diese Schande – ohne uns!«,[55] rufen sie ihren Lesern zu. Unter dieser Überschrift fordert die auflagenstärkste West-Berliner Zeitung die Berliner dazu auf, dem Aufruf des Regierenden Bürgermeisters Heinrich Albertz zu folgen, dem US-Vizepräsidenten nun einen besonders herzlichen Empfang zu bereiten.[56]

Die meisten Informationen über das geplante Attentat und seine Urheber bietet die BILD ihren Lesern. Die sprengstoffgefüllten Plastikbeutel, die neben Bomben, Chemikalien und Steinen auf Humphrey geworfen werden sollten, würden von »den Terroristen Mao-Cocktail genannt«.[57] Die Festgenommenen acht Männer und drei »Mädchen«[58] sind Mitglieder der Mao-Gruppe des SDS.[59] Das Hauptquartier der Gruppe befindet sich laut BILD im Studentenwohnheim am Kurfürstendamm 140.[60] Dass hier der SDS seinen Sitz hat, bleibt in der Zeitung unerwähnt. Aber das wissen ja auch alle, oder? War doch klar!

Abends können die Berliner sich dann in der unabhängigen Boulevardzeitung ›Der Abend‹ bestätigen lassen, dass »Maos Botschaft in Ost-Berlin« »die Bomben gegen Vizepräsident Humphrey« lieferte.[61] Die Hamburger Leser von Abendzeitungen erfahren aus dem ›Hamburger Abendblatt‹ allerdings, dass der Anwalt der Tatverdächtigen die gegen sie erhobenen Vorwürfe zurückgewiesen hat. Zwischen den Zeilen lässt aber auch diese Boulevardzeitung kaum Zweifel daran, dass die Verdächtigen schuldig sind.[62]

Während abends um 19 Uhr 30 etwa 500 Personen am Schloss Charlottenburg den dort zu einem Bankett eintreffenden US-Vizepräsidenten mit Pfiffen, Farbeiern und Pfui-Rufen empfangen, beantragt die Staatsanwaltschaft Haftbefehle gegen die festgenommenen Männer.[63] Sie werden nun offiziell beschuldigt, »eine Explosion durch Sprengstoff vorsätzlich herbeizuführen verabredet und dadurch Leib und Leben eines anderen sowie fremde Sachen von bedeutendem Wert gefährdet« zu haben.[64] Zudem wird ihnen von den Ermittlungsbehörden vorgeworfen, »den Sprengstoff und die zur Tat erforderlichen besonderen Vorrichtungen hergestellt beziehungsweise sich oder einem andern verschafft zu haben.«[65] Anschließend stellt die Staatsanwalt gegenüber dem Haftrichter heraus, dass es sich bei den Festgenommenen um Angehörige eines extremistischen Personenkreises handele, »deren erklärtes Ziel es ist, durch gezielte Propaganda und Protestaktionen sowie öffentliche Demonstrationen gegen die bestehenden gesellschaftlichen Verhältnisse in der Bundesrepublik Deutschland und in Westberlin zu protestieren.«[66] Es bestehe auch Fluchtgefahr, da die Verdächtigen sich jederzeit in den »sowjetisch besetzten Teil Deutschlands« oder ins Ausland absetzen könnten.[67] Außerdem müsse vermieden werden, dass die Beschuldigten, von denen »ein Teil in Wohngemeinschaft (sogenannte Kommune) miteinander lebt«[68], sich untereinander absprechen und so die Überführung weiterer Täter und die weitere Sachaufklärung behindern.[69]

Als Erster wird Dieter Kunzelmann dem Haftrichter vorgeführt. Der Münchner Aktionskünstler beteuert, dass man Humphrey nur habe »einnebeln« wollen.[70] Danach hört der Haftrichter sich erst einmal an, was der kriminaltechnische Sachverständige bei der Untersuchung der sichergestellten Bombenbestandteile herausgefunden hat. Der Sachverständige erklärt: »Die mir vorgehaltene Mischung war ungeeignet, Explosivkraft herbeizuführen; sie war sogar ungeeignet zur Zündung von Rauchbomben.«[71]

Der Haftrichter vernimmt danach alle anderen Beschuldigten einzeln.[72] Bis in die frühen Morgenstunden des 7. April dauern die Vernehmungen. Einer aus der Gruppe gibt zu, dass mit Kuchen, Mehltüten und Superbällen geworfen werden sollte, ein anderer, dass der Humphrey-Besuch lächerlich gemacht werden sollte. Freimütig wird erzählt, dass sich die Rauchbombe beim Probelauf im Grunewald nur schwer entzünden ließ und dann nur 10 Sekunden qualmte, »dafür aber recht kräftig«. Und überhaupt: schon der Umstand, dass er die Rauchbombe die ganze Zeit in der Hand hielt, belege doch deren Ungefährlichkeit, gibt der verhinderte Attentäter zu bedenken.

Die Staatsanwaltschaft ruft angesichts der nun zu Tage tretenden Beweislage zweimal beim Polizeipräsidenten an. Von dort wird versichert, »dass es sich nach den Bekundungen des Gewährsmannes sowie den Mitteilungen des amerikanischen Sicherheitsoffiziers nicht nur um eine Vorbereitungshandlung zur Herstellung von Rauchbomben, sondern von Explosivkörpern« handele.[73] Also bleibt die Staatsanwaltschaft bei ihrem Antrag auf Erlasse von Haftbefehlen.[74]

Der Haftrichter gibt diesem Antrag jedoch nicht statt.[75] Nach und nach werden die Beschuldigten entlassen, die letzten können gegen 4 Uhr 20 heimgehen.[76] Auch ihre gemeinsame Kasse mit immerhin 1443 Mark und 43 Pfennigen wird ihnen wieder ausgehändigt.

Noch am selben Tag geben die Kommunarden in den Räumen des SDS am Kurfürstendamm eine Pressekonferenz. Springer-Zeitungen sind ausgeschlossen, dennoch ist der Andrang von Presse-Vertretern groß. Hinter einem Tisch, auf dem demonstrativ Mehl- und Puddingpackungen aufgebaut sind, kündigen die Attentäter weitere Aktionen an. Ihr Vorbild seien die Amsterdamer Provos, die – aus ihrer Sicht überaus erfolgreich – im letzten Jahr die Hochzeit von Kronprinzessin Beatrix mit dem wegen seiner Herkunft umstrittenen deutschen Diplomaten Claus von Amsberg gestört haben. Die während der Hochzeitsfeierlichkeiten gezündeten Rauchbomben führten zu exzessiven polizeilichen Übergriffen, genau das, was die Provos erreichen wollten: gewaltlose Aktionen sollten gewaltsame Maßnahmen der Obrigkeit provozieren. Demaskiert werden soll dadurch, wie das »System« tatsächlich funktioniert, nämlich autoritär, repressiv, undemokratisch und gewalttätig.

Es gelte, den Protest gegen den »öffentlich verordneten Unsinn weiterzutreiben«, sagen die Bürgerschrecke in die vor ihnen aufgebauten Mikrofone. Die Krawalle auf dem

Kurfürstendamm hätten noch längst nicht das für Berlin notwendige Ausmaß erreicht.[77] Sie wollen also weitermachen.

Wer oder was sind sie überhaupt? Den landläufigen Vorstellungen von Krawallbrüdern und -schwestern entsprechen sie zumindest optisch nicht. Haben sie sich für die Fotografen verkleidet? Langhaarig erscheinen die jungen Herren jedenfalls nicht und auch nicht im Gammler-Look, auch nicht irgendwie halbstark, als Rocker oder ungewaschen. Eigentlich sehr angepasst: Die Kurzhaarfrisuren der Herren sind brav gescheitelt und lassen die Ohren frei. Allenfalls fallen ein paar ungebändigte Haarsträhnen in die Stirn. Kunzelmann und Teufel, beide mit kurzen Haaren und beginnender Stirnglatze, tragen gepflegte Bärte, Hälse ausrasiert, Wangenpartien getrimmt. Beim Dresscode der Herren überwiegen Jackett mit Hemd und Krawatte und V-Pullover zum Oberhemd, bei den Damen Twinset und dunkles Tuch. Alles doch sehr ordentlich! Dass Dieter Kunzelmanns edles Paletot aus gewachsenem Lamm geklaut[78] ist, kann man von außen nicht erkennen.

Begierig nimmt die Presse auf, was diese jungen Wilden von sich geben. Bisher kannte man Demonstrationen und Flugblattaktionen, so etwas aber noch nicht.[79] »Wie seid ihr denn darauf gekommen, mit dem Pudding?«, wird gefragt und: »Was wolltet ihr überhaupt, das ist doch gefährlich!« Dann rückt ein anderes Thema in den Fokus: »Ihr seid doch eine Gruppe. Was heißt das eigentlich?« »Wir sind eine Kommune.« »Was soll das sein?« »Wenn man alles zusammen macht. Keine Zweierbeziehungen mehr. Kein privater Besitz. Allgemeine Zärtlichkeit. Jedem gehört alles.« »Und was heißt das genau? Heißt das auch, dass da jeder mit jedem? Sexuell gesehen? Das auch? Einfach so?« »Ja, klar.« »Auch Orgien?« »Selbstverständlich. Man darf alles, was lebendig ist und frei.« »Dürfen wir auch schreiben: Sex und Orgien?«

Hm, wollen die Kommunarden das wirklich? Der SDS hätte, so meinen sie, jetzt gesagt: »Geile Schweine, wir wollen eigentlich politisch was verändern und das hat da draußen zu bleiben, Privatsache.« Nein, sie entgegnen nichts Entsprechendes, sondern geben die Zitate frei: »Ja, schreiben Sie das doch, wenn Sie unbedingt wollen. Natürlich feiern wir auch Orgien.« Die Pressevertreter haken nach: »Das ist doch – also jeder darf mal?« »Ja, bitte.« »Das hieße ja ...« »Wenn Sie meinen.« »Das heißt also, und dürfen wir auch schreiben: Wer zweimal mit derselben pennt, gehört schon zum Establishment?« »Schreibt es. Machen wir alles.«

Nichts davon tun die Kommunarden. Aber sie meinen zu wissen, dass ihre Gegenüber sich darauf fixiert haben und schlichtweg nicht anders denken können.[80] Also gib dem Affen Zucker! Was zu beweisen war, wird dann eben so bewiesen! Die Publicity, in der sie sich jetzt sonnen, ist größer als die öffentliche Aufmerksamkeit, die ihre geplanten Aktionen hätten erreichen können. Hinter allen Aktionen steht ja die Absicht, die Staatsmacht öffentlich an der Nase herumzuführen.

Es hatte so seltsam in der Telefonleitung geknackt, woraus die Kommunarden schlossen, dass man sie abhörte. In ihrer Logik folgerten sie daraus, ihren Observanten den Gefallen zu tun, tatsächlich und per Telefon ein Bombenattentat auf den US-Vizepräsidenten anzukündigen.[81] Die Staatsmacht war darauf angesprungen, und wie! Die Blamage war perfekt. Und die Berliner Zeitungen, die unisono im Ton von »den gefährlichen Bombenlegern aus der Horrorkommune wurde das Handwerk gelegt« schwadroniert hatten, machten auch eine überaus unglückliche Figur.[82] Unter diesen

Aspekten ist das »Pudding-Attentat« ein geradezu umwerfender Erfolg für die deutschen »Provos«. Und auch in der Kasse klingelt es. Das Hamburger Magazin STERN möchte ein Exklusiv-Interview und bekommt es, für ein gutes Honorar.

Hans Werner Richter notiert am 7. April in seinem Tagebuch, die Kommunarden in Johnsons Wohnung in Berlin hätten mit Chemikalien experimentiert, wohl nur Rauchbomben.[83] Was wohl der Schriftsteller davon hält, der ahnungslos in New York hockt und denkt, er habe seine Wohnung der Exfrau seines Freundes Enzensberger überlassen?

Johnson ist aber gar nicht mehr so ahnungslos. Die ›New York Times‹ hat die Meldung aus Berlin über das vereitelte Attentat übernommen, und Johnson hat den Artikel gelesen, aus dem er erfährt, dass seine Wohnung der Ort der Handlung ist. Er ruft umgehend seinen Freund Günter Grass an, der ebenfalls in der Niedstraße wohnt. Grass fackelt nicht lange und schmeißt die Untermieter aus der Wohnung.[84]

Am selben Tag, an dem Richter über die vermeintlichen Berliner Bombenbauer den Kopf schüttelt, versammeln sich die Schüler der Third-Wave-Gruppe in der Aula der kalifornischen Cubberley High School. Der Andrang ist riesig, etwa 200 Köpfe zählt die Gruppe nun schon. An den Eingängen des Saals stehen die Wachen vom Autoclub und kontrollieren, dass nur Mitglieder Zutritt erhalten. Die immer noch als Abtrünnige geltenden Mädchen aus der Klasse von Jones werden von Wachen in die Bibliothek eskortiert und dort unter deren Aufsicht für die Zeit der Kundgebung festgesetzt.

Die Schüler gehen fast geräuschlos auf ihre Plätze und nehmen dann sitzend Haltung an. Mit kerzengeradem Rücken richten alle den Blick starr nach vorn auf das dort aufgestellte Fernsehgerät.[85] Die angereisten Fotografen und Reporter machen eifrig Fotos und Notizen. Drei Filmkameras werden im Raum positioniert, um die Veranstaltung aufzuzeichnen. Dann dimmt der Lehrer die Saalbeleuchtung und schaltet die Fernseher ein. Mit gespannter Aufmerksamkeit erwarten die Schüler die Kundgebung.

Doch der Bildschirm bleibt leer. Im abgedunkelten Raum wirft das Flimmern des leeren Fernsehbildschirms graue Schatten über die Gesichter. Wie in Trance starren sie erwartungsvoll auf den Bildschirm. Es dauert Minuten, ehe sie merken, dass irgendetwas nicht stimmt. Sie wagen kaum, sich umzuschauen. Der Lehrer beobachtet seine Schüler. Er liest von ihren Gesichtern ab, wie Erwartung sich in Unmut und Unmut in Frustration verwandelt.[86]

Auch Angst. Steve Conigio stehen plötzlich die Bilder der Gaskammern aus der vorangegangenen Unterrichtseinheit vor Augen. Waren nicht vorhin die Türen so merkwürdig laut zugeschlagen worden? In der Dunkelheit ist von den Wachen nichts mehr zu sehen. Er gerät in Panik. »Oh mein Gott. Wir sind alle tot«, schreit er. »Ich muss raus hier!« Er rennt zu den hinteren Ausgängen in der Erwartung, sie verschlossen vorzufinden. Doch sie sind offen. Er ist beinahe überrascht, vor der Tür in einen ganz normalen Frühlingstag zur Mittagszeit zu treten. Von irgendwo dringt Musik herüber, Blumen blühen, und es weht eine warme Brise.[87]

Ein anderer Schüler ruft: »Es gibt gar keinen Anführer, oder?« Jetzt schaltet Ron Jones den Bildschirm ab. Er geht zu einem Mikrofon und gebietet den immer unruhiger werdenden Schülern, auf ihren Plätzen zu bleiben. Die Schüler gehorchen. Statt der Flut von Fragen, die er erwartet, begegnet ihm fast körperlich spürbare atemlose Stille.[88] Er sagt:

»Es gibt keinen Führer. Es gibt keine nationale Jugendbewegung namens Third Wave. Ihr seid benutzt worden. Manipuliert. Eure eigenen Begierden haben euch dahin gebracht, wo ihr jetzt seid. Ihr seid nicht besser und nicht schlechter als die deutschen Nazis, die wir im Unterricht durchgenommen haben. Ihr dachtet, ihr seid auserwählt. Dass ihr besser als die anderen außerhalb dieses Raumes seid. Ihr habt eure Freiheit aufgegeben für die Bequemlichkeit von Disziplin und Überlegenheit. Ihr habt euch selbst dazu entschieden, dass der Wille der Gruppe Vorrang vor euren eigenen Überzeugungen hat. Oh, und ihr denkt natürlich, dass das alles nur Spaß ist und ihr jederzeit austreten könntet. Aber worauf habt ihr euch zubewegt? Wie weit wärt ihr gegangen? Ich zeige euch mal die Zukunft!«[89]

Auf der großen Leinwand hinter ihm startet jetzt ein Film mit Szenen der Massenaufmärsche beim Reichsparteitag der Nationalsozialisten in Nürnberg.[90] Einen Moment lang beherrscht der Sound der nationalsozialistischen Massenkundgebungen den Raum. In rascher Bildfolge schließen sich dann weitere Szenen des nationalsozialistischen Übels an: Disziplin, das Marschieren der überlegenen Rasse, die große Lüge, Arroganz, Gewalt, Terror. Menschen, die in Lastwagen gezwungen werden, Bilder aus Konzentrationslagern, augenlose Gesichter. Und dann die Prozesse: Angeklagte, die Unkenntnis beteuern. O-Töne: »Ich habe nur meine Arbeit gemacht.« Hier endet der Film abrupt und auf der Leinwand erscheinen Wörter: »Jeder muss den Vorwurf akzeptieren. Niemand kann für sich in Anspruch nehmen, nicht in irgendeiner Art teilgenommen zu haben.«[91]

Es ist noch immer dunkel in der Aula, als der letzte Rest des Films klatschend aus dem Projektor kommt. Der Lehrer fühlt sich, als müsse er sich gleich übergeben. Der ganze

Raum riecht plötzlich nach Schweiß, wie eine riesige Umkleidekabine. Niemand rührt sich. Es ist, als ob alle analysieren, was gerade passiert ist. Als erwachten sie aus tiefem Schlaf und Traum und schauen nun noch einmal in das eigene Bewusstsein. Der Lehrer gibt ihnen einige Minuten, um zu sich zu kommen. Alle Sinne von Ron Jones sind extrem angespannt. Auch er selbst war ja während des Experiments nicht immer Herr der Lage, sondern spürte an sich, wie die Macht, die er über die Schüler hatte, ihn zu verlocken im Stande war.[92]

Dann kommen von den Schülern erste Fragen. Warum hat er ihnen all das vorgemacht? Welche Bedeutung hat die ganze Inszenierung? Er erläutert, was ihm selbst noch ganz unwirklich vorkommt:

»Durch das Experiment der vergangenen Woche haben wir alle erfahren, wie es war, in Nazi-Deutschland zu leben und zu handeln. Wir haben gelernt, wie es sich anfühlt, ein auf Disziplin bauendes soziales Umfeld zu schaffen. Wie man eine besondere Gesellschaft erschafft und wie man sich dieser Gesellschaft zur Treue verpflichtet. Wie Argumente durch Regeln ersetzt werden. Ja, wir wären alle gute Nazis gewesen, hätten uns uniformieren lassen und die Köpfe weggedreht, wenn Freunde und Nachbarn ausgestoßen und verfolgt worden wären. Ja, wir haben zusammen im Kleinen erfahren, wie es sich anfühlt, gemeinsam stark zu sein und auf dem sicheren Weg zu einer Bestimmung. Wir kennen die Angst, nicht dazuzugehören, die Freude, das Richtige zu tun und dafür belohnt zu werden. Wir sind in dieser Woche Zeuge von etwas geworden. Wir wissen jetzt, dass Faschismus nicht etwas ist, was die anderen getan haben. Nein, er ist hier, in diesem Raum, in unseren persönlichen Verhaltensweisen und unserer Lebensart. Kratzt an der Oberfläche, und er wird sichtbar. Wir tragen ihn wie eine Krankheit in uns. Den Glauben, dass Menschen grundsätzlich böse und deshalb unfähig zu sozialem Handeln sind, weshalb es einen starken Führer und Disziplin zum Schutz der Gesellschaftsordnung brauche. Und dann ist da noch etwas. Der Vorgang der Rechtfertigung.«

Jones erinnert die Schüler daran, womit das Experiment begonnen hatte. Sie hatten sich darüber gewundert, dass die Deutschen fast unisono behaupteten, nichts von den Verbrechen der Nazis gewusst und mit dem Nationalsozialismus nichts am Hut gehabt zu haben. Er sagt ihnen voraus, dass sie ihre Bereitschaft, bei einer nationalen Erhebung mitzumachen, genauso ungern zugeben würden wie die Deutschen zugeben könnten, bereitwillig persönliche Freiheit und Entscheidungsbefugnisse für das Diktat von Befehlen unsichtbarer Führer aufgegeben zu haben. »Auch ihr werdet nicht zugeben können, manipuliert worden zu sein und Mitläufer gewesen zu sein, die hierhergekommen sind, um sich in die Third-Wave-Bewegung einzugliedern. Ihr werdet auch nicht zugeben können, Teil des Wahnsinns gewesen zu sein.«[93]

Nach Jones Ansprache verlassen die Schüler nach und nach den Saal. Manche niedergeschlagen, manche starr vor Schock, manche weinend, alle schweigsam. Mitschüler, die ihnen draußen begegnen und die Veränderungen wahrnehmen, sind erschüttert. Geredet wird über das Experiment anschließend zwar, doch nicht über den Tag der imaginären nationalen Erhebung. Und daran ändert sich auch später nichts.[94]

Am 8. April wird in Wien der 12. Grand Prix de la Chanson der Europäischen Rundfunkunion ausgetragen. Wien ist Austragungsort der diesjährigen Entscheidung, weil im vergangenen Jahr der Österreicher Udo Jürgens mit seinem Lied ›Merci, Chérie‹ den Wettbewerb gewann. 17 Länder nehmen teil. Erstmals gilt für die Jury die Regelung, dass mindestens die Hälfte der Mitglieder unter 30 sein muss. Die Organisatoren wollen auf diese Weise absichern, dass auch der Musikgeschmack des jüngeren Publikums repräsentiert ist.

Deutschland wird von der 30-jährigen Sängerin Inge Brück vertreten, die mit ihrem Lied ›Anouschka‹ Achte wird. Für Luxemburg ist die erst 15-jährige Deutsch-Griechin Vicky Leandros am Start, die mit ›L'amour est bleu‹ überzeugend ein Thema besingt, von dem sie praktisch keine Ahnung haben dürfte. Sie erreicht den vierten Platz.

Uneinholbar vorn liegt aber die 20-jährige Britin Sandie Shaw mit ihrem Lied ›Puppet on a string‹. Dass die Sängerin auch hier wie bei allen ihren Auftritten barfuß auftritt, wird als skandalös empfunden. Der Wettbewerb findet ja nicht nur im standesbewusste Umgangsformen geradezu vergötternden Wien statt, sondern in der vom strengen spanischen Hofzeremoniell geprägten Wiener Hofburg. Die Veranstalter erwarten dem Ort entsprechendes Auftreten und Erscheinungsbild. Von Contenance ist bei der britischen Popmusik, die nun das klassische französische Chanson auf den ersten Plätzen des Song Contests ablöst, jedoch sowieso nicht mehr die Rede. Swinging London flimmert nun auch von hier über die Bildschirme der angeschlossenen Fernsehsender.

Nicht ganz bis ins altehrwürdige Wien ist gedrungen, dass die von der BBC nominierte Sängerin beinahe gar nicht hätte antreten dürfen, weil sie daheim in einen waschechten Scheidungsskandal verwickelt ist. Kurz vor dem Vorentscheid, an dem die in ihrem Heimatland bereits sehr erfolgreiche Sandie Shaw mit fünf Songs teilnahm, wurde bekannt, dass sie im Scheidungsprozess eines TV-Produzenten als dessen – zudem noch minderjährige – Geliebte den Scheidungsgrund abgab. Bei der BBC tat sich darauf besonders der Manager des Moderators des Vorentscheids hervor, sie aus dem Wettbewerb zu drängen. Er fürchtete um das Saubermann-Image seines Klienten. Nur ihre Popularität verhalf Shaw zur weiteren Teilnahme.

Das Lied, mit dem sie den Vorentscheid gewann und das sie nun in Wien zum überlegenen Sieg führt, findet sie selbst grässlich. Es soll ein riesiger Erfolg werden. Der Moderator des Vorentscheids erweist sich als typischer Vertreter bürgerlicher Doppelmoral. Der Mann, der jahrzehntelang sein Saubermann-Image pflegte, wird später wegen auch in den 60ern nachweisbarem sexuellen Missbrauch Minderjähriger zu einer mehrjährigen Gefängnisstrafe verurteilt.[95]

Wochenlang hat eine achtköpfige Untersuchungskommission die Ursachen des bisher schlimmsten Unglücks in der Geschichte der Raumfahrt erforscht, das am 27. Januar die Welt erschütterte und für die NASA bei den weit fortgeschrittenen Vorbereitungen der ersten Mondlandung einen massiven Rückschlag bedeutet. Um den Hergang des Unglücks zu erforschen, wurden mit Hilfe von nicht weniger als 21 Unterausschüssen 32 000 Fotos angefertigt und 2000 Wissenschaftler und Techniker vernommen.[96] Jetzt liegt ein neunbändiger Abschlussbericht mit 2375 Seiten vor.[97] Die laut ›New York Times‹ monumentalste Detektivarbeit aller Zeiten soll umgerechnet 20 Millionen Mark gekostet haben.[98] Die eigentliche Brandursache konnte nicht gefunden werden.[99] Ganz sicher ist die Untersuchungskommission aber angesichts zahlreicher festgestellter Mängel und Planungsfehler, dass das Unglück vermeidbar war. Geradezu absurde Fahrlässigkeit und menschliches Versagen werden als Gründe für das Desaster aufgezählt.[100] »Die Möglichkeit, dass während des Tests in der Kapsel Feuer ausbrechen könnte, ist uns nicht in den Sinn gekommen«, hat der Entwicklungschef der Raumkapsel dem Untersuchungsausschuss gesagt.[101] Die Experten wunderten sich, dass kein Feuerwehrmann bei dem Test dabei war.[102] Die Kettenreaktion, die nach Ausbruch des Feuers das Leben der Astronauten kostete, wäre zudem vermeidbar gewesen, wenn nicht bei dem Test etliche leicht brennbare Utensilien in der Raumkapsel gewesen wären, die gar nicht zur Flugausrüstung gehörten. Hinzu kommen gravierende Konstruktionsmängel, die auf die Vernachlässigung einer möglichen Brandgefahr zurückzuführen sind. Aus dem für den 1. Februar 1968 geplanten 1. Start zur Landung von Menschen auf dem Mond wird nun nichts.[103]

Am 12. April wird bekannt, dass Konrad Adenauer seine gewohnte Urlaubsreise nach Cadenabbia, die am 20. April beginnen sollte, abgesagt hat.[104] Er hat innerhalb kurzer Zeit zwei Herzinfarkte erlitten. Ein grippaler Infekt greift sein geschwächtes Herz an. Der Herzmuskel ist bereits schwer geschädigt. Sein Körper kann der Bronchitis, die sich nun entwickelt hat, keinen Widerstand mehr entgegensetzen. Seine Leibärztin bittet den Leiter der Bonner Universitätsklinik um Hilfe. Nein, die Sterbesakramente hat er noch nicht erhalten: eine Falschmeldung des Tages. Bei sämtlichen Medien gehen Anfragen aus der Bevölkerung ein, wie es dem »Alten aus Rhöndorf« geht. Vor seinem Wohnhaus versammeln sich zahlreiche Bürger.[105] Auch im Bundestag ist sein Befinden das Hauptgesprächsthema.[106]

Am 13. April bricht am Krankenbett ihres Vaters die 39-jährige Elisabeth in Tränen aus. Seine Familie hat sich versammelt, dazu seine Leibärztin und seine langjährige engste Mitarbeiterin.[107] Es ist klar: Er wird sterben, der große alte Mann vom Rhein. Der Altbundeskanzler ist bei Bewusstsein. Er weiß, dass er im Sterben liegt. Und er nimmt die Tränen von Libet, wie er seine Tochter nennt, wahr. Ein leises Lächeln geht über sein Gesicht. Er hebt den Arm wie jemand, der auf große Fahrt geht. »Da jitt ett nix ze kriesche!«, sagt er.[108] Der kölsche Schnack heißt auf Hochdeutsch in etwa: »Da gibt es nichts zu weinen.« Es sind seine letzten Worte.

Danach fällt er in Bewusstlosigkeit. Rasch verlassen ihn seine letzten Kräfte.[109] Am selben Tag erscheint ein ärztliches Bulletin, in dem die Öffentlichkeit über die Krisis informiert wird.[110]

Stündlich wird nun mit dem Tod Adenauers gerechnet. Bei WDR2 gibt es ein verabredetes Zeichen, mit dem während laufender Sendungen den Moderatoren die sofortige Beendigung des gerade laufenden Beitrags signalisiert wird. Während des Mittagsmagazins ist es gegen 13 Uhr 50 so weit. Das gerade stattfindende Telefoninterview wird vorzeitig beendet. Der Moderator erklärt: »Ich habe eine traurige Nachricht aus Rhöndorf anzukündigen.«

Anschließend wird, beginnend mit Händels ›Largo‹, Trauermusik gespielt. Als der Sprecher dann sagt, die Meldung vom Tod Konrad Adenauers sei noch nicht bestätigt, hat das Bundesverteidigungsministerium bereits Trauerbeflaggung angeordnet. In München erhebt sich der bayerische Landtag zu einer Schweigeminute, das bayrische Kabinett wird zu einer Sondersitzung einberufen. In London werden der gerade dort weilende Außenminister Willy Brandt und eine deutsche Parlamentsdelegation mit Beileidsbekundungen überhäuft.[111] In Hamburg wird vor dem Sitz des Axel-Springer-Verlags Halbmast geflaggt.[112]

In der Redaktion des WDR wird fieberhaft die Sondersendung zum Tod des Altkanzlers vorbereitet. Gerd Ruge hat in Washington bereits den amtierenden US-Außenminister Rusk als Gesprächspartner akquiriert. Man wartet nun auf die offizielle Todeserklärung. Um 14 Uhr 15 gibt Adenauers persönlicher Referent eine Erklärung ab: »Meldungen, wonach Dr. Adenauer gestorben sei, sind falsch.«

Kurt Drechsler hat vom 13. bis zum 17. April Urlaub. Er nutzt die Zeit, das Bad zu renovieren.

Am 14. April wird die erste Single der Bee Gees veröffentlicht. Es ist eine düstere Ballade voller berückend schöner Harmonien. ›New York Mining Disaster 1941‹. In den USA kündigen Radio-Moderatoren den Song an mit dem Satz: »Raten Sie mal, wer diese Gruppe ist. Fängt mit B an und hört mit S auf.« Die Hörer glauben, es sei ein neuer Beatles-Song. So hat man die Beatles allerdings noch nicht gehört. Sofort beginnen andere Musiker, sich den Kopf zu zerbrechen, was es mit dem Anfangsakkord auf sich hat. Es ist A-Moll, aber völlig anders als das bisher Gehörte. Der ungewöhnliche Klang entsteht daraus, dass die eine Gitarre konventionell gespielt wird und die andere Gitarre, na ja: eben anders. Aber wie, verdammt noch mal? Ganz einfach: Barry Gibb spielt den A-Moll-Akkord mit einem offenen D, so wie es auf Hawaii üblich ist. Als er neun war, hatte er in Australien einen hawaiianischen Gitarrenlehrer. Warum also nicht mal so spielen? Der Effekt ist genial. Die minimale Dissonanz in der warmen Harmonie vermittelt eine geradezu umwerfende, zu Herzen gehende Emotionalität.

In New York ziehen am 15. April Hunderttausende von Friedensdemonstranten vom Central Park zum Hauptsitz der Vereinten Nationen, um gegen den Vietnamkrieg zu demonstrieren. Unter ihnen befinden sich auch Martin Luther King jr. und Harry Belafonte. Vor Beginn des Marschs verbrennen einige hundert junge Männer im Central Park ihre Einberufungsbefehle. Zur gleichen Zeit findet in San Francisco eine Kundgebung statt, bei der vor über 60 000 Demonstranten Coretta King spricht. Angeführt wird die Demonstration von schwarzen Aktivisten, die Mehrzahl der Protestierenden sind Weiße. Noch immer ist die Mehrheit der Amerikaner mit der Politik ihrer Regierung in Sachen Vietnam einverstanden. Doch die Opposition gegen den Krieg wird immer größer. Im Ausland ist das Verhältnis genau umgekehrt. Außer beim Alliierten Australien zeigen nicht nur zahlreiche Protestaktionen, sondern auch Meinungsumfragen unter den Bevölkerungen, dass sie mehrheitlich gegen den Krieg in Vietnam sind.

Am 16. April erscheint die ›New York Times‹ mit einer Fotostrecke und Story zur neuen Mode. Die neue Trendfarbe ist Schwarz. Model: Twiggy. Zwei Tage zuvor hat Elizabeth Taylor bei der diesjährigen Oscar-Verleihung für ihre Titelrolle der Verfilmung von Edward Albees Ehedrama ›Wer hat Angst vor Virginia Woolf‹ ihren zweiten Oscar als beste Hauptdarstellerin erhalten. Die 35-jährige Taylor weiß trotz ihrer Erfolge und neuer Projekte, dass ihr Frauentyp dabei ist, aus der Mode zu kommen.[113]

An der französischen Ärmelkanalküste erreicht an diesem Tag das Öl der Torrey Canyon die Strände. Der größte Ölteppich, der sich auf die französische Küste zubewegt, hat ein Ausmaß von 18 mal 42 Kilometern. 90 Kilometer Strand sind bereits verseucht. Auch hier werden tausende tote und ölverseuchte Seevögel angeschwemmt. Auch hier sind tausende freiwilliger Helfer im Einsatz.

Am 19. April bleiben Che Guevara und seine Männer tagsüber in Matagal.[114] Sie nehmen alle Bauern fest, die aus beiden Richtungen der Wegkreuzung kommen, und machen zahlreiche Gefangene.[115] Um 13 Uhr bringen seine Wachposten einen englischen Journalisten namens Roth zu ihm, den Kinder auf den Spuren seiner Gruppe aus Lagunillas direkt zu ihm geführt haben. Guevara ist misstrauisch, der Brite erscheint ihm nicht vollends vertrauenswürdig. Von den Kindern erfährt er, dass noch in der Nacht seiner Ankunft in Matagal in Lagunillas bekannt wurde, wo er sich aufhält. Irgendwie muss eine Information durchgesickert sein, ärgert er sich. Unter Druck gesteht kurz später einer seiner Gefangenen, dass er und andere ihre Heimatorte verlassen hätten, um ausgesetzte Belohnungen zu verdienen. Als Repressalie wird das Pferd des Bauernsohns beschlagnahmt und alle festgenommenen Bauern über diese Konsequenz in Kenntnis gesetzt. Der Franzose bittet die Guerilleros, den Engländer zum Beweis seines guten Willens dazu zu bewegen zu helfen, sie wieder herauszubringen. Der Engländer akzeptiert. Nachts geht der Marsch weiter. Es herrscht empfindliche Kälte. Ein Vortrupp wird von gut bewaffneten Soldaten überrascht, die sich aber widerstandslos ergeben. Guevara ordnet dennoch den Rückzug an. Der Engländer wird zurückgelassen. Der Franzose und der Argentinier werden vor die Wahl gestellt und entscheiden sich, ebenfalls nicht bei Guevaras Gruppe zu bleiben.

Der 19. April ist der letzte von sieben Tagen, die Kurt Drechsler zuhause verbringt nach einigen Tagen Urlaub und zwei Tagen, in denen er Überstunden abfeierte beziehungsweise Auszeiten für den Schichtdienst nahm. Um 13 Uhr 21 stirbt in Rhöndorf Konrad Adenauer.

Etwa zur selben Zeit wird in Boston der 71. Marathon gestartet. Unter den Teilnehmern befindet sich mit der Startnummer 261 K. V. Switzer von den Syracuse Harriers. Da es schneit, kann die einzige Frau unter den 739 Läufern am Start ihr Geschlecht mit dicker Kleidung kaschieren. Sie muss sich als Mann ausgeben, denn die Teilnahme am Boston Marathon ist Frauen traditionell untersagt. Die 1947 im bayerischen Amberg als Tochter eines Offiziers der US-Army geborene Kathrine Virginia Switzer will beweisen, dass auch Frauen einen Marathon durchstehen können. Das traut den Frauen nämlich niemand zu. Im offiziellen Sport sind 800 Meter die längste für Frauen vorgesehene Laufstrecke.

Schon auf dem ersten Streckenabschnitt wird sie von Journalisten aus dem Pressebus entdeckt. Was folgt, ist helle Aufregung: »Oh, da läuft ein Mädchen. Und sie trägt eine offizielle Startnummer!« Switzer winkt fröhlich den Fotojournalisten zu, die nun ihre Kameras auf sie richten. Plötzlich hört sie hinter sich den Laufschritt von einem Läufer, der keine Laufschuhe trägt. Ganz deutlich nimmt sie die hektischen Schritte von jemand in Lederschuhen wahr. Schon wird sie von hinten gepackt und in ihrem Lauf aufgehalten. Ein bulliger Mann versucht, ihr die Startnummer abzureißen. Switzer ist schockiert über die Wut im Gesicht ihres Angreifers. Der völlig ausrastende Mann, der sie attackiert, ist der Rennleiter des Marathons. »Verschwinden Sie zum Teufel noch mal aus meinem Rennen«, brüllt er. Sie gerät ins Straucheln. Allein hat sie keine Chance.

Aber die Amerikanerin wird bei ihrem Lauf von ihrem Trainer und ihrem Freund begleitet. Der ist der 115 Kilogramm schwere Footballspieler Tom Miller. Der Zweimetermann schubst den Rennleiter mit einem massiven Bodycheck zur Seite. Das alles geschieht vor den Augen der Presse. Zahlreiche Fotografen halten die Attacke im Bild fest. »Bist du auf Kreuzzug? Bist du eine Suffragette?«, rufen die Journalisten der 20-Jährigen nach. Switzer setzt ihren Lauf fort. »Jetzt erst recht«, denkt sie. »Jetzt muss ich die Strecke schaffen. Ganz egal, wie. Wenn ich den Marathon jetzt nicht durchlaufe, ist alles verloren.« Nach 4 Stunden 20 Minuten erreicht sie das Ziel. Viele Zuschauer applaudieren, viele sind empört. Die Bilder gehen noch am selben Tag um die ganze Welt. »Das ist die Frau, die den Boston Marathon zerstörte«, titelt eine Abendzeitung.

Am 20. April erhält Guevara die Nachricht, dass die drei Fortgegangenen festgenommen worden sind.

Am 21. April setzen in Griechenland die Obristen ihren von langer Hand vorbereiteten Staatsstreich in die Tat um. Georgios Papadopoulos übernimmt im Einverständnis mit König Konstantin die Macht. Der setzt die Verfassung außer Kraft. Im Land wird der Ausnahmezustand verhängt: Ausgangssperre, Einstellung sämtlicher Unterrichtstätigkeiten an Schulen und Hochschulen, Zensur aller Medien, Schließung der Börsen. Die Menschen bekommen gar nicht genau mit, was geschieht und wer hinter den Maßnahmen steckt. In den Straßen der großen Städte fahren Panzer auf. Überall ist das Militär präsent. In Athen, Piräus, Thessaloniki und Patras werden die Fußballstadien zu provisorischen Internierungslagern umfunktioniert. Landesweit werden mehr als zehntausend Menschen verhaftet. Systematisch schaltet die Militärdiktatur innerhalb kürzester Zeit potentielle Oppositionelle aus, die seit langem auf schwarzen Listen namhaft gemacht worden waren. Dabei gehen die Militärs mit kalter Brutalität vor.

Ebenfalls am 21. April meldet der bolivianische Rundfunk den Tod von drei Söldnern, ein Franzose, ein Engländer und ein Argentinier. Guevara ist an diesem Tag damit beschäftigt, einen passenden Ort für einen Hinterhalt zu finden. Er will nun ein besonders abschreckendes Exempel statuieren. Was er nicht weiß: Der französische Revolutionsphilosoph Régis Debray, der argentinische Maler Ciro Bustos[116] und der britisch-chilenische Fotograf George Roth[117] sind nicht tot. Sie befinden sich in den Händen der bolivianischen Militärs und werden im Beisein von CIA-Agenten verhört. Wo verstecken sich die Guerilleros? Ist Guevara wirklich in Bolivien? Und wie sieht Guevara überhaupt aus?

Einen Tag später soll Muhammad Ali vor Studenten der renommierten Howard University in Washington eine Rede halten. Die traditionsreiche afroamerikanische Hochschule, die unmittelbar nach der Abschaffung der Sklaverei gegründet wurde, zeichnet sich durch ihre konservative, an weißen Bildungsidealen ausgerichtete Haltung aus. Howard zieht eine Elite heran wie andere amerikanische Elite-Universitäten. Nirgendwo sonst sind die Chancen afroamerikanischer Hochschulabsolventen so groß, mit ihren Abschlüssen in der Gesellschaft aufzusteigen. Die Rollenmodelle sind weiß und werden auch nicht hinterfragt. Gelebt wird hier die typische Anpassung von Aufsteigern.

Ganz unberührt bleibt die Elite-Schmiede vom Aufruhr in den Slums jedoch nicht. Die Wahl einer Aktivistin der Black-Power-Bewegung zur Ballkönigin im Oktober 1966 brach erstmals die gewohnten Strukturen auf.[118] Nie zuvor war es einer afroamerikanischen Studentin in den Sinn gekommen, sich mit ihren natürlichen, gekräuselten Haaren zu zeigen.[119] Schon allein das Tragen des »Afrolooks« gilt als hoch politisches Bekenntnis zu einer eigenen Kultur und eigenen Identität.[120] Es ist ein erstes Zeichen, aber ein machtvolles.

An der Hochschule werden, obwohl sie geradezu ur-afroamerikanisch ist, keine Fächer angeboten, die sich mit der Geschichte der Afroamerikaner und ihrer Kultur beschäftigen. Die Gruppe von Studenten, die sich zur Black-Power-Bewegung hingezogen fühlt und Änderungen der Curricula fordert, ist eine kleine, allerdings wachsende Minderheit.

Vier Tage vor Alis Auftritt gab es Auseinandersetzungen auf dem Campus der Howard Universität, als bei einer Kundgebung der Black-Power-Gruppierung Studenten Bilder des

Direktors und des Vorsitzenden der Auswahlkommission verbrannten.[121] Als Folge wird Ali, der von den Black-Power-Leuten eingeladen wurde, von der Hochschulleitung untersagt, innerhalb des Gebäudes zu reden.[122] Ali hält deshalb seine Rede auf den Stufen zum Eingang der Frederick Douglass Memorial Hall, eines überaus symbolträchtigen Orts.[123] Das zu Ehren des bedeutendsten Afroamerikaners des 19. Jahrhunderts errichtete Gebäude wurde nach Plänen von Albert Cassell erbaut, eines zu Beginn des 20. Jahrhunderts wirkenden afroamerikanischen Architekten.[124] Ali muss nur hinter sich und um sich weisen, um den 800 bis 1000 Studenten, die sich eingefunden haben, zu veranschaulichen, was er ihnen vermitteln will.

Als er ankommt, wedelt er mit einer Zeitung der Nation of Islam, die mit der Schlagzeile »Gerechtigkeit auf dem Prüfstand« aufgemacht hat.[125] »Alles, was ihr benötigt, um euch zu befreien, ist zu wissen, wer ihr seid«, sagt er den Studenten. »Aber wir wissen nicht, wer wir sind. Wir nennen uns selbst Neger, aber habt ihr schon mal von einem Land namens Negerland gehört?«[126] Natürlich nicht! Deshalb appelliert der 25-Jährige an die jungen Leute, sich nicht länger den von der weißen Gesellschaft vorgegebenen Konventionen unterlegen zu fühlen und anpassen zu wollen. Verdammt, ja: Es macht einen Unterschied, ob man sich selbst als Abkömmling von Sklaven minderwertig fühlt oder als Abkömmling von Menschen, die von Verbrechern aus ihren Kulturen gerissen wurden, auf die eigenen Wurzeln besinnt und Stolz darauf entwickelt. Es gibt die eigene Geschichte!

Ali wird vor den Studenten zum Prediger: »Seht, wir wurden einer Gehirnwäsche unterzogen. Alles, was gut ist und Legitimation besitzt, wurde als weiß deklariert. Wir schauen auf Jesus und sehen einen Weißen mit blondem Haar und blauen Augen. Wir schauen auf all die Engel, und was sehen wir: Weiße mit blondem Haar und blauen Augen. Nun, ich bin ganz sicher, wenn es da oben einen Himmel gibt und farbige Menschen sterben und kommen in den Himmel, wo sind die farbigen Engel? Sie müssen in der Küche damit beschäftigt sein, Milch und Honig zu bereiten. Wir schauen auf Miss America, wir sehen weiß. Wir schauen auf Miss World, wir sehen weiß. Wir schauen auf Miss Universe, wir sehen weiß. Sogar Tarzan, der Herr des Dschungels in Schwarzafrika: Er ist weiß!«[127]

Der Weiße benutze das Weiß als Synonym für das Gute, fährt er fort. Es ist eine Verschwörung, die die Wahrheit verdecke, sagt er weiter. Und dann führt er Beispiele an, die sein Publikum zum Lachen bringen. »Schwarze Erde ist die beste Erde. Brauner Zucker verursacht weniger Karies. Und je schwarzer die Brombeere, umso süßer der Saft.«

Aus der Studentengruppe hört man Zwischenrufe wie »Sag, wie es ist« oder »Hört das Wort«. Einige Studenten tragen traditionelle afrikanische Gewänder und schwenken Ausgaben von Frantz Fanons Aufruf zum Kampf ›Die Unterdrückten der Erde‹. Ali wird so bedrängt, dass seine zahlreichen Bodyguards Schwierigkeiten haben, die Studenten davon abzuhalten, ihn völlig einzuzingeln vor lauter Begeisterung.

Sie sollen sich mit der Nation of Islam und den Lehren des Predigers Elijah Muhammad beschäftigen, legt er ihnen nahe. »Glaubt mir, wir leben ganz am Ende der Hölle in diesem Land.«[128]

Zum Schluss seiner Predigt stimmt er gemeinsam mit den Studenten ein Lied von Louis Farrakhan an, das schon fast zur Hymne der Bürgerrechtsbewegung geworden ist, den Song ›Der Himmel des weißen Mannes ist die Hölle des schwarzen Mannes‹.

Before we came to America
We were living in the East by the Nile River
We were living in luxury
Enjoying freedom, justice, and equality
We wore silken robes, slippers of gold
We were the wealthiest and the wisest people, I'm told
Now we are the poorest of the poor
Nobody wants us at their door
So my friend, it's easy to tell
White man's heaven is black man's hell.[129]

Anschließend beantwortet er noch Fragen der Studenten und gibt fast eine Stunde lang Autogramme.[130] Einer der Studenten bietet ihm an, für 1000 Dollar seinen Wehrdienst zu übernehmen. Ali lehnt ab. »Nein danke, Bruder, dein Leben ist viel mehr wert.«[131]

Am 23. April finden in Schleswig-Holstein Landtagswahlen statt. Die CDU bleibt mit 46 Prozent stärkste Partei und gewinnt sogar noch ein Prozent der Stimmen gegenüber den letzten Wahlen hinzu. Trotz Verlusten bei der FDP kann die bisherige Koalition aus CDU und FDP die Regierung fortsetzen. Die starke Oppositionspartei SPD gewinnt minimal hinzu und kommt nun auf 39,4 Prozent. Neu im Landtag ist mit vier Abgeordneten die NPD, die mit 5,8 Prozent fast gleichauf mit der FDP liegt, die 5,9 Prozent erzielt und ebenfalls vier Abgeordnete stellt.

Am 26. April ordnet Präsident Johnson an, die Bombenangriffe auf Nordvietnam zu intensivieren.[132] Seine Unterstützer behaupten, die Kritik zuhause unterminiere die Bemühungen der Armee. Andersdenkenden wird Illoyalität vorgeworfen.[133] Jetzt sind also die Gegner des Kriegs schuld daran, dass die Nordvietnamesen noch mehr zu leiden haben, soll das suggerieren.

Am Morgen des 28. April versichert vor dem Kongress in Washington der Oberbefehlshaber der US-Truppen in Vietnam, General William Westmoreland, dass der Krieg in Vietnam gerechtfertigt, notwendig und gewinnbar ist.[134] Zur selben Zeit werden Muhammad Ali und eine Gruppe anderer Männer in Houston zur Einberufungszeremonie geladen.[135]

Vor dem Gebäude haben sich einige Demonstranten versammelt, die Ali zujubeln.[136] Studenten der Texas Southern University sind mit einem Transparent erschienen, auf dem steht: »Bleib zuhause, Muhammad Ali«.[137] Andere fordern: »Zieht Bier – nicht Ali.«[138] Im Gebäude ist der 25-Jährige gemeinsam mit den anderen 25 Wehrpflichtigen damit beschäftigt, alle möglichen Formulare auszufüllen und Routineuntersuchungen über sich ergehen zu lassen.[139]

Die eigentliche Einziehung wird im Rahmen einer Zeremonie gegen 13 Uhr vollzogen.[140] Dreimal ruft der diensthabende Sergeant den Namen »Cassius Marcellus Clay«, und dreimal weigert sich Ali, die symbolische gelbe Markierung auf dem Boden zu überschreiten, die ihn zum Soldaten der US-Army machen würde.[141] Nachdem er von einem Marineoffizier formell in Kenntnis gesetzt worden ist, dass seine Weigerung ein schweres Verbrechen sei und eine Haftstrafe nach sich ziehen werde, übergibt Ali einen schriftlichen Antrag, in der er eine Ausnahmeregelung als Prediger des Islam fordert.[142]

Anschließend gibt er für die Medien eine vierseitige Erklärung ab.

»Ich bin stolz auf den Titel Schwergewichts-Boxweltmeister, den ich am 25. Februar 1964 im Ring in Miami gewann. Der Träger dieses Titels sollte zu jeder Zeit den Mut haben, zu seinen Überzeugungen zu stehen, nicht nur im Ring, sondern in jeder Lebenslage. Unter dem Aspekt meiner eigenen, persönlichen Überzeugungen nehme ich den Standpunkt ein, den Ruf in die Armee zu verweigern. Dies geschieht bei vollständiger Kenntnis der damit verbundenen Folgen und möglichen Konsequenzen. Ich habe mein Gewissen erforscht und bin zu dem Schluss gekommen, dass ich nicht wahrhaftig in meinem Glauben an meine Religion sein kann, wenn ich einem solchen Ruf folge.«[143]

Nur eine Stunde später und ohne die juristischen Konsequenzen seiner Verweigerung abzuwarten, entzieht ihm die einflussreiche New York State Athletic Commission seine Boxlizenz und das Recht, den Weltmeistertitel zu tragen. Die Boxverbände fassen Alis Bezugnahme auf den Titel bei seiner Protestaktion als Affront auf.[144]

Soweit kommt 's noch, kritisiert am nächsten Tag ein Kommentator der ›New York Times‹ die Wehrdienstverweigerung des Boxweltmeisters. Tenor: Da wollen die Clays oder wie diese ungewaschenen Außenseiter alle heißen, die gegen den Vietnamkrieg auf die Straße gehen, mal eben so von sich aus bestimmen, an welchen Kriegen sie teilnehmen und an welchen nicht. Die tun gerade so, als gebe es die heilige Pflicht, dem Vaterland zu dienen, nicht mehr. Bedeuten denn traditionelle Werte nichts mehr? Diesem Niedergang zivilisatorischer Errungenschaften muss scharf entgegengetreten werden!

Der Fall bestimmt die Schlagzeilen. Wer sich dabei wie

positioniert, ist schon daran zu erkennen, ob berichtet wird, dass »Cassius Clay« den Wehrdienst verweigert oder »Muhammad Ali«. Schon, nachdem Ali 1966 nach der Aufhebung seiner Rückstellung erstmals öffentlich gesagt hatte, er werde nicht nach Vietnam gehen, hatten Sportreporter gefordert, Clay vom Boxen auszuschließen, diesen Feigling und Vaterlandsverräter.[145]

Trotz der breiten Unterstützung, die der Champion im Land und international erhält, wird nun das Exempel statuiert. Innerhalb kurzer Zeit schließen sich der Entscheidung des New Yorker Verbandes alle großen Box-Verbände und Veranstaltungsorte an, darunter die WBA, der Madison Square Garden und auch große europäische Verbände wie der Dachverband der britischen Profiboxer British Boxing Board of Control und die European Boxing Union in Rom.[146] Ali darf nicht mehr boxen, und er ist nicht mehr der Meister aller Klassen.

Bei den Drechslers hat in diesem Monat das Auto eine heftige Lücke in die Haushaltskasse gerissen. Der TÜV war fällig für 10 Mark 90 und die notwendigen Reparaturen, die zuvor durchgeführt werden mussten, kosteten 345 Mark. Diesen Monat ist auch der Beitrag für den Lesering mit 30 Mark 40 fällig. Die zwei Sack Zement für die Badrenovierung kosteten 8 Mark, die Seifenschalenfliese 6 Mark 70. Für die Kinder wurde für 12 Mark 95 die größte Flasche Tetra Vitol gekauft, die es gibt, die »Fünffachflasche«. Jetzt winden die Jungs sich jeden Morgen schrecklich, wenn sie den für Kinder so überaus gesunden Lebertran schlucken sollen. »Ih, Fischsaft!« Von wegen: »Sie aalen sich auch ohne Sonne« – wie die Werbung behauptet. Diesen Monat bekommt Stefan ein

Paar schöne neue weiße Kinderschuhe für 23 Mark 50. Größe 23 braucht er. Jobst bekommt einen roten Pullover für 16 Mark 90, eine Latzhose für 7 Mark 75 und eine Badehose für 5 Mark 90. Er hatte diesen Monat Geburtstag. Für die Sparbüchse bleiben diesmal nur 20 Mark.

In den sechziger Jahren
interessierte sich jeder für jeden.

Andy Warhol

Nachdem Charles de Gaulle durch sein Verbot den Plan durchkreuzte, die erste Sitzung des Vietnam War Crime Tribunals in Paris durchzuführen, wird die Sitzung nach Stockholm verlegt. Unter großer medialer Anteilnahme beginnt dort am 2. Mai die erste Sitzungsperiode, in der sich das Tribunal mit der Beweislage zu möglichen Kriegsverbrechen der USA in Vietnam beschäftigt. Neben illustren Intellektuellen wie Bertrand Russell, James Baldwin, Jean Paul Sartre, Simone de Beauvoir und dem Stalin-Biografen Isaac Deutscher nehmen Günter Abendroth, Uwe Wesel und der in Schweden lebende Peter Weiss teil.

Am 5. Mai ist Kurt Drechsler erstmals als diensthabender Fahrdienstleiter eingesetzt. Bis Ende des Monats ist er nun täglich für diese verantwortungsvolle Position eingeteilt. Wie sonst auch, arbeitet er in anstrengenden Wechselschichten, einen Tag von 6 Uhr bis 12 Uhr, dann zwei Nachtschichten von 20 Uhr bis 6 Uhr, ein Ruhetag, dann wieder Tagschicht-Nachtschicht-Wechsel. An geregeltes Schlafen ist nicht zu denken. Und der Dienstplan für diesen Monat sieht zwei Sonntagsdienste vor. Immerhin sind die Feiertage diesmal frei.

Hans Werner Richter notiert am 10. Mai in sein Tagebuch:

»In München Gespräch mit Carl Amery über das Vietnam-Tribunal in Stockholm, in dem auch Peter Weiss als Beisitzer oder ›Richter‹ auftritt. Auch Amery hält dieses Tribunal für fragwürdig. Dabei Erinnerung an Peter Weiss, der seine anscheinend verkorkste Jugend der Gesellschaft vorwirft, in der er aufwuchs. Sein erstes Auftreten in der Gruppe 47 in Berlin im Oktober 1962. Kuba-Krise, Augstein wird verhaftet, eine Protestresolution, verfasst von Andersch, Enzensberger, Johnson macht die Runde. Auch Weiss unterzeichnet sie. Drei Tage später die Gegenreaktion: Vorwurf Landesverrat, Drohung mit Verhaftungen. Darauf: Weiss distanziert sich in der Presse – natürlich als Schwede. Als Schwede, so argumentiert er, könne er sich nicht in die inneren Angelegenheiten eines anderen Landes einmischen. Das war damals, jetzt, berühmt und nicht völlig unbekannt, mischt er sich ein … in die Angelegenheiten der USA. Ruhm gibt anscheinend moralisches Rückgrat. Ein seltsamer Vorgang.«[1]

Am selben Tag müssen Mick Jagger und Keith Richards zur Vorverhandlung im Amtsgericht von Chichester erscheinen. Zahllose Journalisten und Fotografen sind vor Ort, ebenso zahlreiche Fans. Das Gericht gibt bereitwillig alle Informationen über die Hausdurchsuchung an die Presse weiter. Der 24-jährige Leadsänger der Rolling Stones wird wegen illegalen Drogenbesitzes angeklagt. Der gleichaltrige Gitarrist wird angeklagt, weil er erlaubt hat, dass in seinem Haus Drogen konsumiert werden. Den beiden Rockmusikern drohen empfindliche Gefängnisstrafen. Beide plädieren auf »Nicht schuldig«. Gegen Zahlung von Kautionen bleiben sie vorerst auf freiem Fuß. Die Verhandlung vor dem Geschworenengericht wird für den 22. Juni anberaumt. Mick Jagger hat panische Angst, dass nun seine Karriere beendet ist. Haben sie den Bogen überspannt? Im Moment sieht es jedenfalls so aus, als solle an ihnen ein Exempel statuiert werden. Die Rockmusiker spüren, was sie nicht wissen können: Tatsächlich hat sich ein gut vernetztes »Establishment« gegen sie verschworen. Was nützen all die Fans, die auf der Seite ihrer Idole sind? Die Fans sollen ja im Grunde auch diszipliniert werden.

Am 11. Mai beschließt der Bundestag einstimmig und ohne Enthaltungen auf Antrag der Fraktionen der Großen Koalition von CDU/CSU und SPD die Einrichtung einer Enquete-Kommission zur Untersuchung der Konzentration und der Meinungsfreiheit im deutschen Pressewesen.[2] Innenminister Lücke erklärt, dass es für die Bundesregierung bei der Konzentration keineswegs nur um einen wirtschaftlichen Vorgang gehe. Entscheidend sei auch die politische Frage, ob in diesem Vorgang der Konzentration Gefahren für die in Art. 5 des Grundgesetzes garantierte Pressefreiheit und Freiheit der Berichterstattung liegen.[3] Die Absicht, eine solche Kommission einsetzen zu wollen, hatte die Bundesregierung bereits im Januar erklärt.[4] Der erste Zwischenbericht der Kommission soll bereits am 1. Oktober vorliegen.[5]

Am 13. Mai schlägt erneut das Fantom zu. Schon seit 1959 erhält die Bundesbahn Drohbriefe eines Erpressers, der seine Schreiben mit »Roy Clark« unterzeichnet. Vorbild ist eine Romanfigur namens Roy Clark, dessen Taten als Eisenbahnerpresser von Februar bis März 1959 in der BILD als Fortsetzungsroman »Teufel am Telephon« spannende Lektüre boten. Auch die Romanfigur drohte nicht nur, sondern hantierte mit selbst gebastelten Bomben.[6]

Kurz nach Erscheinen des Romans 1959 hatte der Erpresser unter dem Pseudonym »Roy Clark« erstmals in einer Bombendrohung an die Bundesbahn in Hamburg 300 000 Mark gefordert. Doch enthielt das in Pforzheim abgesandte Schreiben keine Vorschläge für eine Übergabe. Erst am 15. Oktober 1966 hatte sich »Roy Clark« wieder gemeldet, 50 000 Mark gefordert und Anschläge auf die Strecke Hamburg-Bremen angedroht.[7] Die Bahn hatte nicht reagiert.

Am 8. Dezember 1966 rief der Erpresser bei der BILD-Zeitung in Hamburg an und kündigte an, dass in fünfzehn Minuten im Hamburger Hauptbahnhof eine Bombe explodieren werde.[8] Danach detonierte tatsächlich in einem Schließfach des Bahnhofs eine mit einem Zeitzünder versehene selbst gebaute Bombe. Zu Schaden kam niemand. Hatte der Erpresser zuvor 50 000 Mark verlangt, forderte er nun mehr. Einen Tag nach der Explosion in Hamburg schrieb er »Jez verlang ich 120 000 Mark. Und wenn diese Bombe auch nichts hilft, dann kommt noch eine größere Bombe.«[9] Doch die Bahn reagierte auch jetzt noch nicht.

In der Nacht zum Pfingstsonnabend fährt der Täter an die Bahnstrecke, die zwischen Bremerhaven und Bederkesa verläuft. Der Erpresser beabsichtigt, einen mit 100 Arbeitern besetzten Lokalzug zum Entgleisen zu bringen. Dazu hebt er mit einer Winde die Schienen an und schiebt dann zur Fixierung dieses Hindernisses schwere Balken unter die hochgebogenen Enden. Der Täter hat allerdings übersehen, dass zuvor noch ein Güterzug mit einer fünfzig Tonnen schweren Diesel-Lokomotive die Stelle passieren würde. Gegen 9 Uhr 12 bemerkt das Zugpersonal das Hindernis auf der Strecke.[10] Für eine Notbremsung ist es zu spät. Die schwere Lok walzt das Hindernis einfach nieder und entgleist nicht. Das Zugpersonal kommt mit dem Schrecken davon. Doch hätte der Plan funktionieren können. Wie eine Rakete wäre der Triebwagen mit den hundert Menschen an Bord über die künstliche Rampe in die Luft katapultiert worden, bestätigt die Bundesbahn.[11]

Am Tatort hinterlässt der Erpresser in einer Plastiktüte einen Brief mit neuen Forderungen. 200 000 Mark will er haben. Früher habe er sich Roy Clark genannt, nun »arbeite« er unter dem Namen »Fantom«.[12] Jetzt ist klar, dass man es mit einem höchst gefährlichen Täter zu tun hat, der bereit und fähig ist, seine Drohungen wahr zu machen.

Am selben Tag wird der kleine Felix geboren. Gudrun Ensslin und Bernward Vesper sind jetzt Eltern. Die Radiosender spielen den neuesten Beatles-Hit rauf und runter: ›Penny Lane‹ ist auf Platz eins der deutschen Charts.

Das Bahnattentat erregt in den folgenden Tagen so viel Aufsehen, dass zahlreiche Trittbrettfahrer mehrfach mit Bombendrohungen und Lösegeldforderungen norddeutsche Bahnhöfe lahmlegen.[13] Am 18. Mai erklärt sich die Bundesbahn zur Zahlung an den Erpresser bereit.[14] Man habe es mit dem gefährlichsten Erpresser zu tun, den die Bahn je erlebte.[15] Im jüngsten Brief droht der Erpresser, er werde in einem großen deutschen Bahnhof ein Sprengstoffpaket aus Trinitrotoluol (TNT) zur Explosion bringen, wenn ein mit Benzin beladener Güterzug den Bahnhof passiere.[16] Die Folgen wären nicht absehbar.

Um auszuschließen, dass das Geld an einen Trittbrettfahrer übergeben wird, soll der echte Erpresser fünf Fragen beantworten, die in der BILD-Zeitung veröffentlicht werden.

Er soll in seiner verstellten Handschrift erläutern, welchem Kriminalroman er sein Pseudonym entnommen hat, von woher er bisher seine Briefe verschickt hat, die Bombe vom Dezember näher beschreiben und erklären, wo das Geld hinterlegt werden soll.[17] Zudem soll er preisgeben, wo die Winde vom letzten Attentat versteckt ist.[18] Die Antwort kommt prompt. »Versucht nicht, mich aufs Kreuz zu legen. Ihr hättet noch eine sechste Frage stellen sollen: ›Wo wohnen Sie?‹«[19] Die Frage, woraus seine Bomben bestehen, kommentiert er barsch: »Woraus meine Bomben bestehen, werdet ihr merken, wenn Ihr mich dazu bringt, meinen Trumpf hochgehen zu lassen.«[20]

Der Kontaktversuch schlägt fehl.[21] Was wird als Nächstes passieren? Eines ist klar: Die Bundesbahn ist ein weitaus verletzlicheres Ziel als andere Objekte.[22] Bereits ein gelockerter Schienenbolzen kann zu einer Katastrophe führen und das mehr als 30 000 Kilometer lange Streckennetz kann selbst mit einem Polizei-Großaufgebot nicht lückenlos überwacht werden.[23] Die Erfahrung hat auch gezeigt, dass es schwer ist, Bahnattentäter zu fassen.[24] Bei der Kriminalpolizei wird eine Sonderkommission zusammengestellt, die die Ermittlungen aufnimmt.[25]

Am 22. Mai ist das Kaufhaus »À l'Innovation« in der Brüsseler Innenstadt besonders gut besucht. Dort findet gerade eine amerikanische Woche statt, bei der Waren aus den Vereinigten Staaten gezeigt werden, die sonst nicht in Belgien zu erwerben sind. Fast 3000 Kunden befinden sich in den vier Verkaufsetagen. Vor dem Gebäude demonstriert eine Gruppe von Vietnamkriegsgegnern mit antiamerikanischen Parolen und verteilt Flugblätter. Um auf sich und ihr Anliegen aufmerksam zu machen, haben Demonstranten auch schon innerhalb des Kaufhauses Knallkörper gezündet.

Gegen Mittag bemerkt eine Verkäuferin im ersten Stock in der Abteilung für Kinderbekleidung ein Feuer. Sofort rückt die vier Mann starke Hausfeuerwehr an und verlegt für solche Fälle vorhandene Schläuche. Doch als sie die Ventile öffnen, kommt kein Löschwasser. Alarm wird ausgelöst. Das leise Klingeln wird von vielen Verkäufern für das Zeichen zur Mittagspause gehalten. In aller Seelenruhe gehen sie in die Kantine. Einige Verkäuferinnen fühlen sich durch das permanente Klingeln belästigt und beschweren sich beim Hausmeister. Wichtige Zeit geht verloren. Durch die Konstruktion des Baus um ein dachhohes Atrium herum wird das Feuer weiter angefacht und breitet sich rasend schnell aus. Die von außen anrückende Brüsseler Feuerwehr hat Schwierigkeiten, durch die engen Straßen zum Brandort zu gelangen. Als sie ankommt, steht das Gebäude in Flammen.

Binnen weniger Augenblicke sind die Fluchtwege durch das Feuer versperrt. Verzweifelte Menschen kommen bei Versuchen, dem Inferno zu entkommen, durch Stürze aus Fenstern der oberen Stockwerke zu Tode. Viele Opfer erleiden schwerste Brandverletzungen, weil sie modische Kunststoffbekleidung tragen wie Nylonstrumpfhosen oder Nyltest-Hemden, die brennend mit der Haut verschmelzen.

Noch während der Löscharbeiten sammeln sich Dutzende Journalisten, Fotografen und Kamerateams von nationalen und internationalen Medien vor dem brennenden Gebäude. Dächer und Fenster umliegender Gebäude werden von Pressevertretern besetzt, die den besten Blick auf die Unglücksstelle haben wollen. Sie erleben, wie der Brand auch auf die Nebengebäude des Kaufhauses übergreift. Mehr als 300 Menschen finden den Tod, hunderte sind verletzt. Der Sachschaden beläuft sich auf über 100 Millionen Mark. In reich bebilderten Abendzeitungen und Fernsehberichten gehen die Nachrichten von dem Inferno in Brüssel um die ganze Welt. Am TV-Bildschirm erleben auch entfernteste Augenzeugen, wie das große Gebäude brennend in sich zusammenstürzt und nur rauchende Trümmer übrig bleiben.

Hans Werner Richter trifft am selben Tag auf dem Bahnhof in Düren Heinrich Böll. Die beiden Männer fahren in ein kleines Café und unterhalten sich. Vielmehr: Böll redet, Richter hört zu. Böll fühlt sich alt, krank und erzählt, dass er zu ständigen Depressionen neigt. Alles ist schrecklich, die Entwicklung der Bundesrepublik, die Große Koalition, der miese Klerikalismus, der sich immer mehr ausbreitet. »Ich bin fertig, zu viel gearbeitet, immer nur gearbeitet, keine Jugend, statt dessen Arbeitsdienst, Soldat, Krieg, Russland, dann die Hungerjahre, und gearbeitet wie ein Verrückter, viel zu viel gearbeitet.« Befremdlich findet Richter, dass Böll immer nur von sich und seiner Generation spricht. »Aber ich bin zehn Jahre älter als du.« Böll überhört den Einwurf. Zwei Stunden reden sie. Böll begleitet ihn dann auf den Bahnsteig. Kurz vor der Abfahrt von Richters Zug Richtung Köln geht dann doch noch so etwas wie ein Lächeln über Bölls Gesicht, etwas schüchtern, verschämt, wie Richter beobachtet. »Verdienst du auch so gerne Geld? Mir macht es immer noch große Freude. Ich freue mich über jede 150 Mark, die ich für einen Artikel bekomme. Nötig habe ich es nicht mehr. Trotzdem – ich freue mich immer.« An sich selbst beobachtet Richter Verständnislosigkeit. »Geld, naja, man braucht es natürlich.« Böll, »ein berühmter Schriftsteller, deprimiert, alt geworden, am Geld hängend, Baskenmütze, darunter ein rötliches, breites, auseinanderlaufendes Gesicht ... Eine seltsame Begegnung.«[26]

Am Tag nach dem verheerenden Großbrand in Brüssel erscheinen rund um den Globus die Tageszeitungen mit dem Feuer als Aufmacher auf Seite 1. Während in Brüssel Sachverständige von Polizei und Feuerwehr mit der Suche nach der Ursache des Großfeuers beginnen, sind sich einige Medienvertreter schon sicher, die Ursache zu kennen: Sabotage. Zwei entsprechende Augenzeugenberichte gegenüber Pressevertretern am Ort der Katastrophe scheinen das zu bestätigen. Ein junger Mann, der in dem Gebäude herumlief und behauptete, das Personalbüro zu suchen, hat sich verdächtig gemacht. Er wurde zuvor unter den Anti-Vietnamkriegsdemonstranten gesehen, die vor dem Kaufhaus gegen die US-Ausstellung demonstrierten. War die Suche ein Vorwand?

Ein Zeuge will sogar gesehen haben, dass ein Demonstrant in das Gebäude zurücklief mit dem Ruf, er wolle für Vietnam sterben. Haben die Kriegsgegner ihre Drohungen gegen das Kaufhaus auf diese Weise wahr gemacht? Während andere Zeitungen noch Gerüchte und Spekulationen über Sabotage als Brandursache kolportieren, sind sich BILD und BZ bereits sicher: Es war Brandstiftung und verantwortlich sind Kommunisten.

Es nützt gegen solche Unterstellungen auch nicht viel, dass deutsche Experten die katastrophalen Mängel der Brandschutzvorschriften in Belgien kritisieren. Weder in dem abgebrannten Kaufhaus noch in anderen belgischen Kaufhäusern sehen die Vorschriften Sprinkleranlagen vor, die anderswo längst Sicherheitsstandard sind. Jederzeit könnten in Belgien weitere vergleichbare Katastrophen passieren.

In Frankfurt wird an diesem Tag das Urteil im ersten Prozess verkündet, in dem sich Ärzte für die als Euthanasie deklarierten Massenmorde der Nationalsozialisten an Kranken und Behinderten verantworten müssen. Vor Gericht stehen drei angesehene Mediziner. Die Staatsanwaltschaft unter Fritz Bauer hat in einer 310 Seiten umfassenden Klageschrift den Angeklagten ihre Beteiligung an der Vergasung von tausenden Geisteskranken und Körperbehinderten im Rahmen der »T4«-Aktion nachgewiesen.

Das Kürzel »T4« leitete sich ab von Tiergartenstraße 4, wo die Tarnorganisationen saßen, die die Vernichtung des – im Jargon der Nationalsozialisten – »unwerten Lebens« organisierten. Seit 1939 wurden geistig und/oder körperlich behinderte oder als asozial geltende Bewohner von Heil- und Pflegeanstalten die ersten Opfer der nationalsozialistischen Vernichtungsstrategie. Vor Gericht stehen nun drei von mehreren hundert[27] in die Morde verwickelten Personen. Der gegen die drei angeklagten Ärzte erhobene Vorwurf lautet, heimtückisch, grausam und aus niedrigen Beweggründen vorsätzlich tausende von Menschen getötet zu haben.

An 57 Verhandlungstagen seit dem 3. Oktober 1966 sind über 100 Zeugen vernommen und zehn Sachverständige gehört worden. Das von den Verteidigern vorgetragene Argument, selbst die evangelische und katholische Kirche hätten damals die Vernichtung »lebensunwerten« Lebens völlig akzeptiert, wird von theologischen Sachverständigen widerlegt. Weitere Gutachten zeigen, dass die erbbiologischen Forschungen der Nationalsozialisten jeglicher wissenschaftlicher Grundlage entbehrten.[28]

Dass die drei Angeklagten tatsächlich an den Tötungen beteiligt waren, steht außer Frage. Das Gericht stellt zunächst fest, dass die Tötungen im Rahmen der T4-Aktion Mord waren. In seiner Urteilsbegründung trägt der Direktor des Frankfurter Landgerichts vor, das Gericht sei sicher, dass der Angeklagte Aquilin Ullrich in Brandenburg an der Havel an der Vergasung von mindestens 1800, der Angeklagte Heinrich Bunke in Bernburg an der Saale am Tode von mindestens 4950 und der Angeklagte Klaus Endruweit in der Anstalt Sonnenstein am Tode von mindestens 2250 Kranken beteiligt gewesen sei.[29] Zu beurteilen war aber das Maß der strafrechtlich relevanten Schuld der Angeklagten an diesen Vorgängen, so der Richter.

Jetzt folgt der entscheidende Satz. Werden die Angeklagten schuldig gesprochen oder nicht? Nein, es ergehen Freisprüche aus Mangel an Beweisen.[30] Im Publikum bricht Jubel aus.[31] Sie hätten nicht schuldhaft gehandelt, sondern sich in einem unvermeidbaren Verbotsirrtum befunden, befindet das Gericht. Während der Direktor des Landgerichts zwei Stunden lang die mündliche Urteilsbegründung vorträgt, wird immer wieder applaudiert. Da die Beschuldigten sich in dem Glauben befunden hätten, nur an der Tötung von Geisteskranken ohne natürlichen Lebenswillen mitzuwirken und dass das erlaubt sei, träfe sie keine Schuld, befindet das Gericht.[32] Applaus. Da sie unter dem Einfluss der NS-Ideologie gestanden hätten, konnten sie die Ermordung der Kranken für Sterbehilfe halten, so der Richter weiter. Applaus. Der Tod in der Gaskammer sei »eine der humansten Tötungsarten«, den Opfern seien »keinerlei körperliche Schmerzen« und »keinerlei seelische Qualen« zugefügt worden, befindet das Gericht.[33] Applaus. Erst die Drohung des Landgerichtsdirektors, wegen der ständigen Beifallsbekundungen aus dem Publikum den Saal räumen zu lassen, sorgt für Ruhe.[34] In einer »moralisch defekten« Zeit sei es den Angeklagten auch wegen ihres jungen Alters subjektiv nicht möglich gewesen, das objektive Unrecht ihrer Taten zu erkennen, erklärt er weiter.

Der von der Staatsanwaltschaft vorgetragenen Rechtsauffassung, wonach die Euthanasie-Aktionen eben nicht als Einzeltaten zu bewerten seien, deren Schuldhaftigkeit individuell zugeordnet und bewiesen werden müsse, sondern eine natürliche Handlungseinheit einer auf die Vernichtung zielenden gemeinschaftlichen Tat darstellen und die Angeklagten daher als Mittäter zu beurteilen seien, denen die Schuld der anderen zuzurechnen sei, folgte das Gericht nicht.[35]

Die drei angeklagten Ärzte, die nach 1945 ihre Approbation behalten und unbehelligt weiter ihren Beruf ausgeübt hatten, können in ihr altes bürgerliches Leben zurückkehren.[36] Ullrich und Bunke sind als Frauenärzte in Stuttgart beziehungsweise Celle tätig, Endruweit als praktischer Arzt in Bettrum bei Hildesheim.[37]

Am 24. Mai verteilen Mitglieder der Kommune 1 auf dem Campus der Freien Universität die neuesten Ausgaben ihrer satirischen Flugblätter. Diesmal haben sie selbst unterzeichnet. Zwei Tage nach dem verheerenden Brand des Kaufhauses in Belgien können die Studenten in Berlin unter anderem lesen:

»NEU! UNKONVENTIONELL! NEU! UNKONVENTIONELL! NEU!

Warum brennst Du, Konsument?

NEU! ATEMBERAUBEND! NEU! ATEMBERAUBEND! NEU!

Die Leistungsfähigkeit der amerikanischen Industrie wird bekanntlich nur noch vom Einfallsreichtum der amerikanischen Werbung übertroffen: Coca-Cola und Hiroshima, das deutsche Wirtschaftswunder und der vietnamesische Krieg, die Freie Universität und die Universität von Teheran sind die faszinierenden und erregenden Leistungen und weltweit bekannten Gütezeichen amerikanischen Tatendrangs und amerikanischen Erfindergeists; werben diesseits und jenseits von Mauer, Stacheldraht und Vorhang für freedom und democracy.

Mit einem neuen Gag in der vielseitigen Geschichte amerikanischer Werbemethoden wurde jetzt in Brüssel eine amerikanische Woche eröffnet. Ein ungewöhnliches Schauspiel bot sich am Montag den Einwohnern der belgischen Metropole:

Ein brennendes Kaufhaus mit brennenden Menschen vermittelte zum ersten Mal in einer europäischen Großstadt jenes knisternde Vietnamgefühl (dabeizusein und mitzubrennen), das wir in Berlin bislang noch missen müssen.

Skeptiker mögen davor warnen, ›König Kunde‹, den Konsumenten, den in unserer Gesellschaft so eindeutig Bevorzugten und Umworbenen, einfach zu verbrennen.

Schwarzseher mögen schon unsere so überaus komplizierte und kompliziert zu lenkende hochentwickelte Wirtschaft in Gefahr sehen.

So sehr wir den Schmerz der Hinterbliebenen in Brüssel mitempfinden: wir, die wir dem Neuen aufgeschlossen sind, können, solange das rechte Maß nicht überschritten wird, dem Kühnen und Unkonventionellen, das bei aller menschlichen Tragik im Brüsseler Kaufhausbrand steckt, unsere Bewunderung nicht versagen.

Auch der Umstand, dass man dieses Feuerwerk Anti-Vietnam-Demonstranten andichten will, vermag uns nicht irrezuführen. Wir kennen diese weltfremden jungen Leute, die immer die (Plakate) von gestern tragen, und wir wissen, dass sie trotz aller abstrakten Bücherweisheit und romantischer Träumereien noch immer an unserer dynamisch-amerikanischen Wirklichkeit vorbeigegangen sind.«[38]

Staatsschutz, Polizei und Berliner Presse lesen mit und nehmen den Inhalt der Flugblätter tief ernst. Jetzt ist also die Katze aus dem Sack und alle Befürchtungen bewahrheiten sich. Nein, das sind nicht nur ungeheuerliche Geschmacklosigkeiten von völlig verrohten jungen Menschen, deren sittliche und moralische Verkommenheit für jedermann offensichtlich ist. Die Kommunarden sind genau das, wovor man immer gewarnt hat. Die aufmüpfigen Studenten erweisen sich als Terroristen! Mit unüberbietbarem Zynismus werden die Opfer des Brandes in Brüssel verhöhnt. Und nicht nur das! Unverblümt wird zu weiteren Kaufhausbrandstiftungen aufgerufen.

Am 24. Mai berichten die Zeitungen, dass »Roy Clark«[39] inzwischen einen mehrere Seiten langen Brief übermittelt hat, in dem er Übergabemöglichkeiten skizziert. Inzwischen ist das Bundeskriminalamt eingeschaltet, das die Authentizität des Schreibens prüfen soll.[40] Seine Drohungen verschärft er nochmals.

In den Zeitungen des Springer-Verlags überschlagen sich am 25. Mai die empörten Kommentare über den Inhalt der Flugblätter. Erneut bestimmen die Kommunarden die Schlagzeilen. Über den Ausgang des Frankfurter Euthanasie-Prozesses wird zwar auch berichtet, doch eher an weniger exponierter Stelle. Die meisten kleineren Blätter kommen nur ihrer Berichtspflicht nach und referieren die Kernsätze des Urteils über die mit vollem Namen genannten Ärzte, meist kommentarlos erwähnend, dass der Freispruch Jubel im Publikum auslöste. Dagegen bringen die überregionalen bürgerlichen Zeitungen wie ›Frankfurter Allgemeine Zeitung‹ und WELT Kommentare, in denen Erschütterung über die Urteilsbegründung zum Ausdruck kommt. Für die WELT kommentiert in der Rubrik »Aus aller Welt« in einem Eigenbericht aus Frankfurt der Autor mit dem Kürzel »H. Sch.«:

»Welche Gefühle bewegen wohl den Zeitgenossen, der unnachsichtiges Durchgreifen gegen Taxi- und Kindermörder, der womöglich die Todesstrafe verlangt und sich doch stets zum Beifall animiert fühlt, wenn ein NS-Mörder oder ein Mordgehilfe aus jener Zeit der ganzen Milde des Gesetzes teilhaftig wird? Hier tun sich Abgründe auf. Das Urteil des Schwurgerichts, so viel lässt schon die mündliche Begründung erkennen, ergänzt die lange Liste der in NS-Verbrecherprozessen gefällten Entscheidungen, die im In- und Ausland zu der begründeten Sorge geführt haben, deutsche Gerichte hielten für Mord zweierlei Recht bereit. Den drei Ärzten habe, so die Rechtfertigung des Freispruchs, das Unrechtsbewusstsein gefehlt. Sie hätten die ›grausige Tötungsaktion‹ – die ja keineswegs nur Geisteskranke traf – für ›legal‹ gehalten. Wie denn? Dieselben Mediziner, die angeblich in ›idealistischen Vorstellungen vom Gnadentod‹ handelten, erfanden doch jeweils nach vollbrachter Tat fiktive Todesursachen (›Lungenentzündung‹, ›Altersschwäche‹) und schrieben den Angehörigen verlogene Trostbriefe, die sie zum Teil nicht einmal mit ihren eigenen Namen zu unterzeichnen wagten. Wir sind von der juristischen Gedankenakrobatik überfordert, die bei solchem Sachverhalt das Bewusstsein der Rechtswidrigkeit für ›nicht erweisbar‹ hält.«[41]

Am späten Abend desselben Tages notiert in Tel Aviv Martin Hauser in sein Tagebuch: »Es ist 22 Uhr 55, und in fünf Minuten will ich wieder die letzten Neuigkeiten hören, ungeduldig und besorgt wegen der Entwicklungen in den letzten 48 Stunden. Wir leben momentan in der gespanntesten Lage seit 1956. Zur völligen Überraschung aller hat Nasser die Meerenge von Tiran geschlossen, eine eindeutige Kriegserklärung an uns, wodurch wir den einzigen Vorteil verlieren, den wir durch die ›Suez Campaign‹ erreicht hatten. Nasser hat augenscheinlich politische Rückendeckung durch die Sowjetunion, während die Vereinten Nationen durch die prompte Befolgung seines Befehls und den sofortigen Rückzug ihrer Truppen aus dem Gazastreifen wieder einmal ihre Unfähigkeit bewiesen haben, den Frieden zu schützen. Wir haben die theoretische Sympathie der westlichen Welt, aber keinerlei Zusage von praktischer Hilfe. Die nächsten drei bis vier Tage werden entscheidend sein und die Krisis zum Höhepunkt bringen. [...] Die Moral im Lande ist auf hohem Niveau, aber jeder weiß, dass die internationale Konstellation der Kräfte für uns weniger günstig ist als 1956.«[42]

In Israel spitzt sich die Lage weiter zu. Mit dem Angriff wird jederzeit gerechnet. Martin Hauser schreibt am 27. Mai in sein Tagebuch: »Überall im Lande sind Notstandsräte eingesetzt worden, deren Mitglieder für die verschiedenen Probleme im jeweiligen Bezirk verantwortlich sind, wie

z. B. Zivilverteidigung, Versorgung mit Wasser und Elektrizität, Krankenhäuser etc. […] Ich habe in den letzten 20 Jahren seit dem Zweiten Weltkrieg schon verschiedene Notstände erlebt, aber noch nie war unsere Lage so gefährlich wie heute:

1. Auf außenpolitischem Gebiet stehen wir völlig allein und verlassen ohne Verbündete. 1947 hat uns die Sowjetunion politisch unterstützt und über die Tschechoslowakei Waffen geschickt; 1956 hatten wir Frankreich und England als ›Alliierte‹. Heute ist die Sowjetunion gegen uns und der Westen im Gegensatz zu seinen Versprechungen von 1956 ›äußerst zurückhaltend‹.
2. Die Vereinten Nationen sind in ihrer heutigen Zusammensetzung viel weniger bereit, uns zu helfen, als sie es 1947 oder noch 1956 waren.
3. Wir stehen vor einem Zwei-Fronten-Krieg gegen disziplinierte und modern ausgerüstete Armeen. 1947 standen uns, abgesehen von der Jordanischen Legion, schlecht organisierte Einheiten mit veralteten Waffen und geringer Kampfmoral gegenüber, und 1956 hatten wir nur an einer Front zu kämpfen.«[43]

Hauser sieht nur zwei Alternativen. Die erste lautet abwarten und diplomatische Wege suchen mit Hilfe der USA oder Frankreichs. Doch werde dann ein hoher Preis von Israel gefordert und das ohne jede Garantie für die Zukunft. Denn: »Wird sich Nasser zufriedengeben, nachdem er sich so nah am Gipfel des Erfolges sieht und seinem Volk und den Verbündeten versprochen hat, uns völlig zu vernichten und ins Meer zu jagen?«[44]

Die andere Alternative ist: sich wehren, schließt Hauser.[45] 1956 habe Israel klar gemacht, dass die Straße von Tiran einen Teil seiner Existenzbasis darstellt.[46] »Diese Basis«, schreibt Hauser, »ist jetzt bedroht, und so müssen wir uns wehren, an allen Fronten, und auch allein. Werden wir das schaffen? Und wie?«[47] Eine dritte Alternative gibt es nicht mehr, ist sich der unendlich besorgte ehemalige Soldat sicher.[48]

Ungefähr zur selben Zeit formuliert in Bonn der SPD-Abgeordnete Adolf Arndt einen Aufruf, in dem auf die Lage Israels aufmerksam gemacht und um Spenden für die Bevölkerung des vom Krieg bedrohten Landes gebeten wird. Es ist ein leidenschaftlicher Appell an die besondere Verantwortung der Deutschen.

»Die Sperrung der Meerenge von Tiran ist ein Anschlag auf den Frieden. Sie soll den israelischen Hafen Eilat lahmlegen. Die Absicht dabei ist, die wirtschaftliche Lebensfähigkeit Israels zu vernichten. Israel soll vor die faule Wahl gestellt werden, entweder durch die Blockade im Golf von Akaba und unter der ihm aufgezwungenen Rüstungslast zugrunde zu gehen oder sich zu wehren und sich dadurch dem falschen Schein auszusetzen, der friedenstötende Angreifer zu sein.

Wir können nicht schweigen, wenn das israelische Volk mit Völkermord bedroht wird. Der Staat Israel ist die letzte Heimat vieler Menschen, die aus unserem Lande stammen und dem von Deutschen ins Werk gesetzten Völkermord an den europäischen Juden entkommen sind.

Wir mahnen alle, die in unserem Staat öffentliche Verantwortung tragen, insbesondere den Bundestag und die Bundesregierung, sich nicht stumm abseits zu stellen, sondern ihr Wort für den Frieden in die Waagschale zu werfen, dem israelischen Volke gegen die Bedrohung mit Völkermord moralisch und mit friedlichen Mitteln zur Seite zu stehen sowie jedes Bemühen um Gerechtigkeit und jede der Wiedergewinnung des Friedens dienende Vermittlung nachdrücklich zu unterstützen.

Wir rufen alle: Seid auf friedliche Weise solidarisch mit allen bedrohten Menschen, die durch Bomben und Raketen verbrannt oder durch Verhungern ausgerottet werden sollen. Wenn andere sich lau verdrücken wollen und meinen, es genüge, die eigene Haut retten zu wollen, so zeigt ihnen, dass es viele Möglichkeiten gibt, freiwillig für den Frieden zu wirken. Wir fangen schon an, etwas zu tun, sobald wir den Bedrohten das stärkende Bewusstsein vermitteln, dass sie nicht von aller Welt verlassen sind. Wir stehen schon den Bedrohten bei, wenn wir Israel helfen, die wirtschaftlichen Einbußen und die finanziellen Lasten seiner Wachsamkeit und Abwehrbereitschaft mit zu tragen.

Wir rufen die Jugend: Zeigt, dass ihr es durchschaut, wie die Großen der Welt künstlich Krisenherde schaffen. Nicht mit Versteckspielen, das man als diplomatisch ausgibt, lässt sich der Frieden retten, indem man sich der Täuschung hingibt, dieses Mal werde noch nicht um unser eigenes Schicksal gewürfelt. In beiden Teilen Deutschlands sollte sich die Jugend einig sein in ihrem Abscheu vor der Bedrohung Israels mit Völkermord. Sie erwartet von den Regierenden eine klare Sprache.«[49]

Am 28. Mai ist Hans Werner Richter abends bei Freunden zu einem Essen eingeladen.[50] Man spricht über die Krise in Israel und es erweist sich, dass alle auf der Seite des bedrängten Landes sind.[51] »Was aber tun die deutschen Schriftsteller? Werden sie etwas tun?«, auch ohne seine Initiative, fragt Richter sich. Oder soll er eine Initiative ergreifen? Der

58-Jährige ist unschlüssig. »Ich bin des ewigen Protests müde und doch ist in diesem Fall eine groß angelegte Aktion notwendig. Werden die Juden nun wieder massakriert, diesmal mit ihrem neuen Staat, und wahrscheinlich für immer? Ein erschreckendes Bild: eine davonlaufende UNO, ein durch Vietnam gelähmtes Amerika, ein durch de Gaulle handlungsunfähiges Europa und eine Sowjetunion, die sich zum zweiten Mal in ihrer Geschichte mit den Faschisten verbindet, diesmal mit den arabischen. Was für ein zynisches politisches Spiel! Und was sagt Hans Magnus Enzensberger dazu, der noch immer in Moskau ist? Begreift er, was geschieht, begreift er, dass der angegriffene ›westliche Imperialismus‹ nur ein Vorwand ist, um den eigenen ›östlichen Imperialismus‹ zu betreiben oder voranzutreiben, auch auf Kosten Israels, auf Kosten der Juden und sogar auf Kosten ihrer Vernichtung. Es ist mehr als bedrückend, dieses Spiel ein zweites Mal mit ansehen zu müssen. 1939 der Stalin-Hitler-Pakt: Polen wird geteilt. Sommer 1967 Nasser-Kossygin-Pakt. Geht Israel dem Schicksal Polens entgegen? Die einzige Hoffnung wieder – wie in allen letzten Jahrzehnten – Amerika, trotz Vietnam und trotz aller berechtigten Vorwürfe. In Rom zur gleichen Zeit Zehnjahresfeier der Europäischen Wirtschaftsgemeinschaft. Streit um England, Streit um den größeren politischen Zusammenschluss. Immer wieder legt sich de Gaulle mit seinen nationalstaatlichen Vorstellungen des neunzehnten Jahrhunderts quer, und immer wieder mit Hegemonial-Vorstellungen, die zumindest in Europa veraltet sind. Ein Blick nach Israel, ein Blick auf die jetzigen Vorgänge im Nahen Osten, genügt schon, um zu wissen, was hier und heute getan werden muss: schneller, ja schnellster Zusammenschluss aller europäischen Staaten zu einer Union, die einheitlich handlungsfähig ist.«[52]

Am 30. Mai 1967 berät das Präsidium der Deutsch-Israelischen Gesellschaft DIG im Beisein von Günter Grass Hilfsmaßnahmen für Israel. Eine große Sammelaktion soll gestartet werden. Adolf Arndts Aufruf soll die breite deutsche Öffentlichkeit erreichen. Die DIG entwirft einen Flyer, der in einer Auflage von 30 000 Exemplaren gedruckt wird.[53] »Adolf Arndt hat einen Aufruf an alle und besonders an die deutsche Jugend gerichtet. Die Unterzeichneten unterstützen diesen Aufruf und bitten, ihn weiterzutragen, bis er den letzten Bürger in unserem Land erreicht. Das deutsche Volk hat eine Verpflichtung gegenüber Israel. Welche Gegensätze auch immer unseren politischen Alltag bestimmen, hier gilt es, gemeinsam – vom Schüler und Lehrling bis zum Bundestagsabgeordneten, von den Kirchen bis zu den Gewerkschaften, von den Universitäten bis zu den Rathäusern – vorbehaltlos zu helfen.

Wenn die deutsche Öffentlichkeit wieder versagen sollte, werden die zurückliegenden Verbrechen und ihre Folgen abermals auf uns zurückfallen. Besonders die Schüler, Lehrlinge und Studenten bitten wir dringlich, immer wieder diese Aktion ›Hilfe für Israel‹ von früh bis spät zu unterstützen. An dieser Aufgabe können wir wachsen oder scheitern.«[54]

Günter Grass vermittelt, dass der Luchterhand Verlag in Neuwied kostenlos den Druck der Flyer und deren Verteilung an wichtige Multiplikatoren in Staat und Gesellschaft der Bundesrepublik übernimmt.[55] Innerhalb kürzester Zeit schließen sich der Kampagne der Koordinierungsrat der Gesellschaften für christlich-jüdische Zusammenarbeit und seine 41 Einzelgesellschaften sowie der Bundesverband der Gesellschaften der Freunde der hebräischen Universität an.[56]

In seiner Monatszusammenfassung hält Che Guevara am 31. Mai fest, dass seine Gruppe wegen des unterbrochenen Kontakts zu den Mitstreitern aus nicht mehr als den 25 Mann vor Ort besteht.[57] Neuaufnahmen aus der Landbevölkerung fehlen völlig, obwohl, so sein Eindruck, die Menschen langsam ihre Furcht verlieren und es sogar gelinge, ihre Bewunderung zu wecken.[58] Die Einstellung seiner Truppe zum Kampf sei bestens. Das Aufsehen um den Fall Debray habe die Kampfmoral mehr gestärkt als zehn siegreiche Gefechte.[59] Der Gegner sei noch immer unorganisiert und technisch kaum verbessert.[60] Etwas hat sich aber taktisch getan. Das Heer habe bekannt gegeben, dass alle Bauern festgenommen wurden, die mit den Guerilleros im Gebiet von Masicuri zusammenarbeiteten.[61] Guevara betrachtet dies als neue Etappe des Kampfs. »Jetzt kommt die Etappe, in der der Terror von beiden Seiten – allerdings untere verschiedenen Vorzeichen – auf die Bauern ausgeübt wird.«[62] Und er ist sich sicher: »Unser Triumph wird die qualitative und notwendige Veränderung für den Sprung in der Entwicklung bedeuten.«[63]

Am selben Tag notiert Martin Hauser in Tel Aviv in sein Tagebuch: »Die Explosion hat noch nicht stattgefunden, aber niemand weiß, wie weit wir davon entfernt sind. Außenpolitisch hat sich die Lage für uns verschlechtert, nachdem die Sowjetunion dem Westen ihre Hilfe bei dem Versuch, Frieden zu bewahren, verweigert hat. Militärisch gesehen ist unsere Position noch kritischer, seitdem Hussein mit Nasser einen Militärpakt unterzeichnet hat, was für uns eine dritte Front bedeutet. [...] So stehen wir also momentan untätig einem Gegner gegenüber, der sich mehr und mehr für den

Kampf vorbereitet und uns mehr und mehr zu umzingeln versucht. Er sieht, dass seine Kriegserklärung an uns in Form der Schließung der Meerenge bei Tiran von der Welt als ›fait accompli‹ akzeptiert wird und dass wir nur noch am Seidenfaden der Hoffnung hängen, dass Amerika seine Verpflichtungen von 1957 einlöst und die Straße offenhält. Eine einzige grundlegende Verbesserung beim Vergleich unserer Lage von 1947: Anstatt 650 000 sind wir heute zweieinhalb Millionen.«[64]

Ende Mai sagt Hans Werner Richter dem Anwalt von Fritz Teufel und Rainer Langhans, er werde kein Gutachten politischer oder literarischer Art über die Flugblätter der Kommune 1 abgeben. Richter legt Horst Mahler ausführlich dar, warum.

»Literarisch sind sie undiskutierbar, politisch bieten sie ein verworrenes Konglomerat von pubertärer sich anarchistisch gebender Revolutionsromantik, spätbürgerliche Jugendträume.

Diese Texte haben weder etwas mit Marxismus – aller Spielarten – noch mit Mao Tse-tung oder Ho Chi-minh zu tun, auch nichts mit jenen bedeutenden Dokumenten des europäischen Anarchismus der Vergangenheit. Es sind Texte von Wichtigtuern, dumm, arrogant, unpolitisch, geschmacklos, Texte einer schlecht gemachten und miserabel geschriebenen Bierzeitung. Ich kann sie beim besten Willen nicht ernst nehmen, bedaure aber sehr, dass die Behörden sie ernst nehmen. Gruppen dieser Art hat es immer gegeben, auch in der Weimarer Republik, auch in dem Berlin dieser Zeit. Man hat sie nicht beachtet. Warum beachtet man sie heute? Warum spielt man ihre Ambitionen hoch, in der Presse, im

Fernsehen, durch die Behörden und jetzt mit diesem Prozess mit Hilfe der Justiz? Sie wollen ja verurteilt werden. Begreift man denn nicht diese Art kleinbürgerlicher Provokation? Sie spielen Revolution und diskreditieren zugleich alle revolutionären Bestrebungen, sie spielen Revolutionäre und dienen den Reaktionären. Eine Justiz, die sie anklagt und unter Umständen verurteilt, spielt ihr Spiel mit, sie macht aus pubertären Wichtigtuern gesellschaftspolitische Akteure, eine Entwicklung, die bedauerlich ist. [...] Eine Justiz, die sich mit ihnen abgibt, erreicht das Gegenteil von dem, was das Gesetz anstrebt, eine Gesellschaft, die sie ernst nimmt, scheint mir gefährdet. [...] Aus Unfug. Von mir aus auch grobem Unfug, wird mit der Zeit ein Malheur, ein politisches Malheur, und das ist schlimm in einem Land, das von unpolitischen Menschen bewohnt wird.«[65]

Nicht nur Richter ist um ein Gutachten gebeten worden. Mahler hat auch andere Schriftsteller, Kritiker und Literaturwissenschaftler um Stellungnahmen für das Gericht angefragt. Reinhard Baumgart, Peter Szondi, Walter Jens, Alexander Kluge, Eberhard Lämmert und Peter Wapnewski und weitere Intellektuelle bestätigen den fiktiv-satirischen Charakter der Flugblätter.[66]

Bei Familie Drechsler werden die Vorbereitungen für den Familienurlaub im Juni getroffen. Es geht in den Süden. Dafür werden schon Sonnenbrillen für 5 Mark 90 angeschafft und für den älteren Sohn für 4 Mark 30 Badeshorts, Sandalen für 13 Mark 90 und weiße Socken für 1 Mark 95. Berta kauft ein Sommerkleid für 39 Mark und vier neue Schlüpfer für 7 Mark 84. Kurt kauft sich Freizeitschuhe für 10 Mark 90 und ein neues Uhrband für 6 Mark. Berta schneidert selbst. Für 14 Mark 70 wird Hemdenstoff und für 3 Mark 30 Tüll erstanden. Die kaputten Nylonstrümpfe müssen zum Laufmascheneinfangen gebracht werden. Das kostet 6 Mark 35.

We were big enough to command an audience of that size, and it was for love. It was for love and bloody peace. It was a fabulous time. I even get excited now when I realize that's what it was for: peace and love, people putting flowers in guns.

Ringo Starr (aus: Beatles Anthology)

Adolf Arndts Aufruf zeigt in der deutschen Bevölkerung Wirkung. Es gehen zahlreiche Geld- und Sachspenden ein. In den nächsten Tagen wird auch die Zahl derer wachsen, die sich zu einem Arbeitseinsatz in Israel melden. In Tel Aviv nimmt Martin Hauser am 1. Juni staunend zur Kenntnis, dass aus Deutschland »sogar«, wie er schreibt, »Zeichen der Anteilnahme nicht jüdischer Kreise« kommen.[1] Fünf Hamburgerinnen hätten Kisten mit Blutplasma, Penicillin und anderen Medikamenten nach Israel gebracht, von offiziellen Stellen kämen Angebote von Aufnahmeplätzen zum Schutz von Frauen und Kindern.[2]

Am selben Tag erscheint in Großbritannien das neue Album der Beatles, ›Sgt. Pepper's Lonely Hearts Club Band‹. Sieben Monate haben die Beatles an diesem achten gemeinsamen Album gearbeitet. Es ging schon das Gerücht um, sie seien ausgebrannt. Paul McCartney hatte sich gerade noch bei einem Interview, in dem er etwas sagen sollte zu der Einschätzung, von den Beatles werde nicht mehr viel kommen, vergnügt die Hände gerieben. »Na, wartet mal ab!« Sgt. Pepper soll das wichtigste und einflussreichste Rockalbum der Musikgeschichte werden.

Am 2. Juni beginnt die Kampagne »Helft Israel« mit ganzseitigen Anzeigen in mehreren Tageszeitungen. 25 Medienhäuser – darunter der ›Spiegel‹, die ›Süddeutsche Zeitung‹, die ›Frankfurter Allgemeine Zeitung‹ und die Springer-Presse –

haben sich bereit erklärt, den Aufruf kostenlos abzudrucken.[3] Unter den Erstunterzeichnern steht an vorderster Stelle Günter Grass, dann folgen Kirchenvertreter, Bundestagsabgeordnete wie der CDU-Mann Ernst Benda, Unternehmer und Gewerkschaftsvertreter.[4] Nach und nach erscheint der Aufruf flächendeckend in der gesamten Bundesrepublik sowohl in den Printmedien als auch in Fernsehen und Rundfunk.[5] Diverse Verbands- und Vereinszeitschriften veröffentlichen den Aufruf ebenfalls.

Nicht nur in der Bundesrepublik, sondern fast überall auf der Welt bricht eine Solidaritätswelle los, die über einzelne berühmte Protagonisten die ganze Bevölkerung erreicht. In Frankreich solidarisieren sich medienwirksam Juliette Greco und Yves Montand, in England die Hollywoodstars Liz Taylor und Peter Sellers.[6] In Paris beteiligen sich tausende von Autofahrern an einem besonderen Hupkonzert. Dreimal kurz, zweimal lang heißt so viel wie »Israel vaincra«, Israel wird siegen.[7] Westberliner Taxifahrer fahren einen Tag lang für Israel[8], 30 jüdische Londoner Taxifahrer fahren Freiwillige kostenlos zum Flughafen Heathrow. 6000 britische Staatsbürger, davon 2000 Nichtjuden, melden sich in diesen Tagen zum Dienst. Unter denen, die nach Israel reisen, befinden sich auch der 24-jährige argentinische Pianist Daniel Barenboim, seine englische Verlobte, die 22-jährige Cellistin Jacqueline du Pré und der mit ihnen befreundete 31-jährige indische Dirigent Zubin Mehta. Die Künstler werden, wie Chaim Topol, der Hauptdarsteller des weltweit gefeierten Musicals ›Fiddler on the Roof‹, vor Soldaten auftreten. »Ich kann zwar nicht schießen«, sagt der Sänger. »Aber ich werde die Truppen gut unterhalten.«[9] Die Regierungen lavieren, die Menschen agieren.

In Berlin trifft an diesem Tag Reza Pahlavi, der Schah von Persien, mit seiner Frau ein. Zahllose Schaulustige warten schon sehnsüchtig darauf, einen Blick auf die junge Farah Diba werfen zu dürfen. Der Staatsbesuch des persischen Herrscherpaares ist politisch höchst umstritten. Viele oppositionelle Perser, zumeist Intellektuelle, die vor der politischen Verfolgung aus Persien flüchteten, leben in Deutschland. Es ist bekannt, dass in Persien jede Opposition brutal unterdrückt wird. Auch ist bekannt, dass die Emigranten-Szenen im Ausland von Spionen des Schah durchsetzt sind.

Auf der Fahrt vom Flughafen in die Innenstadt entgeht das Fahrzeug des persischen Herrschers nur knapp einem Attentat eines Exilpersers. Anschließend kommt es beim Auftritt des Paares vor dem Rathaus Schöneberg zu gewaltsamen Auseinandersetzungen, als Schah-Anhänger, sogenannte Jubelperser, unbehelligt von der Polizei mit Schlagstöcken und anderen Schlagwerkzeugen auf Anti-Schah-Demonstranten losgehen. Ganze Busladungen soll der persische Geheimdienst SAVAK herbeigeschafft haben.[10] Als die Polizei eingreift, stoppt sie nicht etwa die Angreifer, sondern versperrt den Demonstranten die Fluchtwege.

Abends ist der Schah mit seiner Frau zu einer Gala in die Deutsche Oper geladen. Auch hier versammeln sich zahlreiche Demonstranten, die gegen den Empfang eines Herrschers protestieren, der in seinem Land eine Gewaltherrschaft ausübt. Bei den Demonstranten vor der Deutschen Oper handelt es sich nicht nur um Studenten oder Radikale. Neben Schaulustigen, die einfach einen Blick auf die illustre Gästeschar des Gala-Abends erhaschen wollen, befinden sich vor der Oper an diesem Abend auch viele Bürger, die einfach zeigen wollen, dass sie mit dem Staatsbesuch eines solchen Mannes nicht einverstanden sind.

Eine dieser Teilnehmerinnen aus dem bürgerlichen Umfeld ist die politisch der CDU zugeneigte 25-jährige Helga Haas.[11] Morgens wird die verheiratete junge Frau auf dem Weg zu Freunden mit ihrem kleinen Sohn eher zufällig Zeugin der Übergriffe gewalttätiger Zivilisten gegen Demonstranten.[12] Dass Anlass der Besuch des Schah ist, weiß sie in diesem Moment noch nicht.[13] Erst zuhause erfährt sie den Grund.[14] Dabei erfährt sie auch, dass es abends erneut eine Demonstration gegen den Besuch geben soll.[15] Sie will sich vor Ort selbst ein Bild machen, weil sie es für ein Gerücht hält, dass die Polizei bei solchen Demonstrationen bisweilen sehr brutal vorgehe.[16] Gemeinsam mit ihrem Mann geht sie zur Deutschen Oper und stellt sich etwas abseits hinter ein Absperrgitter vor einem Bauzaun, zusammen mit anderen Schaulustigen und auch ein paar Demonstranten. Aus der Menge wird gerufen »Schah – Mörder!«, aber es werden weder Tomaten noch Steine noch sonst irgendetwas geworfen.

Als die Besucher der Gala in der Oper verschwunden sind, wollen sie und andere sich zum Gehen wenden. Die Demonstration ist vorbei. Es gibt nichts mehr zu sehen. Doch nun will die zahlreich anwesende Polizei die Menge nicht abziehen lassen. Die Berliner Polizei ist vom Regierenden Bürgermeister Heinrich Albertz aufgefordert worden, dafür zu sorgen, dass nach Ende der Aufführung die Abfahrt ohne Demonstration stattfinden kann. Aus der Einsatzzentrale erfolgt der Befehl: »Knüppel frei.« Zudem werden die Demonstranten in Bereiche gedrängt, aus denen sie nicht entkommen können.

Unter massivem Schlagstockeinsatz wird die Menge, in der Haas sich mit ihrem Mann aufhält, zwischen Absperrgittern und Bauzaun zusammengedrängt. Helga Haas stürzt, andere Menschen fallen über sie. Nur ihr Kopf ist frei, doch da schlägt schon ein Polizist zu. Sie schreit immer wieder »Nicht schlagen! Nicht schlagen!«, doch der Polizist drischt auf sie ein und trifft sie so heftig, dass sie eine stark blutende Kopfwunde davonträgt. Nun wird sie hochgezerrt und von Polizisten über das Absperrgitter gezogen. In Panik reißt sie sich los, wird dann aber beruhigt: »Wir bringen Sie zu einem Krankenwagen.«

In diesem Moment drückt der Berliner Pressefotograf Jürgen Henschel auf den Auslöser seiner Kamera. Das Foto zeigt die völlig aufgelöste Helga Haas mit ihrer stark blutenden Kopfwunde, nach der ein Polizist greift. Was das Foto nicht zeigt ist, dass der Beamte ihr anschließend ein Bein stellt, sodass sie nochmals stürzt. Sie hört, wie jemand ruft: »Muss das denn jetzt noch sein.«[17]

Endlich erreicht sie einen Krankenwagen und wird in ein Krankenhaus gefahren. Langsam übersteht sie den Schock des gerade Erlebten. Als sie in das Behandlungszimmer gebracht wird, spürt sie schon etwas Erleichterung. Doch jetzt folgt der nächste Schock. Der Arzt beschimpft sie als »dreckige Schlampe« und sagt etwas wie »Euch sollte man alle erschlagen.« Und während er sie beschimpft, reißt er ihr die Haare um die Kopfwunde mit der Hand aus. Er mäßigt sich erst und greift zur Schere, als eine Krankenschwester ihn ermahnt. Die 25-jährige Haas ist völlig hilflos. Ohne Schuhe, blutverschmiert bis zur Taille und mit einem dicken Kopfverband wird sie nachhause entlassen. Ihren Mann trifft sie vor dem Krankenhaus. Er ist glimpflicher davon gekommen. Man hat ihm seine Brille von der Nase geschlagen.[18]

Etwa zur selben Zeit, als Helga Haas abgeführt wird, steht in einer Parterrewohnung eines Neubaukomplexes in der

Krummen Straße der achtjährige Hansi an einem der Fenster, die von der elterlichen Wohnung auf den Hof hinausgehen. Da draußen ist mächtig was los! Der kleine Junge widersetzt sich der Anordnung der Mutter, die beim Weggehen gesagt hat, dass die Rollläden unten zu bleiben haben. An allen drei Fenstern, die zum Hof hinausgehen, hat der Junge die Rollläden so weit hochgezogen, dass er das Geschehen draußen verfolgen kann. Da prügeln sich ja Erwachsene!

Er saust in die Küche, um besser sehen zu können, was an der Teppichklopfstange los ist. Bei der Prügelei machen auch uniformierte Polizisten mit Knüppeln mit! Am Rande steht ein dünner Mann und guckt nur zu, sieht der Junge. Der Mann hat ein rotes Hemd an. Das fällt auf, da sonst niemand ein rotes Hemd anhat. Immer mehr Polizisten drängen in den Hof. Das ganze Menschenknäuel ist jetzt direkt vor dem Fenster, hinter dem der Junge steht. Dann knallt es plötzlich. Der Junge sieht einen Mann im Anzug mit einer Pistole in der Hand. Der Mann steht abgesondert von der Gruppe. Und jetzt liegt der Mann mit dem roten Hemd auf dem Boden. [19] Es ist der Student Benno Ohnesorg.

Was auf dem Hof gesagt oder gerufen wird, kann der Junge hinter dem verschlossenen Fenster nicht hören. Das hören aber andere Zeugen, die sehen, wie sich mehrere Polizisten mit Schlagstöcken auf den Mann im roten Hemd werfen. »Aufhören, aufhören!«, ruft der Mann. Und dann: »Bitte nicht schießen.«[20] Nach dem Schuss ruft ein Polizist: »Bist du wahnsinnig, hier zu schießen?«[21] Der Schütze ist der zivil gekleidete Kriminalbeamte Karl-Heinz Kurras. Er antwortet: »Die, die ist mir losgegangen.«[22] Auf den zu Boden gestürzten Mann wird weiter eingeschlagen. Und dann wird gerufen: »Kurras, gleich nach hinten! Los! Schnell weg!«

Währenddessen kümmern sich drei Frauen um den am Boden liegenden Benno Ohnesorg. Friederike Dollinger kniet neben ihm und nimmt wahr, dass er schwer verletzt sein muss. Er blutet aus einer Wunde am Hinterkopf und ist nicht mehr ansprechbar. Der Verletzte muss doch schnell ins Krankenhaus! Sie bittet um Hilfe: »Ist denn niemand hier, der helfen kann? Er kann ja nicht mehr alleine aufstehen. Und er atmet ja kaum noch!« Als Antwort brüllt einer der Polizisten sie an: »Was? Dem wollen Sie noch helfen?«[23]

Irgendwann kommt dann doch ein Krankenwagen und transportiert den Verletzten ab. Eine eigentlich sofort nötige ärztliche Notversorgung am Tatort unterbleibt. Zufällig wird in dem Krankenwagen als weitere Verletzte der Demonstration eine Krankenschwester mit transportiert. Sie stellt fest, dass Ohnesorg keinen Puls mehr hat. Und dann verweigern die Notaufnahmen der angesteuerten Krankenhäuser auch noch die Aufnahme. Das nächstgelegene Krankenhaus am Kurfürstendamm lehnt wegen Überfüllung ab, das folgende, weil angeblich kein Chirurg verfügbar ist. Als dann endlich die Aufnahme im Krankenhaus Moabit erfolgen kann, blafft der aufnehmende Arzt die Sanitäter an: »Wieso bringen Sie mir einen Toten?«

Trotzdem landet Ohnesorg auf dem OP-Tisch. Aus seinem Kopf wird ein streichholzschachtelgroßes Stück der Schädeldecke mit dem Einschussloch entfernt. Im Totenschein steht nichts von einer Schussverletzung und auch der Todeszeitpunkt wird falsch angegeben. Ungefähr zur selben Zeit wird über Lautsprecherwagen der Polizei bekannt gegeben, dass ein Beamter von einem Demonstranten durch Messerstiche getötet wurde.

Ein paar Mitglieder der Kommune 1 sind von der Bismarckstraße Richtung Kurfürstendamm geflüchtet, als sie die Ansagen der Polizei hören: »Achtung, Achtung, hier spricht die Berliner Polizei. Wir wenden uns an die gutwillige Berliner Bevölkerung. Machen Sie sich nicht mit diesen Subjekten gemein. Räumen Sie sofort den Kurfürstendamm. Es hat bereits ein Todesopfer gegeben. Ein Polizist ist von Demonstranten erstochen worden.«[24] Eine Falschmeldung, lanciert, um Gerüchten über den Schusswaffengebrauch vorzugreifen? Die kleine Gruppe der Kommunarden, die sich schon fast in Sicherheit wähnte, wird nun von Polizisten gestellt und prügelnd auseinandergetrieben, unter lebhafter Beteiligung von Taxifahrern auf Seiten der Polizei.[25]

Rudi Dutschke ist auf dem Weg zurück von Hamburg nach Berlin, als er gegen 23 Uhr 30 am Berliner U-Bahnhof Fehrbelliner Platz erfährt, dass bei der Demonstration vor der Deutschen Oper ein Polizist bei einer Messerattacke eines Demonstranten ums Leben gekommen ist.[26] Dass es sich um eine von der Polizei verbreitete Falschmeldung handelt, erfährt er erst einige Zeit später. Nachts um 1 Uhr gibt Berlins Regierender Bürgermeister Heinrich Albertz eine Presseerklärung ab, in der es unter anderem heißt: »Die Stadt ist mit ihrer Geduld am Ende! Wir lassen uns nicht länger von einer Minderheit terrorisieren.« Er erklärt auch, dass er sich durch »eigenen Augenschein« davon überzeugt habe, »dass sich die Polizei bis an die Grenzen des Zumutbaren zurückgehalten« habe.[27]

Die Studentenvertretung antwortet sofort danach mit einer eigenen Presseerklärung, in der sie ihre Sprachlosigkeit über Albertz' Zynismus zum Ausdruck bringt. Wörtlich heißt es: »Wir stellen unsere Ohnmacht, die Ohnmacht der abhängigen Bürger, die Ohnmacht der Wahrheit fest, in Anbetracht der meisten Berichte aus der Presse, Funk und Fernsehen in Berlin. Wir hoffen, dass endlich Journalisten die Wahrheit berichten …«[28] Die Erklärung endet mit einem Aufruf an Augenzeugen, sich beim ASTA zu melden.[29]

Es gibt unter den beteiligten Polizisten auch Beamte, die wissen wollen, was aus dem angeschossenen Demonstranten geworden ist. In den frühen Morgenstunden des 3. Juni erkundigen sie sich in den Krankenhäusern nach dem Verletzten. Sie wundern sich, dass nirgends jemand mit einer Schussverletzung behandelt worden sein soll. Der erst im April ernannte neue Berliner Innensenator Wolfgang Büsch veranlasst eine sofortige Obduktion des einzigen Todesopfers des Abends, Benno Ohnesorg. Im Totenschein steht als Todesursache Schädelbruch. Bei der Obduktion wird entdeckt, dass ein Stück der Schädeldecke herausoperiert wurde. Dass das Opfer eine Schussverletzung aufweist, ist offensichtlich. Auch die umgehend angeordnete Beschlagnahme der Krankenhausabfälle aus der letzten Nacht führt zu keinem Ergebnis. Das Knochenstück bleibt verschwunden. Der Körper des toten Studenten ist von unzähligen Blutergüssen übersät, die alle auf einen massiven Einsatz von Schlagwerkzeugen hindeuten.

In Berliner Krankenhäusern werden 44 Personen ärztlich versorgt. Die darunter befindlichen 20 Polizisten können nach der Behandlung leichter Verletzungen sofort wieder entlassen werden. Unter den 24 eingelieferten verletzten Demonstranten sind mehrere mit schweren Verletzungen. 47 Personen wurden vorläufig festgenommen, darunter Fritz Teufel, gegen den noch am selben Tag Untersuchungshaft angeordnet wird. Ihm werden gefährliche Körperverletzung – er soll mit einem Steinwurf einen Polizisten verletzt haben – und Landfriedensbruch vorgeworfen.

Als Helga Haas am 3. Juni die Zeitungen sieht, entdeckt sie im Springer-Blatt ›B. Z.‹ ein Foto von sich selbst. Es ist das Foto, das der Pressefotograf am Abend zuvor schoss. Das Bild soll die Brutalität der Demonstranten belegen. Laut Bildunterschrift ist die abgebildete Frau eine unbeteiligte Passantin, die von Steinwürfen gewalttätiger Demonstranten verletzt wurde und gerade von beherzten Polizisten in Sicherheit gebracht wird. Kommentierend heißt es in dem Blatt unter anderem: »Wer Terror produziert, muss Härte in Kauf nehmen.«

Die BILD schreibt: »Ein junger Mann ist gestern in Berlin gestorben. Er wurde Opfer von Krawallen, die politisch Halbstarke inszenierten.« Und etwas weiter: »Hier hören der Spaß und der Kompromiss und die demokratische Toleranz auf. Die Deutschen wollen keine rote und keine braune SA.« Zu diesem Zeitpunkt ist der Hergang der Ereignisse vor der Deutschen Oper noch völlig ungeklärt, sowohl hinsichtlich des Schusswaffeneinsatzes als auch des gesamten Polizeieinsatzes.

Für den schießenden Polizeibeamten Karl-Heinz Kurras wird sofort eine Verteidigungsstrategie entwickelt. Er habe in Notwehr gehandelt, heißt es unisono seitens Polizei und Senat. Kurras selbst behauptet, er sei von einer ganzen Gruppe mit Messern bewaffneter Demonstranten schwer verprügelt und zu Boden geworfen worden. Aus der Gruppe heraus sei gerufen worden, »der Bulle« solle totgeschlagen werden. Der Schuss habe sich im Handgemenge gelöst.

Im Zusammenhang mit einer öffentlichen Erklärung der Kriminalpolizei, wonach Kurras sich »zur Zeit des Schusswaffengebrauchs in äußerster Bedrängnis« befunden habe,

»als er bei der Durchführung einer vorläufigen Festnahme von Demonstranten lebensgefährlich angegriffen« wurde, erlässt Bürgermeister Albertz am Mittag des 3. Juni ein allgemeines Versammlungsverbot und kündigt die Einrichtung von Schnellgerichten zur zügigen strafrechtlichen Verfolgung und Aburteilung insbesondere für »Rädelsführer« an.[30] Getragen wird die Entscheidung von allen Fraktionen des Abgeordnetenhauses und den Rektoren der Berliner Hochschulen.[31]

Am Nachmittag versammeln sich auf dem Campus der Freien Universität in der Garystraße etwa 4000 Studenten.[32] Der Universitätspräsident verfügt die Schließung seiner Hochschule und gibt damit die versammelten Studenten für die Maßnahmen der Polizei frei, die das Gelände bereits umstellt hat.[33] Darauf öffnet der Dekan der Wirtschafts- und Sozialwissenschaftlichen Fakultät, Wolfgang Wetzel, die in seinem Verfügungsbereich stehenden Räume und lässt die Studenten ein. In den Hörsälen seiner Fakultät findet nun unbeeinträchtigt durch Polizeimaßnahmen die erste Bestandsaufnahme der Ereignisse der vergangenen Nacht auf studentischer Seite statt.[34]

An der Versammlung nehmen neben Studenten und Studentenvertretern auch etliche Professoren teil, darunter Helmut Gollwitzer, Jacob Taubes, Richard Löwenthal und der amerikanische Gastdozent Henry W. Ehrmann.[35] Dazu hat sich auch Günter Grass gesellt, der dazu mahnt, ja nicht zuzulassen, dass »kleinere Grüppchen« auf der berechtigten Protestwelle »ihr Süppchen mitkochen«.[36] Er würde am liebsten vor Studenten und Polizisten gleichzeitig sprechen, sagt Grass den Studenten, »denn beide sind gleichaltrig, sie wissen nicht, was sie sich gegenseitig antun.«[37] Ulrich Enzensberger findet, dass Grass überhaupt nicht wisse, wovon er rede.[38] Als Grass den Studenten vorschlägt, eine Resolution zur Unterstützung des tödlich bedrohten Israel zu verabschieden, lehnt die Versammlung ab.[39]

Eine Resolution wird zum Abschluss der Versammlung dennoch verabschiedet. Darin werden unter anderem die Rücktritte von Bürgermeister Albertz, Innensenator Büsch und Polizeipräsident Duensing gefordert, die »Entfaschisierung der Berliner Polizei«, die Vernichtung des »schwarzen Materials über die politische Opposition in West-Berlin« – gemeint sind die Akten des Staatsschutzes – und die Vorbereitung der Enteignung des Springer Verlags »aufgrund der Bestimmungen der Verfassung von West-Berlin und des Grundgesetzes der Bundesrepublik Deutschland«.[40]

Bei den Berliner Studentenvertretungen gehen in den folgenden Tagen zahlreiche Solidaritätsbekundungen von Studenten- und Jugendvereinigungen aus dem gesamten Bundesgebiet und auch aus dem Ausland ein. Der Münchener ASTA teilt in einer Erklärung mit, dass man zwar über den Einsatz von Rauchbomben und Eiern zur freien Meinungsäußerung geteilter Meinung sein könne, dass aber durch nichts als Maßnahme dagegen Schlagstockeinsatz und Schusswaffengebrauch zu rechtfertigen sei. Offenbar habe die Berliner Polizei dem Schah beweisen wollen, dass sie den in Persien herrschenden Methoden zur Unterdrückung oppositioneller Meinungen in nichts nachstünden.[41]

Am 4. Juni wenden sich zahlreiche Berliner Schriftsteller, Publizisten und Künstler vorwiegend aus dem Umfeld der Gruppe 47 über die Nachrichtenagentur UPI mit einer Erklärung zum Tod des Studenten Benno Ohnesorg an die Öffentlichkeit. Darin heißt es unter anderem:

»Der Regierende Bürgermeister Albertz greift jeder Untersuchung vor und macht allein die demonstrierenden Studenten verantwortlich. Wir halten fest: Seit Monaten wiegelt die Springer-Presse von Berlin die Bevölkerung und also auch die Polizei gegen die Studenten auf;

Die blutigen Ausschreitungen wurden bereits am Mittag von Anhängern des Schahs ausgelöst, die mit Stöcken und Totschlägern bewaffnet waren;

Erst der Einsatzbefehl des Polizeipräsidenten Duensing, erteilt, nachdem der Schah die Oper bereits betreten hatte, hat die blutigen Vorgänge vor der Deutschen Oper verursacht.

Wir klagen an: Den Verleger Springer der Anstiftung zur Körperverletzung; den Polizeipräsidenten Duensing der Beihilfe zur Körperverletzung bis Totschlag. Nicht die Studenten – ein feudaler Potentat, eine hysterische Presse, ein kopfloser Polizeipräsident haben dem Ansehen der Stadt Berlin, die wir lieben und in der wir arbeiten, unabsehbaren Schaden zugefügt.

Wir fordern: Den Rücktritt des Polizeipräsidenten Duensing; die Einsetzung eines parlamentarischen Untersuchungsausschusses; ein disziplinarisches Verfahren, das der Innensenator Büsch und der Regierende Bürgermeister Albertz gegen sich selbst einleiten.

Wer mit den Knüppeln und Pistolen der Polizei, mit Demonstrationsverbot und Schnellgerichten regieren muss, ist nicht fähig für ein öffentliches Amt in dieser Stadt.«[42]

Zu den Unterzeichnern zählen neben vielen anderen Günter Grass, Hans Werner Richter, Wolfgang Neuß, Bernward Vesper, Klaus Wagenbach, Peter Schneider und Hans Christoph Buch.[43] Über die Vorfälle in Berlin wird von sämtlichen Medien im Bundesgebiet umfassend berichtet. In den folgenden Tagen finden vorwiegend in Universitätsstädten zahlreiche Schweigemärsche statt, mit denen auf den Tod Benno Ohnesorgs aufmerksam gemacht wird. In den folgenden Wochen und Monaten werden auch zuvor unpolitische Studenten beginnen, sich zu organisieren und politisch zu engagieren. Der Anwalt Heinrich Hannover bringt auf den Punkt, was die meisten Menschen beunruhigt: Ist der Polizeieinsatz in Berlin ein Vorgeschmack darauf, wie der Staat gegen die eigenen Bürger vorgehen wird, wenn die Notstandsgesetze in der geplanten Form verabschiedet werden? Auch wegen solcher Überlegungen erzeugt das Geschehen in Berlin eine Solidaritätswelle, die weit über das studentische Milieu hinausgeht.[44]

Hans Werner Richter verfasst am Vormittag des 5. Juni nun doch eine Resolution, mit der sich die Schriftsteller der Gruppe 47 auf die Seite Israels stellen sollen, »für Israel aussprechen« formuliert Richter.[45] Sein Entwurf enthält unter anderem einen Appell an die DDR, jede Unterstützung der arabischen Absichten aufzugeben. Bundesregierung, Parteien, Gewerkschaften, Organisationen und jeder Bürger werden aufgefordert, das bedrängte Israel in jeder möglichen Form zu unterstützen.[46] Anschließend folgt eine »ewige Telefonierererei«, bei der er die Unterzeichner zusammentrommelt.[47] Grass, Lenz, Reich-Ranicki, Schnurre, alle unterschreiben. Oder eher: fast alle. Walter Jens macht Schwierigkeiten, notiert Richter in sein Tagebuch und urteilt, Jens »scheint doch ein rechter Feigling zu sein«.[48] Auch die Berliner Autoren sind schwer zugänglich. Für Richter hat es den Anschein, als seien ihre Sorgen wegen des erschossenen Studenten größer als seine Sorgen um Israel.[49] Und ein Autor lehnt die Unterschrift mit der Begründung, »das« sei ihm »zu einseitig« ab, Peter Weiss.[50] Für Richter ist diese Weigerung eine Entscheidung gegen Israel.[51] Gerade macht er sich noch Gedanken darüber, dass Weiss eine nicht begriffene und verblasene Ideologie vertritt, da wird ihm klar, dass sein aktuelles Bemühen vergeblich ist.[52] Von Paul Schallück erfährt er in einem Telefonat, dass der Krieg ausgebrochen ist. Die Nachricht löst bei ihm »ein Gefühl aus wie damals, als er schon einmal und zum zweiten Mal anfing, denn noch immer geht, ob man es will oder nicht, der dritte Weltkrieg um«.[53] Diesen Gedanken kann er allerdings nicht lang entwickeln, denn sofort nach der Meldung ruft Walter Jens an. Der zieht seine sowieso widerstrebend erteilte Zusage zurück. »Man weiß ja nicht, wer angefangen hat.«[54] Dann folgt ein Gespräch mit Günter Grass, der seinen Zorn darüber zum Ausdruck bringt, dass die Resolution nicht hinausging.[55] Richter ist frustriert. Die Resolution war so abgefasst, dass sie auf die Verhinderung des Krieges abzielte. Jetzt damit an die Öffentlichkeit zu gehen, wäre wie eine Platzpatrone.[56] Grass rege sich überflüssigerweise auf – regt sich Richter auf.[57]

Familie Drechsler fährt an diesem Tag mit der Eisenbahn in den zweiwöchigen Sommerurlaub nach Italien. Sie verbringen die Ferien vom 5. bis zum 18. Juni am Strand von Rimini und wohnen in einer Pension. Einschließlich der notwendigen Neuanschaffungen von Bademütze für 2 Mark 95, Badeshorts für 16 Mark 80, Sonnenöl für 6 Mark 90 und hellen Sommeroutfits für die Eltern – dabei ein weißes Lochhemd für Kurt sowie ein Bocciaspiel für 4 Mark 50 und eine neue Mundharmonika für 3 Mark 75 – kostet der diesjährige Urlaub knapp 800 Mark. 50 Mark für einen Abstecher nach München gibt die Urlaubskasse auch noch her.

In Moskau demonstrieren am 10. Juni etwa 2000 vorwiegend aus arabischen Staaten und Lateinamerika stammende Studenten und Praktikanten mit Spruchbändern gegen den Imperialismus der USA und Israels. Ausländischen Beobachtern fällt auf, dass besonders viele Chinesen unter den Demonstranten sind. Aus dem Zug von Demonstranten heraus werden Tintenfässer in Richtung der US-Botschaft geworfen. Doch sowohl die US-Botschaft als auch die britische Botschaft, die als nächstes Ziel der Proteste gegen die Nahost-Politik des Westens angesteuert wird, sind gut geschützt. In Moskau ist ein Aufgebot an Militärs zu besichtigen wie sonst nur bei den großen Militärparaden. In allen Zufahrtsstraßen sind Wasserwerfer und Militärfahrzeuge aufgefahren. 7000 Polizei- und Militärangehörige sind im Einsatz. Die Regierung will nicht nur diplomatische Verwicklungen mit den Vereinigten Staaten verhindern, sondern auch, dass die Demonstration als Plattform für regierungskritische Äußerungen benutzt wird.[58]

Und dann ist der Krieg auch schon wieder vorbei. Mit Staunen verfolgte in den vergangenen sechs Tagen die Weltöffentlichkeit den Siegeszug der israelischen Armee gegen einen zahlenmäßig weit überlegenen Gegner. Zwei Tage nach Beginn der Kampfhandlungen hat die israelische Armee tief nach Ägypten hinein die ganze Sinai-Halbinsel besetzt. Die Meerenge von Tiran ist wieder frei. Ebenso ist fast das ganze jordanische Gebiet diesseits des Jordans besetzt, einschließlich der Altstadt von Jerusalem, Nablus, Bethlehem, Jericho, Ramallah und weiteren bedeutenden Orten. Bereits am 8. Juni akzeptiert zunächst Jordanien einen Waffenstillstand und am Abend dann auch Ägypten. Am 9. Juni erklärt sich auch Syrien zum Waffenstillstand bereit. Am 11. Juni ist der Krieg vorbei. »Langsam versucht man, zur normalen Tätigkeit zurückzukehren, und wird das Gefühl nicht los, um Jahre gealtert zu sein«, schreibt Martin Hauser an diesem Tag in sein Tagebuch.[59] Und was wird folgen? Irgendwie fehle die ungetrübte Freude, die man nach einem solch günstigen Ablauf verspüren sollte. Die Bevölkerung habe Angst vor dem langsamen Durchsickern von Einzelheiten über die vielen Opfer und sorge sich um den Ausgang des Ringens um den Frieden, das ja gerade erst beginne.[60]

»Werden wir wieder allein stehen auf weiter Flur, von neuem unter einem Regen von guten ›Ratschlägen‹, versteckten Drohungen und offener Erpressung?« Spät abends erfährt er aus dem Radio, dass die Befürchtungen um hohe Opferzahlen unbegründet waren. Die Armee beklagt 679 Tote und etwa 2600 Verwundete. Man hatte mit 20 000 Toten allein in Tel Aviv gerechnet und mit bis zu 50 000 im ganzen Land. »Draußen herrscht tiefe Stille. Im Nebenzimmer schlafen meine Kinder. War das für sie und ihre Kinder in absehbarer Zeit der letzte Krieg?«[61]

Am 15. Juni findet an der Klagemauer in Jerusalem eine Trauung nach jüdisch-orthodoxem Ritus statt, wie von der Familie des Bräutigams gewünscht. Der Bräutigam erscheint im dunklen Anzug und mit weißer Kippa, die Braut trägt zu einem schlichten weißen Kostüm einen kurzen Schleier. Vor dem Rabbi geben sich Daniel Barenboim und Jacqueline du Pré das Jawort. Die Britin ist im Schnellverfahren zum Judentum konvertiert.[62] Der Trauzeuge ist Parse.[63] Das darf allerdings der Rabbi nicht wissen, denn nur Juden dürfen die Eheschließung bezeugen.[64] Das Oberrabbinat hatte schon erhebliche Probleme mit der Konversion von Jaqueline du Pré, da normalerweise Jahre benötigt werden für den Prozess, den sie in 48 Stunden absolvierte.[65] Der ehemalige Ministerpräsident David Ben Gurion machte für die prominente Frontbetreuerin eine Sonderregelung möglich.[66] Wegen seines Trauzeugen hat Barenboim religiösen Einwänden selbst vorgebaut. Denn dieser nichtjüdische Trauzeuge muss unbedingt sein Trauzeuge sein. Also stellt der weltberühmte Musiker dem Rabbi seinen ebenso berühmten Musikerfreund Zubin Mehta als pakistanischen Juden Moshe Cohen vor.[67] Es funktioniert. »Wir haben einen unmusikalischen Rabbi gesucht«, witzelt Barenboim.[68] Es könnte aber auch ein sehr weiser sein.

Am 16. Juni beginnt in Monterey das dreitägige Festival. Es ist ein Open-Air-Festival nach dem Vorbild des Newport Jazz Festival auf Rhode Island. Die Idee dahinter ist ganz simpel. Mit diesem Festival sollen Rock, Pop und Soul endlich als ernstzunehmende Musik neben dem Jazz etabliert werden.[69] Radikal neu ist, dass sämtliche Stars, die in den drei Tagen auftreten werden, auf ihre Gage verzichten. Das ganze Ereignis soll eine Absage an den Kommerz sein. Es ist ein Festival der Hippies. Inzwischen hat der von ihnen in Haight Ashbury zu Beginn des Jahres ausgerufene »Sommer der Liebe« 100 000 Gleichgesinnte nach San Francisco geführt.

Mehr als 30 Acts sind auf der Bühne zu sehen, darunter

Grateful Dead, Jefferson Airplane, Simon and Garfunkel, Ravi Shankar, Grace Slick, Country Joe and the Fish, Scott McKenzie, The Mamas and the Papas, Eric Burdon and the Animals, The Who, Otis Redding, Janis Joplin und andere. Zum Organisationskomitee gehören Paul McCartney, Donovan, Paul Simon, Smokey Robinson und auch Mick Jagger. Doch an eine Reise in die Vereinigten Staaten ist für Jagger und Keith Richards momentan nicht zu denken. Beide gehen davon aus, dass sie wegen des Drogenverfahrens keine Visa bekommen. Die meisten Musiker kennen sich untereinander noch nicht persönlich. Einen Musiker kennt so gut wie keiner, auch nicht dem Namen nach: Jimi Hendrix. Er hat ein paar Insider in Großbritannien auf sich aufmerksam gemacht und deshalb eine Einladung bekommen.

Pete Townshend und The Who sind am 13. Juni in den Vereinigten Staaten angekommen und nach einem ersten Konzert in Ann Arbor im Bundesstaat Michigan nach San Francisco geflogen. In San Francisco spielen sie viermal innerhalb von zwei Tagen im Fillmore Club von Bill Graham.[70] Dass sie dort zweimal eine Stunde Programme ohne Wiederholungen spielen sollen, bereitet Pete Townshend zunächst erhebliche Kopfschmerzen. Noch nie hat die Band länger als 50 Minuten am Stück gespielt, ein Großteil davon von ihm selbst bestritten, indem er seine Gitarre heulen lässt. Wie sollen sie das stemmen? Doch plötzlich fällt ihm auf, dass das der Sinn von Eric Claptons exzessiven Soli sein müsse. Also machen sie es genauso. Sie proben und beziehen neues Material mit ein und werden mehr als angemessen belohnt durch die Aufmerksamkeit des Publikums und die hervorragende Soundanlage in Grahams Club. Pete Townshend ist ganz euphorisch über den Auftritt. Zum ersten Mal hat die Band das Gefühl, richtig Musik zu machen. Außerdem kann er endlich Cannonball Adderly und seinem Bruder Nat, die mit ihnen dort auftreten, sagen, wie großartig er ›Tengo Tango‹ findet.

Und Haight Ashbury ist auch sehr beeindruckend. Townshend hat seine Freundin dabei und flaniert mit ihr durch die Straßen. Die Atmosphäre ist »ganz Peace and Love«, stellt er fest, die Straßen »voller Menschen auf Trips«. Problematisch findet er nur die vielen Vietnam-Veteranen, die offenbar von der Verheißung auf leichten Sex angezogen würden. Sie sind oft schwer von ihren Kriegserlebnissen traumatisiert und neigen trotz der besänftigenden Drogen, die sie nehmen, zu ziemlicher Aggression, beobachtet er. Einer packt im Vorübergehen den Arm von Townshends Freundin Karen und starrt sie an, als habe er eine Erscheinung. Townshend reißt den Mann aus seiner Trance, indem er den Arm wegstößt. Einen Moment lang sieht es daraufhin so aus, als werde der Mann aggressiv. Groll zieht über sein Gesicht. Doch dann grinst er und trollt sich, sehr zur Erleichterung des englischen Rockers und seiner Freundin.[71]

Die Zahl der Hippies, die es nun auch wegen dieses Musikereignisses nach Kalifornien drängt, wird immer größer. Insgesamt nehmen 90 000 Menschen an dem Festival teil. Der 41-jährige Filmemacher Donn Alan »D. A.« Pennebaker, der schon Bob Dylan bei dessen Europatour mit der Kamera begleitete, dokumentiert mit seiner Filmkamera die Auftritte und die Atmosphäre des Festivals. Nicht alle Gruppen wollen sich filmen lassen, so auch Janis Joplins Begleitgruppe Big Brother.[72] Das klingt für sie einfach zu sehr nach Kommerzialisierung.[73]

Die Sängerin mit der rauen Stimme trägt ihren Song ›Ball and Chain‹ mit einer solchen Hingabe und Leidenschaft vor, dass das Publikum geradezu elektrisiert mitgeht. Als Joplin hört, dass ausgerechnet dieser Auftritt nicht gefilmt wurde, ist sie völlig am Boden zerstört.[74] Mit Hilfe von Bob Dylans Manager gelingt es ihr, ihre Musiker zu überzeugen, sich doch filmen zu lassen.[75] Der Auftritt wird für den Dokumentarfilmer kurzerhand wiederholt.[76] Er macht Joplin zum Megastar.

Pete Townshend ist über die festgelegte Reihenfolge der Auftritte unglücklich. Vor seiner Gruppe The Who soll Jimi Hendrix auftreten. Das kommt dem Kopf der Who unpassend vor, weil Hendrix ihn und seine Kollegen musikalisch längst überholt habe und somit als Vorgruppe eigentlich zu gut ist. Der 22-jährige Brite findet, dass der 25-jährige Amerikaner künstlerisch bedeutender ist, als sie es je sein würden. Hinzu kommt allerdings auch noch, dass Jimi Hendrix seine Gitarre entweder zertrümmern oder anzünden oder etwas anderes Spektakuläres veranstalten würde. Das würde dann die eigene Bühnenshow von The Who ziemlich armselig aussehen lassen.

Mit solchen Sorgen haben die Veranstalter offenbar nicht gerechnet. Townshend soll doch mit Hendrix reden. Nur ist der leider schon so high, dass er nur noch Mätzchen macht. Nun dringt Townshend ein wenig intensiver auf den Musikerkollegen ein. Das aber passt nun überhaupt nicht einem der bei diesem Festival tonangebenden Mitglieder von The Mamas and the Papas. John Phillips mischt sich in den Disput zwischen den beiden Gitarristen mit dem Vorwurf ein, sie seien aber gar nicht genug »Peace and Love«. Er macht einen Vorschlag zur Güte. »Werft doch eine Münze!« Das machen die Kontrahenten dann auch. Hendrix verliert.[77]

Am Ende ihres Vortrags zerstören The Who ihr komplettes Equipment. Es gibt einen richtigen Tumult auf der Bühne, weil die Tontechniker versuchen, die Geräte zu retten. Das

Publikum jubelt. Aber Townshend nimmt auch einige im Publikum wahr, die leicht verstört aussehen. Sehr bestürzt ist Ravi Shankar, der indische Sitar-Virtuose[78], der es gerade gemeinsam mit Yehudi Menuhin geschafft hat, die Verbindung von seiner Musik mit klassischer Musik zu einem der größten Schallplattenerfolge des Jahres zu machen. Wenn jemand musikalisch für »Peace and Love« steht, dann diese beiden mit ihrem sensationellen »West meets East«-Weltmusik-Konzept. Denn sie erreichen nicht nur die Pop- und Rockgemeinde, sondern auch das bürgerliche Publikum. Ravi Shankar steht zudem für die uralte Tradition, die im Westen als vielversprechende Befriedungstechnik erst noch gelernt werden soll: die Meditation.

Ravi Shankar muss dann auch noch die Eskapaden von Jimi Hendrix aushalten. Jimi, der Zauberer, tritt in Erscheinung. Das Publikum geht begeistert mit. Hat man je solche Klänge aus einer E-Gitarre gehört? Ist das der Sound der Wirkung der Drogen? Auch Hendrix zertrümmert seine Instrumente eins nach dem anderen. Jetzt nimmt das Publikum solche Aktionen schon als ganz selbstverständlich hin. Vielleicht liegt das auch daran, dass Hendrix beim Akt der Zerstörung nie wütend wirkt. Er lächelt die ganze Zeit glückselig. Als er dann ganz am Schluss die Gitarre anzündet, sagt Mama Cass von den Mamas und Papas, die während des Auftritts von Hendrix neben Pete Townshend sitzt: »Hey, Gitarren kaputt machen ist doch dein Ding!«[79]

Die musikalisch einflussreichsten Rockmusiker aus den Vereinigten Staaten und Großbritannien geben sich in Monterey als Avantgarde der Hippiebewegung[80] und erreichen, dass sich nun weltweit Fans mit dem »Summer of Love« zu identifizieren beginnen. Schon die äußerlichen Auswirkungen sind bemerkenswert. Die Haare werden länger, der

Kleidungsstil lässiger. Und offenbar reizt auch die Haltung zur Nachahmung. Neue Vorbilder sind Jesus, Buddha und Mahatma Gandhi. »Wir lieben euch!«, wird lächelnd Polizisten und anderen Ordnungskräften entgegengehalten, die gewaltsam »Love-Ins« auflösen wollen oder aus anderen Gründen friedliche Demonstranten vertreiben. »Nehmt doch diese Blume. Ist sie nicht schön?« Oder: »Ist das Leben nicht wunderschön?« Während bürgerliche Medien sich vorwiegend Gedanken darüber machen, dass die Hippies im Drogenrausch in Utopien abdriften und im wahren Leben Geschlechtskrankheiten verbreiten, gibt es viele Beobachter, die die neue Jugendbewegung wohlwollend beurteilen. »Make love not war« ist zwar ein geflügeltes Wort, umschreibt aber nur unzureichend das ursprüngliche Konzept der Gemeinschaft. Der britische Geschichtsphilosoph und Kulturtheoretiker Arnold Toynbee erkennt sogar Potential für nachhaltige gesellschaftliche Umbrüche, hin zu tatsächlich friedlicheren Konfliktlösungen. Toynbee vergleicht die Hippies mit den Propheten des Alten Testaments.[81] Vielleicht sind sie die Wegbereiter der Weltregierung, die ihm vorschwebt?

Am 19. Juni steht Muhammad Ali in Houston wegen Wehrdienstverweigerung vor Gericht.[82] Wieder hat er eine ausschließlich mit Weißen besetzte Jury vor sich.[83] Als Ankläger tritt für die Regierung ein afroamerikanischer Staatsanwalt auf.[84] Er trägt vor, dass sehr viele schwarze Jugendliche aufgemuntert würden, bei den Black Muslims einzutreten, wenn der Boxer sich dem Wehrdienst erfolgreich entziehen könnte.[85] Außerdem habe der Angeklagte so viele verschiedene Gründe für seine Zurückstellung vorgetragen, dass er insgesamt Gewissensgründe nicht glaubhaft machen könne.[86]

Muhammad Ali verfolgt den Austausch der Argumente von Anklage und Verteidigung die ganze Zeit schweigend.[87] Die Jury benötigt anschließend nur zwanzig Minuten, um ihn für schuldig zu befinden.[88] Ali bittet daraufhin, rasch das Strafmaß zu verkünden.[89] Vor der Festsetzung des Strafmaßes wird nochmals die Anklage gehört, von wo nun zwar bestätigt wird, dass Ali ein gutes Führungszeugnis habe; zu seinem Nachteil weist der Staatsanwalt aber nochmals auf Alis Mitgliedschaft bei den Black Muslims hin, die gleichermaßen politisch wie religiös seien.[90] Hier widerspricht Ali erstmals während der gesamten Verhandlung: »Meine Religion ist in keiner Weise politisch.«[91]

Es nützt ihm nichts. Das Gericht verurteilt ihn zur Höchststrafe von fünf Jahren Gefängnis und einer Geldbuße von 10 000 Dollar.[92] Die übliche Strafe für dieses Vergehen liegt bei achtzehn Monaten.[93] Selbst der Staatsanwalt ist über die Strenge des Urteils erstaunt.[94] Bis zur Entscheidung über die sofort eingelegte Berufung darf Ali auf freiem Fuß bleiben.[95] Sein Reisepass wird beschlagnahmt.[96]

Am 23. Juni nimmt Muhammad Ali in Los Angeles erstmals an einer Demonstration gegen den Vietnamkrieg teil.[97] Anlass ist die Ankündigung, dass Präsident Johnson bei einem Fundraising-Dinner im Century Plaza Hotel sprechen soll und einflussreiche Leute aus Politik und Gesellschaft, die bereit waren, 500 Dollar pro Platz zu zahlen, bei dem Essen anwesend sein werden.[98] Aktivisten gelingt es, die größte bisher in Südkalifornien abgehaltene Anti-Kriegskundgebung zu organisieren.[99] 20 000 Menschen nehmen teil.[100]

Ali fährt in einem Rolls Royce vor. »Ich unterstütze alles hundertprozentig, was irgendwie geeignet ist, Frieden zu schaffen und das Töten zu beenden«, ruft er der Menge zu.[101] »Ich bin kein politischer Führer. Ich bin nicht hier, um euch zu sagen, was ihr tun sollt. Aber ich ermutige euch: Sagt eure Meinung!«[102] Und dann macht er erneut das, was seine Feinde besonders hassen. Er ruft: »Wer ist der Meister aller Klassen?« Und die Menge ruft laut zurück: »Muhammad Ali!«, seinen »Black-Muslim-Namen«, wie am nächsten Tag die ›Los Angeles Times‹ vorwurfsvoll berichtet.[103]

Nach der Kundgebung ziehen die Demonstranten – Ali ist nicht mehr dabei – zum Century Plaza.[104] Auf Befehl von Gouverneur Ronald Reagan ist die Nationalgarde in Alarmbereitschaft.[105] Tausende Polizeibeamte sind schon vor Ort. Als einige Demonstranten vor dem Hotel ein friedliches Sit-in beginnen wollen, gehen 1200 Polizisten mit Schlagstöcken auf die Menge los.[106] Nach einer Stunde sind fünfzig Demonstranten festgenommen und mindestens 200 verletzt.[107] Ein schockierter weißer Demonstrant sagt später: »Letzte Nacht habe ich in Los Angeles Mississippi gesehen!«[108] Der Stadtrat gibt den Demonstranten die Schuld und lehnt es ab, die gut dokumentierten Übergriffe der Polizei überhaupt zur Kenntnis zu nehmen.[109]

In der Nacht vom 23. auf den 24. Juni feiern in einer Bergarbeitersiedlung in der Nähe des bolivianischen Ortes Catavi Minenarbeiter mit ihren Familien das Johannisfest. Für die beiden folgenden Tage ist ein Kongress der Bergarbeitergewerkschaft anberaumt.[110] Zahlreiche Feuer brennen, es wird gesungen und getanzt.[111] Man labt sich an traditionellen Speisen und Punsch und vertreibt mit explodierenden

Dynamitstangen und Böllern die bösen Geister.[112] Die meisten Familien befinden sich im Morgengrauen auf dem Heimweg. Die Maschinengewehrsalven und Detonationen, die plötzlich zu hören sind, werden für verspätetes Feuerwerk gehalten. Doch dann sind Schreie zu hören, Menschen flüchten. Soldaten der bolivianischen Armee haben sich im Dunkel der Nacht herangearbeitet, Wachen überwältigt und die Radiostation der Arbeiter in Besitz genommen.[113] Das Lager ist umzingelt und von allen Seiten wird wahllos auf Männer, Frauen und Kinder geschossen.[114] Dabei kommen nicht nur Maschinengewehre, sondern auch Bazookas und Granatwerfer zum Einsatz.[115]

Eines der Kinder, die das Geschehen mit ansehen müssen, ist der neunjährige Victor Montoya.[116] Bis in den Nachmittag hinein machen Soldaten Jagd auf Gewerkschafter, schießen dabei auf alle Bewohner der Siedlung und werfen Granaten in die Häuser.[117] Am Ende des Tages sind nach offiziellen Angaben 87 Menschen tot, inoffizielle Schätzungen gehen von weitaus mehr Toten aus.[118]

Die Armee hat von der Regierung unter General Barrientos Anweisung, jede Form von gewerkschaftlicher und politischer Betätigung der Arbeiter rigoros zu unterdrücken.[119] Barrientos hat bereits empfindlich die Löhne gekürzt und versucht, die Arbeiter auszuhungern.[120] Doch damit provozierte er noch mehr Widerstand. Für den 24. Juni hatten die Minenarbeiter eine Gewerkschaftssitzung geplant, auf der nicht nur mehr Lohn gefordert, sondern auch beschlossen werden soll, dass die Arbeiter zwei Tageslöhne für Che Guevaras Truppe spenden.[121] Dazu kommt es nicht mehr.

Am 25. Juni beginnt um 17 Uhr Greenwich Mean Time unter der Regie des britischen Staatssenders BBC ein neues Kapitel in der Geschichte des Fernsehens. Über eine erstmals eingerichtete Satellitenschaltung können Fernsehzuschauer auf allen fünf Kontinenten am Bildschirm die Livesendung ›Our World‹ verfolgen.[122] Im Rahmen der technischen Zusammenarbeit innerhalb der European Broadcasting Union sind Sender in Australien, Österreich, Dänemark, Westdeutschland, Schweden, Mexiko, Japan, Spanien, Italien, Frankreich, den USA und Tunesien vernetzt, um eigene Beiträge zu senden. Zugeschaltet sind Belgien, Bulgarien, Finnland, Irland, Luxemburg, Monaco, die Niederlande, Norwegen, Portugal und die Schweiz, die keine eigenen Beiträge zeigen. Ursprünglich sind auch die Sowjetunion, die DDR, die CSSR, Polen und Ungarn an dem weltumspannenden Projekt beteiligt. Die Supermacht des Ostblocks und ihre Satelliten sagen vier Tage vor der Sendung ab. Sie protestieren damit gegen die Solidarität des Westens mit Israel im Sechstagekrieg.

Die Vorbereitung dauerte zehn Monate. Insgesamt werden für die Übertragung anderthalb Millionen Kilometer Kabel verlegt. 10 000 Techniker und Produzenten arbeiten gleichzeitig. Die drei verwendeten Satelliten besitzen Sende- und Empfangskapazitäten für entweder 240 handverbundene Telefongespräche oder ein TV-Signal. Aber genau das reicht aus, um das TV-Signal um den Globus zu schicken.

Vierhundert Millionen Menschen sehen die zweieinhalbstündige Übertragung, bei der von Land zu Land und Kontinent zu Kontinent und zwischen den Tageszeiten hin- und hergeschaltet wird. Live zeigen die jeweiligen Sender, was sie für besonders repräsentativ für ihr Land erachten. Im Vorfeld hatte man sich darauf geeinigt, keinerlei politische

Bezüge herzustellen. Und ganz wichtig: Es sollten ganz normale Menschen bei dem gezeigt werden, was sie gerade tun.

Nach einer Einführung in die technischen Voraussetzungen des weltumspannenden Vorhabens beginnt die Übertragung. Kanada sendet ein Interview mit dem Kommunikationstheoretiker Marshall McLuhan.[123] Er spricht über die Kluft zwischen den Generationen und die Auswirkungen des Massenmediums Fernsehen. McLuhan soll erklären, was eine Sendung wie ›Our World‹ eigentlich auslöst. Tenor: ein nie dagewesenes Zugehörigkeitsgefühl. Es entstehe so etwas wie ein Röntgenbild der Weltgesellschaft. »Röntgen« als Bild für die durch das Fernsehen ermöglichte Kommunikation bedeute Tiefe und Erweiterung der Eindrücke von anderen Menschen. Für die meisten Menschen sei dieses plötzliche Einbezogensein in die Welt der anderen seltsam, aber es bedeute eine ungeheure Beschleunigung der gegenseitigen Wahrnehmung und des Engagements füreinander. »Wundervoll«, findet der Kommunikationsvordenker das. Anschließend macht er auf die größte Revolution der Zeit aufmerksam, das elektrische Zeitalter. Und er warnt vor den Folgen der Kluft zwischen den Menschen, die an den neuen Kommunikationsmitteln teilhaben, und jenen in den armen Ländern, die keinen Zugang dazu haben.

Aus Mexiko, wo im kommenden Jahr die Olympischen Spiele stattfinden werden, wird mit zahlreichen unterschiedlichen Einstellungen und Motiven ein durch Auftritte von Tanzgruppen und Sängern folkloristisch untermalter Ausflug durch die moderne Architektur und Infrastruktur gezeigt.[124] Die italienische RAI besucht Außenaufnahmen der Dreharbeiten der Verfilmung von Shakespeares ›Romeo und Julia‹. Der Regisseur Franco Zeffirelli bespricht und probt mit seinen Hauptdarstellern die ersten Szenen in der romanischen Basilika San Pietro in Tuscania in der Provinz Viterbo unweit von Rom.[125] Zurück nach Kanada geschaltet, kann man einen Cowboy mit seinem Pferd beim Zusammentreiben von Rindern beobachten.

Die ARD überträgt Proben der Oper ›Lohengrin‹ von Richard Wagner aus dem Festspielhaus in Bayreuth.[126] Aus Japan werden Arbeiter beim Bau der Untergrundbahn von Tokio gezeigt, aus den USA eine Konferenz von Präsident Johnson mit dem sowjetischen Premierminister Alexei Kossygin. In Spanien bringen Fischer ihren Fang ein. Die Operndiva Maria Callas ist ebenso zu sehen wie Pablo Picasso.

Daneben wird ganz normalen Bürgern die Möglichkeit gegeben, via Satellitenübertragung mit Verwandten und Freunden auf fernen Kontinenten zu sprechen und sich dabei zu sehen. Verlegenheit, Mut und Freude wechseln sich ab angesichts der Vorstellung, vierhundert Millionen Menschen einen Einblick in private Beziehungen und Gefühlsäußerungen zu geben. Und trotzdem sagt dann eine alte Dame mit Kapotthütchen auf dem Kopf ganz überwältigt, wie sehr sie sich freut, am anderen Ende der Erde Verwandte wiederzusehen. Und es sei doch gar nicht so schlimm, dass sie so wenig Briefe geschrieben hätten.

Der Beitrag aus Großbritannien schließt die Sendung ab. Die Briten steuern das Beste bei, was sie zu bieten haben, die Beatles. Etwa 90 Anrufe hat es den Produzenten gekostet, um die Musiker von diesem Auftritt zu überzeugen.[127] Dass die Beatles sich bereit erklärten zu diesem Liveauftritt, gab dem ganzen Projekt nochmals Schwung, denn nun sagten auch Sender ihre Beteiligung zu, die zuvor gezögert hatten.[128]

Die BBC erteilte den Beatles den Auftrag, einen neuen

Song eigens für die Sendung zu komponieren. Gewünscht wird eine positive und leicht verständliche Botschaft. Der britische Beitrag mit den Superstars für ›Our World‹ ist so konzipiert, dass die Zuschauer rund um den Globus an der Aufnahmesession dieses neuen Songs teilnehmen können. Sie sollen miterleben, wie ihre Idole arbeiten. Gesendet wird aus den Abbey Road Studios.

Der Song, den John Lennon in wenigen Tagen schreibt, heißt ›All you need is love‹.[129] Viel Zeit zu proben blieb nicht. Lediglich die Tonspuren einiger Begleitinstrumente wurden vorab aufgenommen. Die BBC ist zwar nicht besonders erbaut darüber, da man meint, Playback entspreche nicht den Vorgaben für die Livesendung, lässt sich jedoch überzeugen, dass dieses Overdubbing ganz und gar dem üblichen Entstehungsprozess eines Popsongs entspricht und das Einsingen des Gesangsteils mit vorproduzierten Tonspuren authentisch ist.

Das Studio ist wandhoch mit unzähligen frischen Blumen dekoriert. Dazwischen schweben Luftballons, deren Beschriftung mit einzelnen Buchstaben zusammen das Wort »LOVE« ergibt. Ringo Starrs Schlagzeug steht etwas im Hintergrund. Der Drummer verschwindet fast zwischen den Blumenarrangements. Über seinem Kopf hängt an der Wand in großen Buchstaben aus Blumen das Wort LOVE. Paul McCartney, John Lennon und George Harrison mit seiner Gitarre sitzen in der Mitte des Studios auf Barhockern, Kopfhörer auf dem Kopf, Studiomikrofone vor sich. Über einem Notenständer hängt eine Jacke.

Für die Weltpremiere ist neben den Beatles ein Kammerorchester aus elf Musikern an klassischen Instrumenten im Studio. Dazu wimmelt es von prominenten Freunden der Beatles, die dicht gedrängt auf dem Boden sitzen, alle in buntesten Hippieklamotten. Unter Studiogästen wie Eric Clapton, Keith Moon, Graham Nash und der halben Familie von Paul McCartney sitzen auch Mick Jagger, Keith Richards und Marianne Faithfull.[130] Die Verantwortlichen des Senders überlegen mit Blick auf den guten Ruf der BBC kurz, ob sie die Drogenverdächtigen nicht lieber rausschmeißen sollten.[131] Da sich dadurch allerdings die Gefahr ergäbe, dass die Beatles sich mit ihren Freunden solidarisieren und den Auftritt verweigern, sieht man von Konfrontationen dieser Art ab.[132]

Die BBC arbeitet mit mehreren Kameras und kann so Schnitte mit Nahaufnahmen oder auch Totalen aus verschiedenen Winkeln zeigen und auch Bilder aus der Technik einblenden. Dort wird der Produzent der Beatles vom etwas zu frühen Beginn der Liveschaltung fast überrascht. Aus Nervosität hatte er mit seinem Kollegen Whiskey getrunken. Nun müssen sie ganz schnell Gläser und Flasche verschwinden lassen. Das endet fast in einem Scherbenhaufen. Aber nur fast. Wie vorgesehen ruft der Produzent die Musiker für die klassischen Instrumente an ihre Plätze. Es kann losgehen.

Das Kammerorchester beginnt mit, ja, was ist das denn? Das ist doch? Genau, die Marseillaise, das Kampflied der Franzosen, ihre Nationalhymne, das Lied der französischen Revolution, das Freiheit, Gleichheit und Brüderlichkeit assoziiert. Nach vier Takten des Marsches mit dem außerordentlichen Wiedererkennungswert geht die Musik elegant über in den Takt des Beatles-Songs, der jeden Gleichschritt unmöglich macht.[133] »Love, love, love«, singt John Lennon. »Love, love, love; Love, love, love.« Wer genau hinhört, kann im Arrangement des Songs auch noch Zitate aus den Brandenburgischen Konzerten von Johann Sebastian Bach,

Glenn Millers ›In the Mood‹ und dem Volkslied ›Greensleeves‹ entdecken.

There's nothing you can do that can't be done
Nothing you can sing that can't be sung
Nothing you can say but you can learn how to play the game
It's easy

Nothing you can make that can't be made
No one you can save that can't be saved
Nothing you can do but you can learn how to be you in time
It's easy

All you need is love
All you need is love
All you need is love, love
Love is all you need

Love, love, love
Love, love, love
Love, love, love usw.

Paul McCartney fordert die Zuhörer zum Mitsingen des Refrains auf. Seine Zwischenrufe »All together now« und »Everybody« klingen fast wie Bestandteile des Liedtextes. Die geplante Choreographie funktioniert. Es gelingt, das Mitreißende des eigentlich recht simpel gestrickten Songs zu übermitteln, auch dank der Authentizität der als friedliches Sit-in von Hippies angelegten Session. Hier im Studio singen alle mit. Und vor den Bildschirmen daheim auf den fünf Kontinenten singt von den vierhundert Millionen Zuschauern auch der eine oder andere mit.

Der hingebungsvoll vorgetragene Song trägt die friedliche Botschaft des »Summer of Love« in die ganze Welt und weit über das übliche Publikum hinaus in die Wohnstuben der Durchschnittsbürger. Vor diesen Musikern und dem, was sie repräsentieren, muss sich wirklich niemand fürchten. Oder vielleicht doch: Der beteiligte US-Sender steigt fast während der laufenden Sendung aus, da das Lied der Beatles als Anti-Kriegssong verstanden wird.[134]

Ganz am Ende werden wie bei einer Demonstration handbeschriftete Pappschilder hochgehalten, auf denen in vier Weltsprachen »Love is all you need« steht. Die ganze Bildsprache des Auftritts ist ein eigentlich hoch politisches Statement für die Botschaft der Hippiebewegung, abgesehen vielleicht von dem Schild, auf dem steht »Come back Milly«.[135] Die Bitte gilt der Tante von Paul McCartney, die gerade in Australien ihren Sohn und ihre Enkel besucht.[136] Der Beatle befürchtet, dass die Schwester seines Vaters nicht zurückkommt.[137] In Australien sitzt tatsächlich Tante Milly vor dem Fernseher und sieht das Schild.[138] Das soll die Sendung erreichen, und der Beatle nutzt es gleich mal für sich persönlich: Verbindung herstellen. Zeigen: »Hej, wir sind auch alle hier! Wir leben auch!« Die Tante wird der Aufforderung folgen.

Nach der Sendung werden Witze gemacht, dass nun nie wieder eine Siegerehrung eines französischen Sportlers bei internationalen Wettbewerben stattfinden wird, ohne dass beim Abspielen der Marseillaise alle an die Beatles dächten.

Am 27. Juni beginnt in Prag der IV. Schriftstellerkongress der ČSSR. Gleich in der Eröffnungsrede attackiert Milan Kundera die Auswirkungen der Zensur in seinem Land. Seit Jahren sind umfassende Zensurmaßnahmen in der ČSSR wie ein Netz über Medien, Buchverlage, Museen, Galerien, Theater, Filmateliers und Autoren geworfen.[139] Im Vorjahr wurden die bis dahin inoffiziellen Eingriffe per Gesetz geregelt und an eine »Zentrale der Publikationsverwaltung« übertragen.[140] Das schien auf dem Papier eine gewisse Öffnung zu freierer künstlerischer Betätigung zu bedeuten, da die neue Behörde nur die Veröffentlichung »geheimer Informationen« stoppen sollte.[141] Die Partei behielt sich jedoch weiter Eingriffsrechte vor, indem sie ihre Ideologieabteilungen auch weiterhin auf »empfindliche Themen« ansetzte.[142] Im Mai hatten sich mehrere Parlamentsabgeordnete vor diesem Hintergrund für berechtigt gehalten, nicht nur das Verbot einiger Filme, sondern auch die Bestrafung der Mitwirkenden zu fordern.[143] Außerdem forderten sie die Bestrafung derjenigen, die die Drehgenehmigungen erteilt hatten.[144]

Die Umschreibungen, die Kundera in seiner Rede für die Urheber solcher Forderungen findet, sind unmissverständlich. Frontal attackiert er die Parlamentarier, die unter anderem drakonische Maßnahmen gegen den Film ›Sedmikrásky‹ gefordert haben. In dem Film ginge es um zwei dumpfe Mädchen, die alles zerstörten, was über ihren Horizont hinausginge.[145]

»Mir scheint, ich habe ein weitreichendes und höchst aktuelles Gleichnis vom Vandalismus gesehen. Wer ist Vandale? Keinesfalls ein analphabetischer Bauer, der in einem Zornausbruch das Schloss des verhassten Grundbesitzers anzündet. Ein Vandale, wie ich ihn um mich herum sehe, ist ein sozial gesicherter, des Lesens und Schreibens kundiger, mit sich selbst zufriedener Mensch, der im Großen und Ganzen keinen Grund hat, Rache zu üben. Ein Vandale, das ist hochmütige Beschränktheit, wohlgefällig in sich selbst ruhend und bereit, jederzeit die demokratischen Rechte für sich in Anspruch zu nehmen. Diese hochmütige Beschränktheit meint, es gehöre zu ihren unverbrüchlichen Rechten, die Welt nach ihren Vorstellungen umzuformen, aber weil die Welt vor allem das unendlich Viele ist, was die Grenzen der Beschränktheit überragt, richten sie die Welt nach ihren Vorstellungen her, indem sie sie zerstören.«[146]

Als Pavel Kohout den Offenen Brief Alexander Solschenizyns an den Schriftstellerkongress der Sowjetunion[147] vom Mai des Jahres verliest, in dem der Autor die Zensur als illegal attackiert, verlassen einige Zuhörer unter Protest den Saal.[148] Ludvík Vaculík geht in seinem Beitrag die herrschende Partei ganz direkt an. »Unser Parlament hat offenbar einen Rechtsgrundsatz: nullum crimen sine lege – kein Verbrechen ohne Gesetz. Es wendet ihn so an, dass es für den Staat so viel Verbrecher produziert, wie es will. Warum können nicht Leute, denen es bei uns definitiv nicht gefällt, meinetwegen zum Teufel gehen, und warum gehen nicht die Leute weg, die nicht wünschen, dass die begonnenen demokratischen Maßnahmen zu Ende geführt werden?«[149] Nach seiner Rede applaudiert das Publikum wie verrückt.[150]

Der junge Václav Havel attackiert die Betonköpfe, die sich im Schriftstellerverband als Handlanger der Partei gegen die kritischen Kollegen stellen. Eigentlich wundere er sich nicht darüber, dass »diese müden, interesselosen und passiven Menschen schwerlich begreifen«, dass sie gerade »die eine kleine Flamme des Wenigen an Neuem dämpfen.«[151] Auch dieser kleine Versuch, zweifeln zu lernen und also zu denken, müsse unweigerlich den Rahmen der Gegenwart sprengen, die sie schützen zu müssen glaubten.[152] Nur bedeute das Schützen der Gegenwart vor der Vergangenheit leider auch, sie vor der Zukunft zu schützen; und sie vor der Zukunft zu schützen bedeute, sie in die Vergangenheit zurückzuführen.«[153]

Es ist das erste Mal, dass in der ČSSR so offene und kritische Worte vor einer größeren Öffentlichkeit ausgesprochen werden.[154] Die »Betonköpfe« verhindern anschließend, dass kritische Schriftsteller in den Vorstand des Verbandes gewählt werden.[155] Die Reden dürfen nicht von der Presse abgedruckt werden.[156] Allerdings werden sie unter der Hand in Kopien verbreitet und finden hunderttausende Leser.[157]

Am selben Tag beginnt in Chichester die Gerichtsverhandlung gegen Mick Jagger. Sein Fall wird nach dem herrschenden britischen Rechtssystem aus dem Mittelalter verhandelt. Das für ihn zuständige Gericht kommt viermal im Jahr zusammen, um mittelschwere Fälle abzuurteilen. Zufällig ist der Vorsitzende des vierköpfigen Richtergremiums studierter Richter, die Beisitzer sind Laien. Den Vorsitz hat der Richter nicht inne, weil er Jurist ist, sondern weil er als Großgrundbesitzer für diesen Posten qualifiziert ist. Als Jury sitzen elf Männer und eine Frau im Gerichtssaal.

Bei herrlichem Sommerwetter drängeln sich vor dem Gerichtsgebäude Fans, Journalisten, Fernsehteams und Schaulustige. In dem Riesenandrang schwitzen uniformierte Ordnungshüter. Mick Jaggers Fall ist der erste, der an diesem Tag verhandelt wird. Er erscheint für seine Verhältnisse überaus dezent gekleidet in einem hellgrünen Jackett, olivgrüner Hose, Rüschenhemd und gestreifter Krawatte vor Gericht. Draußen kreischen die Fans. Fast alle 42 Publikumsplätze sind ebenfalls von etlichen weiblichen Fans in Miniröcken besetzt, die beim Anblick ihres Idols zu kreischen beginnen. Der Vorsitzende Richter ruft sie sichtbar genervt zur Ordnung.

Jagger nennt seinen vollen Namen und seinen Wohnort, plädiert auf unschuldig und schweigt dann. Sein Anwalt trägt vor, dass sein Mandant die bei ihm gefundenen Amphetamine von seinem Arzt mündlich verschrieben bekommen habe, weshalb der Besitz rechtens sei. Im Übrigen sei der Vorwurf einer Straftat auch deshalb absurd, da die Pillen in Großbritannien zwar verboten seien, aber auf dem europäischen Kontinent überall als Hausmittel gegen Reisekrankheit frei verkauft würden. Jeder britische Reisende könnte in so eine Lage wie sein Mandant kommen.

Danach wird der Leiter der Razzia befragt. Er berichtet, dass Jagger zugegeben habe, dass die vier Pillen aus der Tasche seines Jacketts ihm gehörten und dass er sie zum Wachbleiben und Arbeiten brauche. Als Jaggers Anwalt ihn befragt, bestätigt er, dass der Angeklagte sich ausgesprochen vernünftig und kooperativ verhalten habe. Jaggers Arzt bestätigt anschließend, dass er seinem Patienten tatsächlich die Erlaubnis zur Einnahme der Amphetamine gegeben habe und dies als mündliche Verschreibung rechtlich zulässig sei.

Für den Vorsitzenden Richter ist die Sache schnell klar. Das Vorgehen des Arztes wird als rechtsgültige Verschreibung vom Gericht nicht akzeptiert. Er weist die Geschworenen darauf hin, dass die Verteidigung den Angeklagten nicht entlasten konnte. Die Geschworenen ziehen sich zurück und erscheinen sechs Minuten später mit dem Urteil »schuldig«. Da der Richter das Strafmaß noch nicht verkünden, sondern die ebenfalls anstehenden Verhandlungen gegen Keith Richards und Robert Fraser abwarten will, ordnet er Untersuchungshaft für Jagger an. Den Antrag auf Freilassung gegen Kaution lehnt er ab.

Auch gegen Fraser wird kurzer Prozess gemacht, der mit einem Schuldspruch und der Anordnung von Untersuchungshaft bis zur Verkündung des Strafmaßes am kommenden Tag endet. Beide Männer werden mit Handschellen an Polizisten gefesselt und im Gekreische der Fans und im Blitzlichtgewitter der anwesenden Presse in einen Gefangenentransporter gesetzt, der sie in eine sechzig Kilometer entfernte Haftanstalt bringt. Dort werden sie gemeinsam in einem Krankenzimmer untergebracht und dürfen auch Besuch empfangen. Marianne Faithfull fährt mit Zigaretten, Zeitungen und frischem Obst sowie einem Damebrett in die Haftanstalt und findet Jagger in Tränen aufgelöst vor.

Am 28. Juni werden Mick Jagger und Robert Fraser morgens zurück in das Gerichtsgebäude in Chichester gebracht, erneut in Handschellen. Die Presse hat inzwischen die Frage aufgeworfen, warum bei Personen, die keine Gewaltverbrechen begangen und sich kooperativ verhalten hätten, Handschellen benutzt würden. Seitens der Behörden ist zu hören, es habe »keine anderslautende Anordnung« gegeben, eine nicht wirklich befriedigende Auskunft in Anbetracht einer extremen Maßnahme.

Während Jagger und Fraser in einer Zelle im Gerichtsgebäude warten müssen, wird vom selben Richtergremium, aber vor anderen Geschworenen Keith Richards der Prozess gemacht. Ihm wird vorgeworfen, wissentlich zugelassen zu haben, dass in seinem Haus Drogen konsumiert wurden. Da die in dem Haus gefundenen Cannabisspuren offenbar nicht zum Nachweis ausreichen, konstruiert die Staatsanwaltschaft eine Sexorgie, bei der die Polizei die Bewohner des Hauses überrascht habe. Nur Drogen könnten das hemmungslose Verhalten der Beteiligten und insbesondere der einzigen beteiligten Frau erklären, die – man stelle sich das vor!!! – in einem Fellteppich herumlief und bereit war, alles zu zeigen.

Das Gericht ist mit der Beweiserhebung gegen Keith Richards noch nicht fertig und vertagt den Prozess auf den folgenden Tag. Jagger und Fraser werden aus der Zelle im Gerichtsgebäude erneut in Handschellen in das Gefängnis gebracht. Der Name der beteiligten Frau darf in der Presse nicht genannt werden, weil Marianne Faithfull nicht unter Anklage steht. Aber wer soll es sonst gewesen sein? Die schmutzige Phantasie bigotter Moralapostel schlägt jetzt Purzelbäume. Das Verfahren ist noch nicht abgeschlossen, da verbreitet sich bereits das Gerücht, die Polizei sei in das Zimmer geplatzt, als Mick Jagger gerade an einem in Marianne Faithfulls Vagina steckenden Marsriegel lutschte. Da können ja nur Drogen im Spiel gewesen sein!

Am nächsten Tag sagt Keith Richards nochmals aus und erklärt unter anderem, dass er an ein Komplott der Zeitung ›News of the World‹ glaube, gegen die ja Mick Jagger gerade einen Prozess wegen Falschberichterstattung über seinen Drogenkonsum angestrengt habe. Damit lässt sich auch plausibel die Anwesenheit des ominösen Acid King David und seiner Drogen begründen. Wie nah er an der Wahrheit ist, weiß Richards zu diesem Zeitpunkt noch gar nicht.

Die Staatsanwaltschaft kommt erneut auf ihre Version des Abends zurück. Nein, nein. Es habe eine Drogen- und Sexorgie stattgefunden. Erneut kommt er auf das den Polizisten zu peinliche Verhalten von »Miss X« zurück, wie Marianne Faithful vor Gericht genannt wird. Ob es ihr denn nicht peinlich gewesen sei, in Gegenwart von acht Männern nur einen Fellteppich zu tragen. »Wir sind keine alten Männer.

Wir zerbrechen uns nicht den Kopf über spießige Moralvorstellungen«, hält Richards dem Staatsanwalt entgegen.

Am Ende stundenlanger Mutmaßungen über eine Sexorgie ordnet der Richter an, dass die Geschworenen »Miss X« aus ihrer Urteilsfindung auszuschließen hätten. Da hat der Boulevard und mit ihm der bigotte Teil der Öffentlichkeit aber längst ihr Futter für eine hartnäckig wiederholte Legende bekommen.

Endlich ist es Zeit für die Urteile. Alle drei Angeklagten müssen sich nebeneinander aufstellen. Robert Fraser wird zu einer Haftstrafe von einem halben Jahr und einer Geldstrafe von 200 Pfund verurteilt. Keith Richards erhält eine Haftstrafe von einem Jahr und soll 500 Pfund Strafe zahlen. Mick Jagger wird zu einer vergleichsweise geringen dreimonatigen Haftstrafe und einer Geldstrafe von 200 Pfund verurteilt. Alle drei müssen die Haft sofort antreten.

Mick Jagger wird in das Gefängnis von Brixton in Südlondon verfrachtet, das eine lange Tradition als Herberge für politische Häftlinge vorzuweisen hat. In dem 1820 errichteten Bau waren irische Freiheitskämpfer, aber auch Oswald Mosley, der Führer der britischen Faschisten, inhaftiert. Während des Ersten Weltkriegs war Bertrand Russell wegen seines pazifistischen Engagements sechs Monate lang Häftling in Brixton. Keith Richards und Robert Fraser werden in das Gefängnis in Wormwood Scrubs im nördlichen Londoner Stadtteil Hammersmith gebracht.

Das Urteil löst einen Proteststurm und zahlreiche Solidaritätsaktionen aus. In London wird an der Eros-Statue am Piccadilly Circus eine nächtliche Mahnwache organisiert. Zur selben Zeit ziehen 200 Demonstranten zum Redaktionsgebäude der ›News of the World‹ und weisen mit lauten Beschimpfungen auf die Verwicklung der Zeitung in den Fall hin. In den zahlreichen Diskotheken und Clubs Großbritanniens werden Schweigeminuten abgehalten oder ausschließlich Stones-Songs gespielt. In New York finden sich wütende Demonstranten vor der britischen Botschaft ein. Die britische Musikpresse zeigt sich ebenso empört wie Musikerkollegen, die zahlreich öffentlich ihre Solidarität bekunden. Die Idee der Hippies, ein großes Free-the-Stones-Benefizkonzert zu veranstalten, um mit dem Erlös dafür zu sorgen, dass der Richter unter einer Lawine Blumen begraben wird, wird allerdings verworfen.[158]

Che Guevara verfügt am Ende des Monats nur noch über 24 Mann. Wichtigste politische Nachricht ist der Umstand, dass nun seitens des bolivianischen Militärs eine offizielle Erklärung vorliegt, dass er sich in Bolivien aufhalte.[159] Dabei wurde der Öffentlichkeit auch gleich mitgeteilt, dass das bolivianische Militär perfekt ausgebildeten Guerilleros gegenüberstehe, zu denen sogar Vietcong-Kommandanten zählten, die die besten nordamerikanischen Regimenter besiegt hätten. Der Oberbefehlshaber der Armee beruft sich auf Régis Debray. »Der redet offenbar mehr als nötig«, mutmaßt Guevara. Aber wisse man, unter welchen Bedingungen der Franzose geredet habe, hält Guevara Debray zugute. Er ahnt, dass die Gefangenen gefoltert werden.

In seiner Monatsanalyse bewertet er die Wirkung des Lügengespinstes positiv. »Die Guerillalegende schlägt hoch wie Schaum. Schon sind wir die unbesiegbaren Supermenschen.«[160] Auch für die Planung des Aufstandes in den Minen und seine Koordinierung soll Guevara verantwortlich sein.[161] Wohin all die Gerüchte führen, ist nicht absehbar. Immerhin macht das Massaker in den Minen für die Guerilleros die Lage deutlicher, findet er.[162] Hauptanliegen momentan bleibt aber, weitere Kämpfer zu gewinnen.[163] Seine Gruppe ist weiterhin total isoliert.[164] Alle eingeplanten Kontakte sind entweder abgerissen oder gar nicht zustande gekommen.[165]

Schon am 30. Juni kommt es am High Court vor dem Lordrichter Diplock zu einer Vorverhandlung über die von Mick Jaggers und Keith Richards Anwalt gegen die Urteile beantragte Revision. Die Hauptverhandlung kann wegen der Gerichtsferien erst in zwei Monaten stattfinden. Bei der Vorverhandlung kann aber immerhin darüber entschieden werden, ob die beiden in Haft bleiben müssen oder gegen Kaution auf freien Fuß kommen können. Schon vor dem Gerichtssaal informiert der zuständige Staatsanwalt den Rechtsanwalt, seine Vorgesetzten hätten ihn angewiesen, sich einer Kautionsgewährung nicht zu widersetzen. Der Rest ist formal: Havers beantragt die Freilassung gegen Kaution. Das Gericht bestimmt eine Kaution von jeweils 7000 Pfund und erteilt den beiden Angeklagten die Auflage, bis zum Abschluss der Hauptverhandlung das Land nicht zu verlassen. Ihre Reisepässe müssen sie abgeben.[166]

Bei Familie Drechsler stand der ganze Monat im Zeichen des Urlaubs in Italien und der Hochzeit von Freunden. Dafür wurden 500 Mark vom Sparbuch geholt. Berta hat ein neues Jersey-Kostüm für 59 Mark bekommen, schwarze Lederhandschuhe für 11 Mark 50, ein graues Twinset für 23 Mark und schwarze Schuhe für 25 Mark. Das Hochzeitsgeschenk kostete 13 Mark 50. Für zuhause brauchte Berta noch einen neuen Perlonkittel für 21 Mark 90. Außerdem wurde für 20 Mark eine Saisonkarte für das Erbendorfer Schwimmbad angeschafft. Die Entwicklung der Urlaubsfotos kostete 7 Mark 40.

Ich habe mich nie in einer Führungsrolle in der Gesellschaft gesehen. Aber die Gesellschaft hat einen jetzt nahezu hineingedrängt.

Mick Jagger

Am 1. Juli erscheint in der überaus konservativen Tageszeitung ›The Times‹ in London ein Leitartikel, den kaum jemand für möglich gehalten hat.[1] Allem Anschein nach hat die Verurteilung der Rockmusiker wie eine Bombe in das Rechtsgefühl auch der konservativen Briten eingeschlagen, die mit Rock und Pop und dem, was diese Musik repräsentiert, nichts am Hut haben. Mit der Stellungnahme zu einem laufenden Verfahren setzen sich Blatt und Autor zudem einer drakonischen Strafe wegen Missachtung des Gerichts aus.[2] Die bereits begonnene öffentliche Diskussion um die Inhaftierung Mick Jaggers erfordere einige klare Worte zu den ungewöhnlichen Umständen der Verurteilung[3], liest nun das gutbürgerliche Publikum der sonst so betulichen ›Times‹.

Der Herausgeber des Blattes selbst, William Rees-Mogg, schreibt zu der bei Alexander Pope entliehenen zweihundert Jahre alten Frage »Wer rädert einen Schmetterling«, dass Jagger wegen eines winzig kleinen Drogendelikts rituell aufs Rad geflochten und gebrochen worden sei.[4]

Die vier Pillen seien eine kleine Dosis, legal im Ausland erworben und vom Hersteller als Aufputschmittel und gegen Reisekrankheit empfohlen.[5] Im Hinblick auf den verschwundenen Mr. Snyderman und den wegen Drogenmissbrauchs überführten Robert Fraser macht Rees-Moog darauf aufmerksam, dass es kein Vergehen sei, mit Menschen im selben Haus zu sein, die Drogen besitzen und konsumieren.[6] Die ergangene Strafe sei in jeder Hinsicht unangemessen.[7]

Er wolle über die Beweggründe des Richters nicht spekulieren, denn die kenne er nicht.[8] Aber er möchte etwas zur öffentlichen Reaktion sagen.[9] Namentlich erwähnt er die ›Daily Mail‹.[10] Rees-Mogg kritisiert, dass sich offenbar eine primitive Sicht der Dinge durchgesetzt habe, die meint, Jagger habe wegen seines schlechten Einflusses auf die Jugend bekommen, was er verdiene.[11] Als gesellschaftliche Frage sei das einigermaßen einleuchtend und auf emotionaler Ebene durchaus verständlich.[12] Nur habe es mit dem Fall, der zu verhandeln war, rein gar nichts zu tun.[13] Offensichtlich sei Mick Jagger härter bestraft worden, als irgendein unbekannter Student bestraft würde, dem dasselbe Delikt zur Last gelegt werde.[14]

Die Wirkung des Artikels ist enorm. Plötzlich rückt die britische Rock- und Popszene auch in das Bewusstsein von Menschen, die zuvor nicht ansatzweise auf die Idee gekommen wären, sich damit zu befassen. Bisher war die Jugendbewegung mit ihrer Musik im öffentlichen Bewusstsein eher eine Randerscheinung. Jetzt wird sie auch vom sogenannten Establishment als Politikum wahrgenommen.[15]

Am 7. Juli wird in Großbritannien ›All you need is love‹ als Single veröffentlicht. Eine Woche später steht die Platte schon an der Spitze der Charts.

Anfang Juli brechen The Who zu ihrer ersten richtig großen USA-Tournee auf. Sie machen Halt in fast jeder wichtigen Stadt des Landes und dazu noch etlichen unbedeutenden Orten.[16] Wenn sie während der Tour Musik hören, dann so gut wie ausschließlich ›Sgt. Pepper's Lonely Hearts Club Band‹.[17] Das Album hat eine Druckwelle ausgelöst, die für jeden jungen Musiker eine Herausforderung bedeutet.[18] Niemand glaubt, dass die Beatles dieses Album jemals selbst übertreffen oder das auch nur versuchen würden.[19]

Für Pete Townshend definieren Sergeant Pepper und das Album ›Pet Sounds‹ von den Beach Boys die Musik des 20. Jahrhunderts neu.[20] Atmosphäre, Gehalt, Schatten und Romantik seien auf so verschiedene Arten vermischt, dass man die Musik immer wieder neu entdecken könne.[21] Beide Platten geben kein tiefgreifend politisches oder soziales Statement ab, findet der kritische Pete Townshend, aber Gedanken und Meinungen seien bei dieser Musik auch nicht das Entscheidende.[22] Das Hören dieser Musik werde zur Droge, stellt er fasziniert fest.[23]

Am 10. Juli erscheint im ›Spiegel‹ in der Reihe SPIEGEL-Gespräch ein langes Interview mit dem Studentenführer Rudi Dutschke.[24] Erstmals bekommt Dutschke damit die Möglichkeit, sich ausführlich gegenüber einem Massenmedium zu äußern und dem breiten Publikum die Ziele der rebellierenden Studenten zu erklären. Unter anderem sagt er:

SPIEGEL: Wegen dieser schönen, neuen Welt einer dereinst emanzipierten Menschheit kämpfen Sie gegen die etablierte Ordnung?

DUTSCHKE: Ja. Aber die ganze Emanzipationsbewegung krankt zurzeit daran, dass sie eine konkrete Utopie noch nicht ausgemalt hat. Das zu tun, ist die wichtigste Aufgabe der kritischen Theorie – gerade jetzt in der Zeit der sehr, sehr langen und komplizierten Übergangsperiode, die bestimmt wird durch den Kampf gegen die bestehende Ordnung.

SPIEGEL: Kommen wir auf diesen Kampf zu sprechen. Sie führen ihn mit Ihren Mitstudenten, indem Sie Professoren lächerlich machen, Sit-ins und Happenings mit roter Grütze veranstalten, Tomaten werfen ...

DUTSCHKE: Es kommt darauf an, irrationale Autoritäten auszuhöhlen ...

SPIEGEL: ... indem Sie gegen den Schah, gegen Notstandsgesetze oder auch für den Vietcong demonstrieren. Das sind, wenn man Ihr Endziel einer gesellschaftlichen Umwälzung in Betracht zieht, offenbar nur Vorgeplänkel?

DUTSCHKE: Demonstrationen und Proteste sind Vorstufen der Bewusstwerdung von Menschen. Wir müssen immer mehr Menschen bewusst machen, politisch mobilisieren, das heißt: in das antiautoritäre Lager, das jetzt erst aus nur ein paar tausend Studenten besteht, herüberziehen. Und wir müssen mehr tun als protestieren. Wir müssen zu direkten Aktionen übergehen.

SPIEGEL: Was sind direkte Aktionen?

DUTSCHKE: Da muss ich zuerst die spezifische Berliner Situation schildern.

SPIEGEL: Bitte.

DUTSCHKE: Da haben wir zunächst die Situation der Freien Universität, Massenseminare, absackendes Ausbildungsniveau, durch Bürokratie überforderte Professoren, drohende Studienzeitverkürzung und Zwangsexmatrikulation, Restriktionspolitik der Universitätsverwaltung, nicht zuletzt Studiengelderhöhung. Das bewirkte bei vielen Studenten eine stark antiautoritäre psychische Disposition.

SPIEGEL: Aber das bewirkte es nicht allein. Sie und eine ganze Reihe von radikal denkenden Studenten haben diese Grundstimmung populär gemacht.

DUTSCHKE: Ja. Wir haben versucht, durch systematische Aufklärung die Studenten politisch über ihre Situation aufzuklären, durch Informationsveranstaltungen, durch verschiedene Formen von Demonstrationen. Aber hinzu kommt die allgemeine Situation von Westberlin. Sie ist spätestens seit dem Tod von Benno Ohnesorg klar: kopfloser Senat, entdemokratisierte Polizei – ein Resultat der jahrzehntelangen Ausbildung für den Kalten Krieg. Weiter: Die Berliner Parteien haben, wie in der Bundesrepublik, den Kontakt zur Bevölkerung verloren; Berlin ist eine politisch tote Stadt. Ihre historische Chance, Mittler zwischen Ost und West zu sein, hat sie nicht wahrgenommen.

SPIEGEL: Und die fehlende Politik wollen jetzt Studenten machen?

DUTSCHKE: Warum nicht? Wir Studenten haben eine Chance, die den Massen der Gesellschaft systematisch verweigert wird: Wir können die spezifisch menschliche Verstandeskraft in kritische Vernunft umsetzen. Das bedeutet: Politisierung der Universität, als Ausgangspunkt der Politisierung und damit der Veränderung der Gesellschaft.

SPIEGEL: Die Gesellschaft, schon gar die von Berlin, hat aber, um es euphemistisch auszudrücken, bislang nicht viel Bereitschaft gezeigt, sich von Ihnen politisieren zu lassen.

DUTSCHKE: Das ist richtig, aber das kann sich ändern, gerade unter Berliner Bedingungen.[25]

Im Laufe des Gesprächs wird er auch gefragt, ob er Gewalt predige.[26] Ihm werden dazu Tonbandmitschnitte früherer Äußerungen vorgespielt. Sind das nicht sybillinische Aufforderungen zu Gewalt?[27] Davon will Dutschke allerdings nichts wissen. Aufruf zur Gewalt, zu Mord und Totschlag in den Metropolen hochentwickelter Industrieländer finde er falsch und geradezu konterrevolutionär. In der Dritten Welt sei der gewaltsame Kampf berechtigt und notwendig.[28] Aber er grenzt deutlich ab:

»Attentat auf unsere Regierungsmitglieder, das wäre absoluter Irrsinn; denn wer begreift nicht, dass bei uns heute jeglicher an der Spitze austauschbar ist. Die terroristische Gewalt gegen Menschen ist in den Metropolen nicht mehr notwendig.«[29]

Also erteile er doch keine grundsätzliche Absage an Gewalt, sondern nur unter den obwaltenden Umständen, wollen die ›Spiegel‹-Redakteure es noch genauer wissen.

DUTSCHKE: »Ganz sicher wird niemand behaupten können, dass es überhaupt keine Gewalt innerhalb des Prozesses der Veränderung geben wird. Gewalt ist constituens der Herrschaft und damit auch von unserer Seite mit demonstrativer und provokatorischer Gegengewalt zu beantworten. Die Form bestimmt sich durch die Form der Auseinandersetzung. In Berlin hat sich die Gewalt auf Seiten der Senatsexekutive exemplarisch in der Erschießung von Benno Ohnesorg tatsächlich gezeigt. Wir können nun innerhalb dieser Auseinandersetzung nicht sagen: Greifen wir mal zu den Maschinengewehren und führen wir die letzte Schlacht.

SPIEGEL: Sondern?

DUTSCHKE: Sondern wir müssen ganz klar sehen, dass unsere Chance der Revolutionierung der bestehenden Ordnung nur darin besteht, dass wir immer größere Minderheiten bewusst machen; dass das antiautoritäre Lager immer größer wird und damit beginnt, sich selbst zu organisieren, eigene Formen des Zusammenlebens findet, in Berlin eine Gegen-Universität etwa, oder Kommunen oder was auch immer. Gleichzeitig muss das Bestehende unterhöhlt und Neues herausgebildet werden.«[30]

In der Nacht vom 12. zum 13. Juli halten in Newark im US-Bundesstaat New Jersey die beiden weißen Streifenpolizisten John DeSimone und Vito Pontrelli das Taxi des Farbigen John W. Smith an. Nach ihren Aussagen hat Smith das Polizeiauto unvorschriftsmäßig überholt. Sie fordern den Fahrer auf, sein Fahrzeug zu verlassen, um ihn festzunehmen.

Als die Polizisten kurz danach mit Smith im Polizeirevier des 4. Bezirks erscheinen, ist der Taxifahrer so schwer verletzt, dass er nicht mehr laufen kann. Seine Einlieferung in das Polizeirevier wird von den Bewohnern eines gegenüberliegenden, weit überwiegend von Schwarzen bewohnten Gebäudekomplexes beobachtet.

Die Polizeibeamten behaupten, er habe sich der Festnahme widersetzen wollen, weshalb sie Gewalt anwenden mussten. Smith behauptet, die Beamten hätten sofort begonnen, auf ihn einzuprügeln, als er sein Fahrzeug verlassen habe.

Für die schwarze Bevölkerung in Newark ist es nichts Ungewöhnliches, dass ein farbiger Taxifahrer von weißen Polizisten wegen eines vorgeschobenen Verkehrsvergehens verprügelt wird. Doch in dieser Nacht verbreitet sich das Gerücht, dass der Fahrer an seinen Verletzungen gestorben sei.

Innerhalb kürzester Zeit findet sich eine Gruppe von Demonstranten zusammen, die mit Steinen auf das Polizeirevier werfen. Einige wenige ziehen protestierend weiter durch die Straßen und machen ihrem Zorn Luft, indem sie Scheiben einwerfen und Läden plündern. Der Schaden in dieser Nacht ist mit 2500 Dollar eher gering. Inzwischen weiß die Menge, dass Smith noch lebt.

Die Stadt hat schon schwerwiegendere Zwischenfälle dieser Art erlebt. Die Polizei wird in erhöhte Alarmbereitschaft versetzt, doch bis zum folgenden Nachmittag passiert nichts weiter, sodass Behörden und auch Presse davon ausgehen, dass es bei diesem kleinen Zwischenfall bleibt. Die erhöhte Alarmstufe wird beendet.

In der Zwischenzeit ist die schwarze Bevölkerung Newarks von Bürgerrechtlern mit Flugblättern zu einer Demonstration gegen die brutale Vorgehensweise der Polizei vor dem Polizeirevier des 4. Bezirks aufgerufen worden. Gegen Abend finden sich dort mehrere hundert Demonstranten und auch Fernsehteams ein. Es ist eine friedliche Kundgebung. Doch als es bereits dämmert, tritt plötzlich eine Frau aus der Menge und beginnt, mit einer Eisenstange die Fenster im Erdgeschoss des Polizeireviers zu zertrümmern.

Als die anderen Demonstranten das sehen, werden auch sie aktiv. Nachdem mehrere bewaffnete Polizisten mit Stahlhelmen auf dem Kopf vor das Polizeirevier treten, flüchten die Demonstranten. Einige stürmen die Straßen entlang und beginnen, Läden zu plündern. Jetzt werden auch Brandsätze geworfen. Das Ausmaß der Plünderungen und Brandstiftungen ist deutlich größer als tags zuvor.

Gegen Morgen des 14. Juli notiert die Polizei Brände und Plünderungen in einem Arreal von 15 Blocks. In kleinen Gruppen von acht bis fünfzehn Personen legen die Demonstranten Brände und plündern weiter. Die Übergriffe beschränken sich auf die Stadtteile Springfield und Bergen, wo sich die Slums der Stadt befinden.

Die Staatspolizei beobachtet die Vorgänge, wird aber von der Stadt bis zum 14. Juli nicht angefordert. Zu dieser Zeit sind vier Polizisten verletzt. Newarks Bürgermeister lehnt jede Hilfe von außen ab. Doch dann wird ein Geschäft geplündert, in dem zahlreiche Gewehre und Munition in die Hände der Aufständischen fallen. Jetzt hat die Polizei es mit bewaffneten Gegnern zu tun.

Am 15. Juli, morgens kurz vor halb drei, bittet die Stadt den Gouverneur von New Jersey um Unterstützung der Staatspolizei. Sofort werden sowohl Staatspolizei als auch Nationalgarde in Bewegung gesetzt. Bis zu diesem Zeitpunkt haben die Krawalle nur einige Leichtverletzte und keine Toten gefordert.

Die Nationalgarde kommt mit der klaren Anweisung in die Stadt, die Krawalle niederzuschlagen. Kurz nach ihrem Eingreifen am Freitagmorgen sind fünf Menschen tot, 425 in Haft und hunderte verletzt. Nun sind 1500 Polizisten und 2300 Mann der Nationalgarde vor Ort.[31]

Unter den Einsatzkräften geht nun das Gerücht um, dass Heckenschützen auf sie angesetzt sind. Die Folge ist ein rücksichtsloser Waffengebrauch durch Polizisten und Soldaten. Als die Krawalle nach weiteren drei Tagen gewaltsam beendet sind, sind 26 Menschen tot, 750 verletzt und 1000 in Haft. Unter den Toten sind nur zwei Plünderer.[32]

Überzeugende Beweise für die Existenz von Heckenschützen lassen sich nicht finden.[33] Das hält aber die Presse nicht davon ab, das Aufeinanderprallen der schwarzen Aufständischen und der uniformierten Staatsmacht als eine Art Guerillakrieg in den Städten darzustellen und immer wieder äußerst plastisch und phantasieanregend die Bedrohung durch die Heckenschützen zu beschreiben.[34]

Am 16. Juli findet an Speaker's Corner im Londoner Hydepark eine Kundgebung statt, bei der dafür demonstriert wird, Marihuana zu legalisieren. Initiiert haben sie Sympathisanten der Stones, die einen Kontrapunkt gegen die völlig übertriebene Reaktion auf den Besitz von Marihuana setzen wollen. 3000 Hippies ziehen in einem als »Legal Pot Rally«

vorab in zahlreichen Medien angekündigten Demonstrationszug im kompletten Blütenlook durch die britische Hauptstadt. Sie tragen Blumen in den Händen, in den Haaren und selbst die Muster der Stoffe von Hemden und Anzügen sind überwiegend geblümt. Die Demonstration verläuft absolut friedlich. Erst als Tonbänder mit der neuen Hippiehymne »All you need is love« abgespielt werden, greift die zahlreich anwesende Polizei ein. Grund: In den königlichen Parks Londons ist das Abspielen von Tonbandgeräten oder Radios streng verboten.

Als der amerikanische Hippiedichter Allen Ginsberg ein Rednerpult in der berühmten Parkecke betritt und seinen Vortrag mit der Musik seines mitgebrachten Akkordeons untermalen will, wird auch er nach wenigen Takten von den Bobbys gestoppt. Seinen Vortrag setzt er dann mit meditativen Gesängen fort.

Zu den Rednern der Kundgebung zählen auch der Musiker Alexis Korner, der afroamerikanische Bürgerrechtler Stokely Carmichael und die feministische Künstlerin und politische Aktivistin Caroline Coon. Deren Botschaften sind deutlich: Das Verbot von Marihuana und die angedrohten Strafen dienen nicht wirklich der Gesundheitsvorsorge, sondern sollen unliebsame Kritiker in die Illegalität treiben und gesellschaftliche Veränderungen verhindern.

In den frühen Morgenstunden des 23. Juli dringt in Detroit im US-Bundesstaat Michigan eine Polizeieinheit in eine illegale Bar an der Ecke 12. Straße und Clairmount Avenue ein, um dort eine Razzia durchzuführen. Die Bar, die auch nach der offiziellen Sperrstunde geöffnet ist, befindet sich mitten im Zentrum des ärmsten Schwarzen-Ghettos der Stadt, Virginia Park. Alle Besucher sollen abgeführt und erkennungsdienstlich untersucht werden.[35]

In der Bar feiern gerade 82 Menschen die Ankunft von zwei Vietnam-Rückkehrern. Die Polizisten hatten weit weniger Gäste erwartet, nehmen aber alle Anwesenden fest. Während die Festgenommenen nach und nach abtransportiert werden, bildet sich vor der Bar eine Menschenansammlung aus etwa 200 Personen, die gerüchteweise hörten, dass die Polizei bei der Razzia übertrieben gewalttätig vorging.

Die Menge versteht das Vorgehen der Polizei gerade gegen diese Bar und ihre Besucher als Schikane. Irgendjemand ruft: »Wollen wir diese weißen Bullen diese Leute mitnehmen lassen?«[36] Ein anderer: »Warum kommen sie hierher und machen das in unserem Viertel?«[37] Wegen zahlreicher früherer Übergriffe von Polizisten gegen Schwarze wird den weißen Ordnungshütern nun kaum noch Respekt entgegengebracht.[38]

Kurz nach 5 Uhr morgens wirft jemand aus der Menge eine leere Flasche auf ein Polizeiauto und zertrümmert damit das Rückfenster. Die Polizei fordert Verstärkung an, um die eskalierende Konfrontation zu beenden. Unmittelbar darauf wird ein Müllbehälter durch das Schaufenster eines Ladens geworfen.

Gegen 5 Uhr 20 werden weitere Polizeikräfte losgeschickt. Doch die gewaltsamen Übergriffe weiten sich aus und greifen auf andere Straßenzüge über. Überall werden Fensterscheiben eingeworfen und Läden geplündert. Weil die Gewalt immer mehr eskaliert, fährt gegen Nachmittag der schwarze Detroiter Kongressabgeordnete John Conyers zum Ort des Geschehens.

Nein, sagt er, überraschend kommt die Eruption für niemand.[39] Über Jahrzehnte hat sich die Frustration über Polizei-Übergriffe und die Ungleichbehandlung, die in einen unendlichen Kreislauf von Armut, schlechter Bildung und miserablen Wohnverhältnissen führte, aufgebaut.[40]

Conyers weiß genau, was in den Menschen hier vor sich geht. Aber er weiß auch, dass dieser Ausbruch der Gewalt ihnen noch mehr schaden wird. Der 38-jährige Jurist beschafft sich ein Megaphon und klettert auf das Dach eines Autos inmitten der aufgebrachten Menge.[41] »Leute, hört mir zu! Freunde, Nachbarn, Wähler: hört auf mit diesen Übergriffen. Wir können nichts erreichen mit Gewalt![42]

Aber die Demonstranten hören nicht mehr hin. Auch Conyers wird mit Steinen, Ziegeln und Flaschen beworfen. Die Polizei bittet ihn, die Aktion abzubrechen.[43] Sie können für seine Sicherheit nicht mehr garantieren.[44] Conyers muss abziehen.

Gegen 13 Uhr häufen sich in der Leitstelle der Polizei Berichte von Polizisten, die durch Wurfgeschosse verletzt wurden.[45] Inzwischen kommt es zu Brandstiftungen und auch die anrückenden Feuerwehrleute werden mit Steinen und Flaschen beworfen.[46] Die Stadtverwaltung beschließt deshalb, weitere Polizeikräfte nach Virginia Park zu senden.[47] Gegen 15 Uhr versammeln sich 360 Polizisten an der Waffenausgabe der Stadt.[48]

Die Krawalle haben sich auf angrenzende Stadtteile ausgedehnt.[49] Die vielen Brände werden durch einen starken Wind weiter angefacht und breiten sich rasch aus.[50] Inzwischen brennen nicht nur Läden, sondern auch Wohnhäuser.[51] Und auch jetzt noch werden die Feuerwehrleute bei ihrer Arbeit stark behindert.[52]

Gegen 15 Uhr 30 fordert Detroits Bürgermeister Jerome Cavanagh die Nationalgarde an, um die Krawalle zu beenden. Inzwischen musste die Feuerwehr ein Areal von etwa

100 brennenden Häuserblocks um die 12. Straße aufgeben, weil die Feuer außer Kontrolle sind.[53]

Gegen 19 Uhr treffen die ersten Truppen der Nationalgarde ein. Cavanagh verfügt eine Ausgangssperre zwischen 21 Uhr und 5 Uhr morgens. Die Ausgangssperre besteht gerade sieben Minuten, da gibt es das erste Todesopfer durch den Schusswaffengebrauch. Es ist ein 16-jähriger Jugendlicher.[54] Gegen 23 Uhr erschießt ein Ladenbesitzer einen weißen Plünderer.[55] Im Laufe der Nacht häufen sich Meldungen über Todesopfer und Angriffe von Heckenschützen.[56] Gerüchte kommen auf, dass die Black-Power-Bewegung die Kontrolle übernommen hat und den bewaffneten Kampf organisiert.[57]

Am 24. Juli befiehlt Michigans Gouverneur George Romney 800 Angehörige der Staatspolizei und 8000 Nationalgardisten nach Detroit, um die Unruhen zu beenden.[58] Doch auch die Präsenz der paramilitärischen Einheiten führt zu keiner Befriedung der Situation in der Stadt.[59] Berichte von Heckenschützen häufen sich.[60] Überall im Land berichtet die Presse über den Guerillakrieg, der offenbar begonnen hat.[61]

Nach mehreren Telefonaten mit dem US-Generalstaatsanwalt Ramsey Clark bittet Gouverneur Romney in einem Telegramm formal um Hilfe des Präsidenten.[62] Kurz vor Mitternacht tritt Johnson in Begleitung von Ramsey Clark, FBI-Direktor J. Edgar Hoover und Verteidigungsminister Robert McNamara vor die Fernsehkameras, um den Ausnahmezustand über Detroit zu verhängen.[63] Johnson teilt der Nation mit, dass 5000 Soldaten des Bundesheers nach Detroit beordert wurden.[64]

Am selben Tag erscheint in der ›Times‹ eine ganzseitige Anzeige, in der zahlreiche Prominente die Legalisierung von Marihuana fordern, unter anderem alle vier Beatles, ihr Manager Brian Epstein, der Schriftsteller Graham Greene, der 1962 für die Entdeckung der Struktur der DNS mit dem Medizin-Nobelpreis ausgezeichnete Wissenschaftler Francis Crick, der Labour-Abgeordnete Brian Walden und der BBC-Journalist David Dimbleby, Filmregisseur Peter Brook, der Fotograf David Bailey und mehrere Psychiater. Finanziert wurde die Anzeige durch eine Spende von Paul McCartney.

Am 27. Juli ist der Aufstand in Detroit beendet.[65] 33 Schwarze sind tot, zehn Weiße, 1189 Menschen sind verletzt und 7200 im Gefängnis. Der Sachschaden beträgt etwa 32 Millionen Dollar.[66] In der Nacht wendet sich Präsident Lyndon B. Johnson erneut in einer Fernsehansprache an die Amerikaner. »Wir haben eine Woche erdulden müssen, wie sie keine Nation erleiden sollte, eine Zeit der Gewalt und Tragik.«[67]

Die Berichterstattung in zahlreichen Medien über Heckenschützen und organisierte Aktionen der Schwarzen schüren in der Folge bei großen Teilen der weißen Bevölkerung extreme Ängste. Erst viel später wird klar, dass die Berichte über Heckenschützen maßlos übertrieben waren.[68] Tatsächlich stand ein Steine, Flaschen und Molotowcocktails werfender Mob einer mehr oder weniger kopflos um sich schießenden Staatsgewalt gegenüber.[69]

Am 28. Juli beruft US-Präsident Johnson ein elfköpfiges Beratergremium ein, das die Ursachen der Aufstände erforschen soll, die seit nunmehr vier Jahren das Land immer wieder erschüttern, doch nie zuvor in einem Ausmaß wie in diesem »Long, Hot Summer«. An mehr als 20 verschiedenen Orten ist es zu größeren und kleineren Krawallen gekommen. Der Gesamtschaden liegt bei über einer Milliarde Dollar.

Den Vorsitz der National Advisory Commission for Civil Disorders übernimmt der demokratische Gouverneur von Illinois, Otto Kerner. Deshalb wird die Kommission auch »Kerner-Kommission«[70] genannt.

Am 31. Juli findet vor dem Appellationsgericht die Revisionsverhandlung von Mick Jagger und Keith Richards statt. Richards leidet unter Windpocken, weshalb sein Verfahren abgetrennt wird. Vor dem Londoner High Court in der Fleet Street hat sich eine riesige Menschenmenge versammelt. Das dreiköpfige Richterkollegium ist überaus freundlich zu Jagger. Dennoch: Das Urteil bleibt in Kraft, da Amphetamine nach englischem Recht illegale Drogen seien.

Die Haftstrafe wird allerdings in eine Bewährungsstrafe von einem Jahr umgewandelt. Am Ende muss Jagger sich eine väterliche Gardinenpredigt anhören. Er trage besondere Verantwortung, weil er ein Idol der Jugend sei. Deshalb sei es ganz natürlich, dass er eine höhere Strafe erhalte, wenn er sich strafbar mache.

Keith Richards allerdings geht wirklich als freier und unbescholtener Mann nachhause. Das Appellationsgericht rügt die erste Instanz für eine völlig unzureichende Beweisführung. Richards sei dafür verurteilt worden, ein Ereignis wissentlich zugelassen zu haben, das als solches gar nicht bewiesen wurde. Urteil und Strafmaß werden aufgehoben.[71]

Bei Familie Drechsler in Erbendorf stehen die Anschaffungen des Monats Juli ganz im Zeichen der weiteren Renovierungsarbeiten am Haus. 5 Kilo Fugenweiß kosten 6 Mark, 3 Kilo Lack und die Grundfarbe dazu 39 Mark 40, Pinsel, Schrauben und andere Kleinteile zusammen 8 Mark 66 und das Beckolan, mit dem die Wandflächen gewalzt werden, sowie Dübel und weitere Schrauben 4 Mark 78.

Zeit wird es auch für zwei neue Kellerfenster mit Lochblechen, die 38 Mark 20 kosten. Die Reparatur eines defekten Regenschirms kostet 5 Mark und der Ölwechsel einschließlich einer Kleinreparatur am Auto 29 Mark 25. Den größten Einzelposten bei den Anschaffungen machen in diesem Monat 85 Mark 30 für den Buchclub und Schallplatten aus. 375 Mark schlagen für Nahrungsmittel zu Buche.

Nach der autoritären Herrschaft früherer Zeiten haben wir uns jetzt ein wenig zu sehr vom gesunden Mittelmaß entfernt. Wir wollen die Demokratie zu gut machen.

Der Polizeipräsident von Hannover

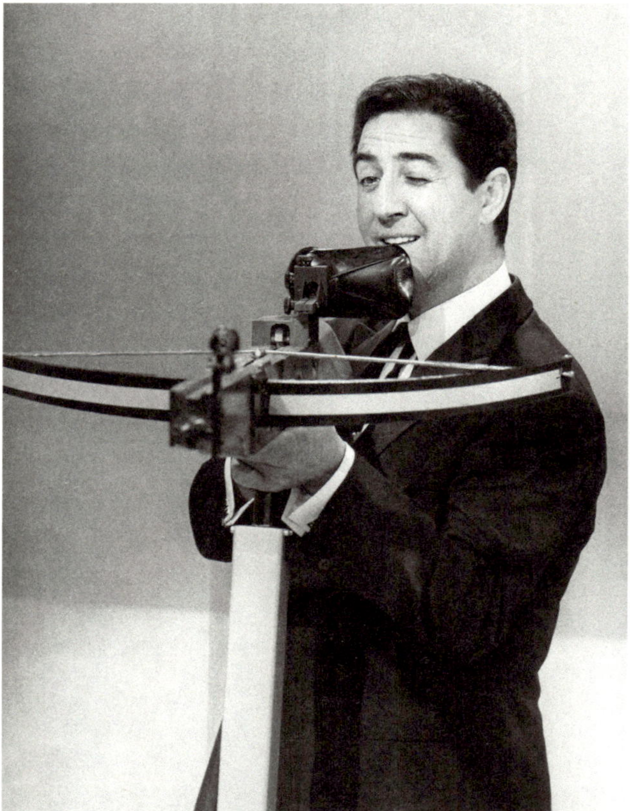

Am 8. August nehmen die Bee Gees in London den von allen drei Brüdern gemeinsam geschriebenen Song ›Massachusetts‹ auf. Sie waren noch nie in dem US-Bundesstaat, aber das Wort gefällt ihnen so gut. Zu dem Text inspiriert hat sie Scott McKenzies Hit ›San Francisco‹. Sie besingen nun, dass in Massachusetts die Lichter ausgehen, weil es alle Bewohner nach San Francisco zieht. Und dort bekommen dann alle Heimweh nach Massachusetts. Für die Brüder könnte der Zungenbrechertitel auch so etwas wie ein Mantra sein. Heimweh dürfte ihnen nicht fremd sein. Auch sie sind ja in ein Mekka – das der Popmusik – aufgebrochen, um weit weg von zuhause ihr Glück zu machen.

In Haight Ashbury macht die Völkerwanderung inzwischen Riesenprobleme. Nicht nur, dass der beengte Wohnraum aus allen Nähten platzt und die sanitären Anlagen den Andrang schlichtweg nicht zu bewältigen im Stande sind. Der Stadtteil ist eine Touristenattraktion geworden. Die Bewohner finden sich plötzlich ganzen Heerscharen von Schaulustigen gegenüber, besichtigt wie Tiere im Zoo. Omnibusse mit Touristen kommen aus allen Gegenden der Vereinigten Staaten und ziehen Burger-Buden, Eisverkäufer und alles, was zu einem richtigen kommerziellen Touristennepp noch so gehört, an.

In Bolivien soll der Prozess gegen Régis Debray beginnen. Aus Kuba kommt die Idee, eine Solidaritätskampagne in Gang zu setzen, um die internationale Öffentlichkeit auf den Fall des Franzosen zu lenken.[1] Die Kubaner haben auch die

Idee, den weltbekannten italienischen Verleger Giangiacomo Feltrinelli als Prozessbeobachter nach La Paz zu schicken.[2] Der überlegt nicht lange und stimmt umgehend zu.[3] Seine Versuche, namhafte Begleiter zu finden, schlagen allerdings fehl.[4]

Am 9. August kommt er in La Paz an und bezieht im Luxushotel La Paz das Zimmer 311.[5] Wenige Stunden nach seiner Ankunft versucht er, etwas über einen Guerillero zu erfahren, der zu Che Guevaras Gruppe gehörte und von einer Sondereinheit des Militärs gefangen genommen wurde. Der Mann war verwundet und wurde noch lebend über dem Urwald aus einem Hubschrauber abgeworfen.[6]

In La Paz wimmelt es von in einer seltsamen Mischung aus Konspiration und Abenteuerlust neugierigen Ausländern.[7] Trauen kann man eigentlich niemandem, da überall die CIA mitmischen könnte.[8] Feltrinelli bewegt sich ganz frei in La Paz und mischt sich unter die ausländischen Beobachter. Er knüpft Kontakte, erwirbt eine Landkarte des Landes und eine bolivianische Verfassung – und bucht einen Ausflug an den Titicacasee.[9] Daneben zieht er Erkundigungen ein, wie er eine Erlaubnis erhält, um nach Camiri zu reisen, wo Debray gefangen gehalten wird.[10] Dann trifft er sich mit dem im Dienste des Verteidigungsministeriums stehenden Hauptmann Carlos Vargas Velarde, der ihm Beweise für die Anwesenheit der CIA in Bolivien liefern will.[11] Außerdem soll der Verleger von diesem Kontakt Beweise dafür erhalten, dass die CIA plane, Söldner und kubanische Konterrevolutionäre einzuschleusen, um Gewaltakte in den umkämpften Gebieten zu verüben, die den Guerilleros in die Schuhe geschoben werden sollen.[12]

Auch der Fotograf, der gemeinsam mit Regis Debray verhaftet wurde, ist darüber informiert, dass er in La Paz ist, und sucht den Kontakt zu ihm. Dieser George Roth, dem Che Guevara nicht so ganz traut, befindet sich auf freiem Fuß und bietet dem italienischen Verleger einen Augenzeugenbericht über die Geschehnisse in Camiri an, wo auch er gefangen gehalten und verhört wurde.[13] Feltrinelli sammelt Informationen und erkundet die Gegend. Hat er etwas vor?

Am 12. und 13. August findet in Amsterdam das erste »Love-in« auf dem europäischen Kontinent statt. 8000 Hippies treffen sich bei einem Mammutkonzert im Messe- und Kongresszentrum der Stadt und feiern, tanzen, verteilen Blumen, bemalen Gesichter und Körper, huldigen Buddha oder berauschen sich mit Alkohol und Drogen, begleitet von zahlreichen neugierigen Medien auch aus anderen Ländern.

Die niedersächsische Landeshauptstadt Hannover hat in diesen Tagen ein Gammler-Problem. Das Wetter ist sommerlich. Auf dem zentralen Georgsplatz hat sich vor dem Bahnhof eine kleine Gruppe von Gammlern eingerichtet. Tagsüber lungern sie nichtstuend, saufend und singend herum, nachts rollen sie ihre Schlafsäcke aus und schlafen dort, wo sie schon den Tag verbracht haben. Die Polizei beobachtet das Geschehen und hat bereits festgestellt, dass es sich um eine eher kleine Gruppe echter Gammler handelt, zu denen sich tagsüber nach Schulbesuch oder Ausbildung neugierige Jugendliche aus der Stadt gesellen, die abends wieder heimgehen.[14] Das Phänomen, das schon seit mehreren Jahren im Sommer zu beobachten ist, wird als eher harmlos eingeschätzt.

Doch in diesem Jahr ist etwas anders. Die Gammler haben ihren Treffpunkt auf die gegenüberliegende Seite des Platzes verlegt, wo sie ihr Lager zwischen Bankgebäuden aufschlagen.[15] Das mögen die Bürger der Stadt nun nicht mehr dulden, ergibt der Eindruck etlicher Leserbriefe zu dem Thema, die von der Lokalzeitung in rascher Folge abgedruckt werden.[16] Besonders den Bankern ist der Anblick ein Gräuel. Der Polizei von Hannover wird Untätigkeit vorgeworfen.[17] Jetzt beendet der Polizeipräsident der Stadt die Schonzeit. Befragt zum »Gammlerproblem« sagt er: »Nach der autoritären Herrschaft früherer Zeiten haben wir uns jetzt ein wenig zu sehr vom gesunden Mittelmaß entfernt. Wir wollen die Demokratie zu gut machen.«[18]

Die Stadtverwaltung reagiert auf die zahlreichen Bürgerproteste. Mitte August wird zunächst ein Trupp städtischer Arbeiter ausgesandt, um die Gammler früh morgens des Platzes zu verweisen. Ein Wasserwerfer spritzt den Platz ab. Stunden später rückt ein weiterer Trupp städtischer Arbeiter an und besprüht die Sitz- und Schlafplätze der Gammler mit Desinfektionsmitteln.

Die Presse verbucht das Eingreifen der Stadt als spektakulären Publikumserfolg.[19] Kurz darauf greift die Polizei mit einer nächtlichen Razzia durch.[20] Zwei Stunden nach Mitternacht umzingeln 70 Polizei- und Kriminalbeamte den Platz und nehmen alle Gammler fest.[21] Im Polizeigewahrsam werden nicht nur die Personalien der jungen Leute überprüft, sondern auch Leibesvisitationen zur Feststellung von Geschlechtskrankheiten durchgeführt.[22] Gegen Morgen kommen alle Gammler wieder frei.[23] Das Delikt, das ihnen vorgeworfen wird, sei die »missbräuchliche Benutzung des öffentlichen Verkehrsraums zum Schlafen«, lässt die Polizei verlauten.[24]

Am frühen Abend des 17. August ist der Georgsplatz erneut Schauplatz einer polizeilichen Maßnahme gegen Gammler.[25] Angeblich ist einer der Gammler auf dem Platz Fahrrad gefahren.[26] Ein halbes Dutzend Streifenwagen rückt an, um ihn festzunehmen. Vor den Augen von fast tausend Schaulustigen kommt es zu einem Handgemenge, bei dem ein Gammler ein blaues Auge davonträgt.[27] Seine Gefährten marschieren zur nächsten Polizeiwache, um dort Anzeige zu erstatten.[28] Dort teilt ihnen ein Polizeihauptmeister mit: »Anzeige gibt es nicht. Das Grundgesetz ist heute außer Kraft.«[29] Nachts wird erneut auf dem Georgsplatz eine Razzia gegen die Gammler durchgeführt.[30] Die wenigen, die noch angetroffen werden, begrüßen die Polizisten wie alte Bekannte und lassen die Prozedur aus Festnahme, Abführen, Überprüfen und ein paar Stunden in Gewahrsam halten geduldig über sich ergehen.

Am 18. August steht Rudi Dutschke in Berlin vor Gericht. Er ist wegen öffentlicher Beleidigung angeklagt, weil er im Januar bei einer Personenkontrolle am Bahnhof Zoo zwei Polizisten als »Totengräber der Demokratie« bezeichnet haben soll.[31] Als aus dem Zuschauerraum mehrfach Zwischenrufe kommen, lässt der Richter den Saal räumen.[32] Während der Beweisaufnahme muss Dutschke mehrfach lachen.[33] Dafür herrscht der Richter ihn an: »Sie haben hier nichts zu lachen. Passiert das noch einmal, lasse ich Sie für drei Tage einsperren!«[34] Dutschke wird zu einer Geldbuße von 200 Mark verurteilt.[35] Ersatzweise drohen ihm 20 Tage Haft.

Am Nachmittag des 18. August bekommt Giangiacomo Feltrinelli in seinem Hotel Besuch von zwei bolivianischen Beamten.[36] Die CIA hat die Anwesenheit des Verlegers, der engste Verbindungen mit Fidel Castro unterhält, registriert und die bolivianischen Behörden informiert.[37] Alle, die es wissen wollen, wissen, dass es in der Stadt von Undercover-Agenten der CIA wimmelt. Überall ist Misstrauen geboten, beziehungsweise: fast überall. Auch der kubanische Geheimdienst ist aktiv und arbeitet mit Kontaktleuten. So gibt es in La Paz auch zuverlässige Anlaufstellen für den Verleger.[38]

Unter anderem will er bei einem seiner konspirativen Treffen von einem Kontaktmann Kubas wissen, ob man irgendwo in Bolivien ein Flugzeug mieten könne.[39] Wozu er ein Flugzeug braucht, wird seinen Gesprächspartnern nicht so ganz klar.[40] Um jemand außer Landes zu bringen?[41] Hat er irgendeinen Plan, der über seine medienwirksame Anwesenheit bei dem bevorstehenden Prozess hinausgeht? Auch von Kuba aus wird intensiv beobachtet, was er macht. Dort weiß niemand, was er eigentlich vorhat. Einen Auftrag jedenfalls hat er nicht.[42]

Am Morgen des Vortags war Feltrinelli aufgefallen, dass er beschattet wird. Er wohnt noch immer im gediegenen »La Paz« und hat inzwischen sogar seiner Freundin Sibilla Melaga das Ticket spendiert, ihn in Bolivien zu besuchen.[43] Seit einigen Tagen ist die zwanzigjährige Modeverkäuferin, die dem 41-jährigen Verleger ihren ersten Transatlantikflug verdankt, in La Paz.[44] Während sie im Hotel bleibt, setzt Feltrinelli seine Erkundigungen in der Stadt fort.

Nun stehen also zwei Männer in seinem Hotelzimmer, die ihn nötigen, sie zur Direktion für Kriminaluntersuchungen zu begleiten. Ihm bleibt nichts anderes übrig als mitzugehen. Sofort beginnt ein langes Verhör. Während der Verleger bei der Polizei ist, ist seine Freundin so klug, die bei ihr zurückgebliebenen privaten Aufzeichnungen Feltrinellis einem Mittelsmann der Kubaner zu übergeben, der sie vernichtet.

Als die Befragung des Verlegers endet, wird Feltrinelli in eine Gefängniszelle gebracht. Er ist festgenommen. Die Nachricht verbreitet sich wie ein Lauffeuer unter den ausländischen Beobachtern und wird über diese in die internationale Öffentlichkeit kommuniziert. Boulevardzeitungen in Italien melden schon am nächsten Nachmittag sensationsheischend »Verleger Feltrinelli in Bolivien verschwunden«.

Über Nachrichtenagenturen findet der Vorfall auch über die seriöse Presse Verbreitung. In Kuba freut man sich, obwohl noch ganz ungewiss ist, was aus Feltrinelli wird. Denn endlich schaut die ganze Welt nach Bolivien und nimmt wahr, was dort geschieht.[45] Dass der Öffentlichkeit nicht entgeht, dass das Verschwinden des unbotmäßigen Verlegers im Zusammenhang mit der Präsenz der CIA in dem südamerikanischen Land steht, kommt Kuba gerade recht. Beweise für die Aktivitäten der CIA gibt es zwar nicht – wie auch –, aber das Szenario spricht Bände.

Viele Erklärungen sind gar nicht mehr nötig, die Realität brutaler Unrechtsregime einer breiteren Öffentlichkeit zu vermitteln. Durch Autoren wie Graham Greene ist der eigentümliche Reiz des Zusammentreffens von irgendwie beschädigten Moralisten mit Regimen wie denen eines »Papa Doc« Duvalier auf Haiti zum beliebten Lesestoff geworden. 1966 diente die Willkürherrschaft in Haiti seinem Erfolgsroman ›Die Stunde der Komödianten‹ als Folie.

Realistischer könnte ein politischer Bezug auf einen Despoten kaum sein. Im Großen und Ganzen geht es um das Sich-stellen-Müssen, spannend aufbereitet und mit schillernden Protagonisten. Während Feltrinelli in seiner Zelle in La Paz sitzt, schneidet in Hollywood der Regisseur Peter Glenville seine Verfilmung des Greene-Bestsellers, die im Oktober in die US-Kinos kommen soll. In den Hauptrollen sind Megastars wie Richard Burton, Elizabeth Taylor, Alec Guiness und Peter Ustinov zu sehen.

Der bolivianische Geheimdienstchef Oberst Roberto Quintanilla persönlich hat die Verhaftung des Verlegers angeordnet. Und tatsächlich wird das Verhör von einem im bolivianischen Innenministerium tätigen Agenten der USA durchgeführt.[46] Feltrinelli wird nun unter anderem vorgehalten, hohe Summen Bargeld mit sich zu führen und hunderte von Fotos aufgenommen zu haben.[47] Die Fotos sind allerdings Bilder von seinem Ausflug an den Titicacasee und 4000 Dollar Bargeld bei einem Milliardär nicht wirklich große Summen.[48]

Dann wird ihm das Treffen mit der Familie des verschwundenen Guerilleros zum Vorwurf gemacht.[49] Es scheint, als hätten die Agenten wirklich jeden Schritt des Verlegers in Bolivien mitbekommen. Aber auch diesen Angriff seiner Gegner lässt er abperlen: Der Vater des verschwundenen Guerilleros ist ein berühmter Historiker, für einen Verleger ein völlig selbstverständlicher beruflicher Kontakt.[50] So what?

Der CIA-Agent verliert angesichts der vermeintlichen Bauernschläue seines Gegenübers die Beherrschung und schreit ihn an: »Sie sind ein Spion Moskaus! Sie können gar nichts anderes sein als ein Agent des sowjetischen Kommunismus!«[51] Feltrinelli schweigt und bleibt in Haft. Nun wird auch seine Freundin festgenommen und verhört. Und überall wird weiter über den Fall berichtet.

Das zwingt offenbar die Behörden zu einer Stellungnahme. Boliviens Innenminister Antonio Arguedas erklärt gegenüber der Presse, der italienische Verleger werde beschuldigt, gegen ein Gesetz verstoßen zu haben, das Ausländern verbiete, sich in die internen Angelegenheiten seines Landes einzumischen.[52] Bolivien habe sich mit dem schwerwiegenden Problem der Guerilleros auseinanderzusetzen und könne diejenigen nicht respektieren, die offen mit ihnen zusammenarbeiten.[53]

Nachdem offizielle bolivianische Regierungsstellen sich zu dem Fall geäußert haben, intervenieren sofort Italiens sozialdemokratischer Staatspräsident Guiseppe Saragat und der überaus populäre und einflussreiche Christdemokrat Amintore Fanfani, mehrfach Ministerpräsident und aktuell Außenminister Italiens.

Schon am späten Mittag des 20. August werden der Verleger und seine Freundin zum Flughafen gebracht. Feltrinelli wird ausgewiesen. Seine Freundin wird vom Geheimdienstchef zum Flughafen eskortiert. Sardonisch macht der Oberst ihr klar, was für ein Glück sie gerade hatte. Quintanilla holt ein Heiligenbildchen der Jungfrau Maria aus der Tasche und rät der Zwanzigjährigen, eine Kerze für die Madonna anzuzünden.[54]

Bei der Zwischenlandung in Peru wird Feltrinelli auch dort zur persona non grata erklärt. Die bolivianische Regierung ruft ihm in einer Presseerklärung hinterher: »Wenn Freiheit und Gerechtigkeit in Bolivien nicht existieren würden, hätte Giangiacomo Feltrinelli das Land nicht lebend verlassen.«[55] Die Drohung ist unmissverständlich.

Das große Aufsehen, das der Fall international erregt, stimmt den Verleger geradezu euphorisch, denn sein politisches Ziel ist erreicht.[56] Dass in Italien nicht nur Solidarität gezeigt wird, sondern konservative Zeitungen ihn kritisieren, kommt seinem Wunsch nach größtmöglicher Aufmerksamkeit ebenso entgegen wie die neofaschistischen Proteste im Parlament und Demonstrationen in seinen Buchhandlungen in Rom und Mailand, bei denen Neofaschisten skandieren: »Nein zu Feltrinelli, dem Agitpropmillionär.«[57]

Die grundsätzlichen Fronten zwischen den Systemen zeigen sich damit auch in Italien. Was will man mehr? Denn eins ist klar, weiß er nach seinem Besuch in Bolivien: »Es gibt keinen Zweifel: Ein zweites Vietnam hat begonnen.«[58] Er glaubt fest an die bevorstehende Volkserhebung unter Führung seiner kubanischen Freunde in Bolivien.

Die Gammler von Hannover sitzen wieder an ihrem Stammplatz auf dem Georgsplatz. Nicht alle Hannoveraner sind mit dem Vorgehen von Polizei und Behörden einverstanden. Um ihre Solidarität zu bekunden, schenken einige Bürger den jungen Leuten am 20. August Blumen. Die Gammler möchten die Geste weitergeben und ihrerseits die Blumen an die vielen Schaulustigen verteilen, um ein Zeichen guten Willens zu setzen. Kaum einer der Bürger nimmt das Geschenk jedoch an. Man wolle sich keinen Sand in die Augen streuen lassen, wird aus der Menge laut.[59] Die Gammler stecken sich die Blumen ins Haar und sehen nun aus wie Hippies.[60]

Am 25. August beginnt die nächste Revolution im Bereich der Kommunikationstechnik. Es ist der Eröffnungstag der 25. Großen Berliner Funkausstellung in den Messehallen unter dem Funkturm. Gegen 11 Uhr drückt Berlins ehemaliger Bürgermeister, der jetzige Außenminister der Bundesrepublik, Willy Brandt, einen Knopf. Die Show, mit der die Funkausstellung eröffnet wird, ist auf den Bildschirmen in Farbe zu sehen. Was für ein Effekt! Die bunten Kostüme der vor dem großen Saalpublikum auftretenden Künstler sind auf den Monitoren genauso quietschbunt und nicht mehr schwarz-weiß wie gerade eben noch! Das Zeitalter des Farbfernsehens hat für die Deutschen begonnen.

Das live übertragene Ereignis ist hinsichtlich des dramatischen Farbwechsels allerdings zunächst nur für eine kleine Minderheit an den heimischen Fernsehgeräten nachvollziehbar. Bisher verfügt nur ein minimaler Anteil der deutschen Haushalte über ein farbtaugliches Gerät. Zu teuer ist noch die Anschaffung. Und eine gewisse Skepsis, ob man Farbe wirklich braucht und ob das gut für die Augen ist, spielt auch eine Rolle.

Die Hersteller setzen schon bedingungslos auf die neue Technik. Hunderte von Geräten mit Farbbildröhren sind in der Ausstellung zu sehen.[61] Es gibt bereits 28 cm-, 48 cm-, 56 cm- und 63 cm-Bildschirme. Das kleinste Gerät wiegt, wie die Presse anmerkt, »nur« 11,7 kg.[62] Die beliebten Kombinationsvitrinen, gern in edlem Holz, mal modern, mal antik gestaltet, die auch Plattenspieler, Radio und mehrere Lautsprecher enthalten, bringen zwei Zentner auf die Waage.[63] Mit 60 cm Tiefe sind die Farbfernseher fast doppelt so tief wie moderne Schwarz-Weiß-Geräte.

Bei der Preisgestaltung gehen die Hersteller keine Kompromisse ein. Sie haben ein Rabattkartell gebildet und halten an der Preisbindung ihrer Geräte fest, die den Einzelhandel an den Verkaufspreis von 2400 Mark bindet. Die Preisbindung ist ein ganz normaler Vorgang[64] und wird unter anderem damit begründet, dass sie den Konsumenten Planungssicherheit ermögliche. Als die Versandkaufhäuser Neckermann und Quelle Geräte unter 2000 Mark anbieten, ist die Aufregung bei den deutschen Herstellern groß. Man droht den Preisbrechern mit juristischen Konsequenzen.

Die Preisbrecher begründen ihr Ausscheren aus dem Kartell damit, dass die Billigangebote ja aus dem europäischen

Ausland reimportiert wurden. Dort gilt die Preisbindung nicht. Der gemeinsame Markt der EWG ermöglicht diesen legalen Trick. Beim Bundeskartellamt macht man sich bereits Gedanken darüber, ob durch den gemeinsamen Markt nun das Ende der Preisbindung gekommen sei.[65]

Ob das allerdings für die Fernsehzuschauer relevant ist, die sich an diesem Abend millionenfach vor die Bildschirme drängen, kann bezweifelt werden. Denn etwas anderes, das mit diesem Ereignis der TV-Geschichte zu tun hat, erregt seit Wochen überaus intensiv die Gemüter. Es geht um eheliche Treue, Moral und gute Sitten.

Die beliebte Quizshow ›Der Goldene Schuss‹, deren 25. Ausgabe an diesem Abend in der Berliner Deutschlandhalle den festlichen Rahmen für die Einführung des Farbfernsehens abgibt, wird nach einem veritablen Skandal mit einem neuen Showmaster gesendet. Nicht mehr der Publikumsliebling Lou van Burg moderiert die Jubiläumssendung, sondern der Schweizer Vico Torriani. Der kann zwar singen, dafür aber lange nicht so schräge Witze machen, wie »Onkel Lou«, die echte Type.

Stein des Anstoßes ist das Privatleben des beliebten Holländers. Der Lebenswandel des Unterhalters verträgt sich nicht so ganz mit den Vorstellungen des Zweiten Deutschen Fernsehens, das sich wiederum gewiss ist, die Vorstellungen der normalen Deutschen zu repräsentieren. Und man hat schon Toleranz beweisen. Längst war bekannt, dass der verheiratete van Burg, getrennt von seiner Ehefrau, im Konkubinat mit seiner Managerin lebt, einer belgischen Sängerin.

Die machte nun im Juli öffentlich, dass ihr Lebensgefährte sich seiner jungen Assistentin zugewandt habe, die auch schon ein Kind von ihm erwarte. Als ob das an Verwicklung noch nicht genug war, erwies sich diese junge Frau auch noch als verheiratete Mutter eines bereits vorhandenen Kindes. Die Yellow Press hyperventiliert. Für jede Sensation dankbare Leser stimmen ein: »Ein Ehebrecher im Fernsehen. Das geht gar nicht!«[66] ›Bild‹ sieht Parallelen zum britischen Profumo-Skandal, bei dem 1963 eine Affäre mit einem Callgirl den britischen Heeresminister und letztlich auch den Regierungschef zu Fall brachte.[67] Der ›Spiegel‹ lästert: »Auf den Frontseiten von ›Bild‹ tobt der Kampf um die Moral, die sich im dämmernden Zeitalter der Farb-Television zu neuer Strenge läutern soll.«[68]

Der Intendant des ZDF reagiert. Van Burg darf seine Sendung nicht mehr moderieren. Nun muss die Entscheidung gegen die Kritiker verteidigt werden, die sich über die vermeintlich unzeitgemäßen Moralapostel lustig machen. Der ZDF-Intendant Karl Holzamer als Repräsentant des Öffentlich-Rechtlichen Rundfunks wird durchaus als Repräsentant der Obrigkeit wahrgenommen. Der überzeugte Katholik, Mitglied des päpstlichen Ritterordens vom Heiligen Grab zu Jerusalem und erst im vergangenen Jahr vom Papst mit dem Comturkreuz mit Stern des Gregoriusordens ausgezeichnet, erläutert gegenüber Journalisten: »Die Visitenkarte des ZDF muss sauber bleiben.«[69]

Außerdem denke das Gros des Publikums ebenso. Es sei auch zu verhindern gewesen, dass die live gesendete Jubiläumssendung durch Unmutsbekundungen gestört werde. Aber ganz wesentlich ist: Er sei durchaus gar nicht bigott. Das sagt er so direkt nicht, will es aber wohl so verstanden wissen, als er äußert, seine Reaktion sei nur erfolgt, weil van Burgs frühere Geliebte an die Öffentlichkeit ging und der Boulevard das Thema so breitgetreten habe. Der Gentleman genießt und schweigt und hat seine abgelegten Gspusis im Griff?

Nein, das sei kein Urteil über die Moral, sagt der Intendant. Es gehe um das Image des ZDF. Personen, die mit dem Sender identifiziert werden, wie Lou van Burg, dürfen nicht alles. Die Mainzelmännchen auch nicht, führt der Intendant weiter aus. Das seien auch Identifikationsfiguren, für die strengere Maßstäbe gälten. »Hä?«, fragen ihn Journalisten: »Das sind doch Zeichentrickfiguren?« »Aber von Menschen erdacht«, sagt weise der Intendant. Menschliche Phantasie gehe viel weiter, als das ZDF es zulassen könne.

Man hatte früher schon bei weniger anrüchigen Verfehlungen harte Konsequenzen gezogen. 1965 entließ Holzamer die Ansagerin Hildegard Stößel, nachdem Fotos von ihr veröffentlicht worden waren, die sie auf einer als Pyjama-Party angelegten Karnevalsveranstaltung im Babydoll zeigten.[70]

Und, ja, eine Ansagerin, die sich öffentlich zu ihrem unehelichen Kind bekennt, wie gerade bei der ARD, die wäre beim ZDF ebenfalls nicht tragbar. Immerhin enthalten die Richtlinien des Fernsehrats den Schutz der Familie. »Wenn ich bedenke, wie viele Schwierigkeiten der nachwachsenden Generation dadurch entstehen, dass sehr viele Kinder vaterlos aufwachsen«, weiß der studierte Pädagoge gängige Vorurteile ohne überflüssige Argumente zu bestätigen.[71]

Ganz klar ist auch die Antwort auf die Frage, ob denn die Beatles mit ihrem Hit ›Lucy in the Sky with Diamonds‹ auftreten dürften, in dem das Rauschgift LSD besungen werde. »Wenn das eine Verherrlichung und keine Karikatur ist, dann nicht, und zwar deshalb, weil es zu Dingen auffordert, die in sich schädlich, jugendgefährdend, menschenzerstörend sind.«[72] Aber nein, auch das hat doch nichts mit moralischen Urteilen zu tun. Den Einwand, dass das Publikum vielleicht einfach nur gute Interpreten hören wolle, lässt der

Intendant nicht gelten. Es gebe auch andere als diesen Paul McCartney, findet er.[73]

Wie auch immer, das Publikum hat seinen Skandal und die Jubiläumssendung von ›Der Goldene Schuss‹ eine Einschaltquote von fast 70 Prozent.[74]

Am 28. August unterzeichnet in der europäischen Unternehmenszentrale der Investmentgesellschaft International Overseas Service (IOS) am Genfer See der amtierende FDP-Vorsitzende und ehemalige Bundesminister für gesamtdeutsche Fragen und Vizekanzler der Bundesrepublik im Kabinett Erhard 2 einen Fünfjahresvertrag als Vorsitzender des Verwaltungsrates der IOS Deutschland GmbH.[75]

Erich Mende ist ab sofort für ein Salär von 30 000 Dollar, umgerechnet 120 000 Mark, dafür zuständig, die Vertriebsorganisation des IOS in der Bundesrepublik zu straffen und die 2500 deutschen IOS-Vertreter zu schulen und einzuweisen sowie die Öffentlichkeitsarbeit zu beaufsichtigen.[76] Seine Parteiämter will er beibehalten und auch erneut für den Vorsitz der FDP kandidieren.[77]

Am selben Tag wird in der Frankfurter Paulskirche Carlo Schmid mit dem alle drei Jahre vergebenen Goethepreis der Stadt Frankfurt ausgezeichnet. Der frankophile SPD-Politiker, der auch als Übersetzer von André Malraux in Erscheinung getreten ist, ist der erste Politiker, der mit dem renommierten Preis bedacht wird. Der 70-Jährige staunt über die Wahl.

»Schon im Frühjahr hatte mich Frankfurts Oberbürgermeister gefragt, ob ich bereit sei, den mir von der Jury zugedachten Preis anzunehmen, für den Fall, dass die Stadtverordnetenversammlung beschließe, der Empfehlung der Jury zu folgen. Ich war ob dieser Mitteilung erstaunt. Warum sollte ich einen Preis zugesprochen erhalten, mit dem als Erster Stefan George und nach ihm Albert Schweitzer, Sigmund Freud, Max Planck, Karl Jaspers und Thomas Mann ausgezeichnet worden waren? Was habe ich denn zu Goethe gesagt und geschrieben, was andere nicht schon vor mir gesagt und geschrieben haben? Oberbürgermeister Brundert erklärte mir, die Jury habe mich für den Preis vorgeschlagen, weil sie es für geboten halte, einen Mann zu ehren, der nicht nur theoretisch und literarisch, sondern durch sein tätiges Leben Zeugnis ablege, dass Geist und Politik in der Hingabe eines Menschen an den Staat eine fruchtbare Verbindung eingehen können.«[78]

In seiner Laudatio in der voll besetzten Paulskirche betont der Oberbürgermeister, das Preisgericht habe Carlo Schmid nicht als Vertreter einer politischen Partei, nicht als Minister, nicht als Autor und Wissenschaftler des Preises für würdig befunden, sondern weil er sich dem Staat verschrieben habe, nicht um der Handhabung der mechanischen Funktionen der Staatsgewalt willen, sondern um im Goethe'schen Verständnis von der Bestimmung des Menschen zur Vermenschlichung des Staates beizutragen.[79]

In seiner Erwiderung unter dem Leitgedanken »Goethe als Wegweiser zu mir selbst« schildert Schmid die Rolle, die Goethes Werk und Goethes Gestalt in seinem Leben gespielt haben. Aus Goethes Roman ›Wilhelm Meister‹, in dem gewisse Sätze ihm als Paraphrasen zu dem Hegel-Wort »Werde selber Staat« erschienen seien, habe er erkannt, dass »der Rang des Menschen an dem Maße seiner Bereitschaft gemessen werden kann, was er in den Wechselfällen des Lebens aus sich zu machen verstand, in die Gemeinschaft einzubringen.«[80]

Als Schmid nach der Verleihung des Preises die Paulskirche verlässt, stehen davor Demonstranten mit Transparenten, auf denen steht: »Preisochse!« Die jungen Leute skandieren: »Nieder mit Goethe!« Schmid formt mit den Händen einen Trichter und ruft zurück: »Goethe hält euch auch noch aus.«[81]

Im August ist Kurt Drechsler drei Wochen lang für den Wagendienst beziehungsweise als Verkehrsdienstleiter eingeteilt und arbeitet zu den ganz normalen Bürozeiten. Wie jeder gewöhnliche Angestellte ist er unter der Woche jeden Tag gegen 17 Uhr zuhause.

Das bedeutet, dass er mehr Zeit für seine Familie hat. Der Sommer ist in diesem Jahr herrlich. Die Jahreskarte für das Schwimmbad wird nun weidlich ausgenutzt. Für 40 Mark wird ein neuer Liegestuhl angeschafft. 5 Mark werden auf einem Volksfest ausgegeben. Diesen Monat wird nicht nur Lotto gespielt, sondern es werden auch ein paar Lose gekauft für 2 Mark 15.

Und endlich schaffen sie es, abends ins Kino zu gehen, einmal am Ort für 6 Mark. Und einmal fahren sie für einen Film bis Bayreuth, wo der Eintritt 7 Mark kostet. Das ganz große Ereignis ist aber die Fahrt nach Wunsiedel zu den Festspielen auf der Luisenburg, wo sie sich eine Aufführung von Kleists ›Prinz von Homburg‹ ansehen und das Felsenlabyrinth besuchen. 25 Mark kostet der Ausflug.

Mitten in der diesjährigen Hitzewelle ist aber auch Vorsorge für den nächsten Winter zu treffen. Heizöl ist im Sommer besonders günstig. Der Tank wird mit 740 Litern zu je

18 Pfennig aufgefüllt, insgesamt 133 Mark 20. Der neue Duschvorhang kostet 14 Mark 50, die Aufhängung 25 Mark 45. In den Sonntagskollekten der Kirche landen 5 Mark.

Die Kinder bekommen Unterhemden für zusammen 5 Mark 88 und Berta eine braune Schürze aus Perlon für 18 Mark 30. Kurts Schuhe müssen neu besohlt werden, was 9 Mark 80 kostet. Die Reinigung von zwei Anzügen und einer Hose schlägt mit 17 Mark zu Buche.

Das sind ja schöne Manieren

Rüdiger Altmann

Anfang September sind die ersten Kürbisse reif. Die alte Frau Kempowski bereitet für den Winter ihr köstliches Kürbiskompott zu. Sie braucht dazu zwei Kilo Kürbis, ¼ Liter 5-prozentigen Weinessig, ¾ Liter Wasser, 3 Stückchen frischen Ingwer, 1 kg Zucker, 2 unbehandelte Zitronen und 200 g Mandeln. Der Kürbis wird sorgfältig von den Kernen und dem faserigen Innern befreit, geschält und in gleichmäßige Würfel geschnitten. Wasser und Essig werden gemischt und in einen Kochtopf über die Kürbiswürfel gegossen. Diese ruhen anschließend 8 bis 12 Stunden in dem Essigwasser. Dann wird der Kürbis im Essigwasser mit dem Ingwer und dem Zucker aufgekocht, bis die Würfel glasig sind. Noch heiß wird der Kürbis in sterilisierte Gläser gefüllt. Auf die Würfel werden gleichmäßig die in Scheiben geschnittenen Zitronen und die abgezogenen Mandeln verteilt. Der verbliebene Saft wird zu einem dicken Sirup reduziert und über das Kompott gegeben. Dann werden die Gläser verschlossen und vorschriftsmäßig eingeweckt.[1]

Am 5. September veröffentlicht Giangiacomo Feltrinelli in der italienischen Zeitschrift ›Tempo‹ unter der Überschrift »Le mie pregioni« – »Meine Gefängnisse« – einen ausführlichen und dramatisch ausgeschmückten Bericht über seine Bolivienreise. Den Titel hat er sich von seinem Landsmann Silvio Pellico ausgeliehen. Der Dramatiker und politische Autor, der zu Beginn des 19. Jahrhunderts in den Kreisen von Germaine de Staël und Lord Byron verkehrte, zählte mit dem Nationaldichter Alessandro Manzoni zu den intellektuellen Vorreitern der italienischen Freiheitsbewegung. 1820 war er wegen seiner politischen Betätigung verhaftet und später in einem dubiosen Prozess zum Tode verurteilt und dann zu fünfzehn Jahren Kerker begnadigt worden. In ›Meine Gefängnisse‹ hatte er seine jahrelange Inhaftierung in den berüchtigten Bleikammern von Venedig und der Festung Spielberg bei Brünn in Mähren beschrieben, deren grausame Haftbedingungen durch ihn europaweit bekannt wurden. Er war 1830 vorzeitig aus der Haft entlassen worden, aber so schwer traumatisiert, dass er nie wieder an sein früheres politisches Engagement anzuknüpfen wagte. Das Buch über die Gefangenschaft zählte in Feltrinellis Jugend in Italien zur Schullektüre. Als jetzt sein eigener Erfahrungsbericht unter diesem Titel erscheint, kann er bei fast jedem Leser mit Déjà-vu-Affekten gegen die Ungerechtigkeit der Unterdrücker rechnen, wie sie damals die Lektüre von Pellicos hilflosem Ausgesetztsein evozierte – die Hochachtung für die Opferbereitschaft des Freiheitskämpfers inklusive. Dabei war er nur zwei Tage im Gefängnis.

Kurz danach trifft sich Giangiacomo Feltrinelli zu einem Fotoshooting mit Ugo Mulas. Der italienische Starfotograf soll den illustren Verleger für die erste Ausgabe eines neuen Magazins von Condé Nast in Szene setzen. Für die ›L'Uomo Vogue‹ lässt sich der Milliardär in einem uniformhaften Outfit fotografieren. Der lange Militärmantel, der wie auf den Leib geschneidert wirkt, ist aus dem seltenen und besonders fragwürdig gewonnenen Breitschwanz-Persianer[2] gefertigt. Auf dem Kopf trägt Feltrinelli eine russisch inspirierte hohe Nutria- oder Bibermütze, in der rechten, lässig herabhängenden Hand den Stumpen einer dicken Zigarre. Die linke Hand ruht in der Manteltasche. Mulas fotografiert ihn von schräg unten. Der Blick ist direkt in die Linse gerichtet, ernst, leicht generyt, wie überrascht: perfekt inszeniert in der Pose eines Gebieters. Feltrinelli mit seinem gewaltigen Schnurrbart könnte auch ›Dr. Shivago‹ entstiegen sein, wären da nicht die große moderne Brille, Bügelfaltenpants und die feinen italienischen Schuhe.

Hat der berühmte Fotograf Feltrinelli als Karikatur seines größten Erfolges inszeniert? Oder soll das Bild nur zeigen, wie der Verleger mit seinem Coup, den Pasternak-Roman in die Welt zu bringen, nun auch die Mode inspiriert hat? Das Posieren für Männermode des in Sachen Revolution durch die Welt jettenden Milliardärs löst eine Flut von Häme aus.[3] Was will der Verleger damit sagen, will nicht nur der allzeit an dessen vermeintlichen Eskapaden interessierte Boulevard wissen. Die Männermode revolutionieren? Ist es das?

»Von der Höhe seines widerspenstigen Bartwuchses lädt uns das ungewöhnliche Mannequin dazu ein, jede Zurückhaltung aufzugeben, unsere Rechte geltend zu machen und uns der Tatsache zu stellen, dass wir bisher die Männermode als unverzichtbares Konsumgut noch nicht wahrgenommen haben«[4], macht sich die intelligentere Presse über ihn lustig.

Seine eigenen Mitarbeiter treibt er an den Rand der Verzweiflung.[5] Alle versuchen ihm den Rücken zu decken und dann so etwas. Was soll das? Die Pressesprecherin des »Kollektivs Feltrinelli« Alba Morino Laricchiutta beantwortet keine Anfragen mehr: Sie trotzt.[6]

Am 8. September erklärt der Verleger Axel Springer dem Bonner Innenministerium seinen Rücktritt aus der 17-köpfigen Enquetekommission, die im Mai von der Bundesregierung zur Untersuchung der Gefährdung der wirtschaftlichen Existenz von Presseunternehmen und der Folgen der Konzentration für die Meinungsfreiheit in der Bundesrepublik Deutschland eingesetzt worden ist.[7]

Springers Protest richtet sich insbesondere gegen den Vorsitzenden der Kommission, Eberhard Günther.[8] Günther ist seit zehn Jahren Präsident des Bundeskartellamts.[9] Er hat von Anfang an klargemacht, dass die Kommission auch über Beschränkungen für Pressekonzerne beraten müsse, zum Beispiel über eine gesetzliche Begrenzung von Auflagen.[10]

Schon bei der Berufung des Kartellwächters hat Springer wegen dessen vermeintlicher Voreingenommenheit Bedenken geäußert.[11] Die Springer-Blätter ›Bild‹ und ›Welt‹ griffen Günther öffentlich an.[12] Inzwischen liegt der Entwurf des Zwischenberichts zur Beschlussfassung vor. Springer findet »ganz unglaublich«, was dort zu lesen ist.[13] Der Bericht, so der Verleger, setze »die Arbeit des Sozialistischen Studentenbundes fort«.[14]

Der Entwurf schlägt neben zahlreichen weiteren Maßnahmen Auflagenbegrenzungen vor, um die Erfüllung des Verfassungsauftrags der Presse für die freie Meinungsbildung zu sichern.[15] Das betrifft vorwiegend Axel Springer, der nach Höhe der Auflagen seiner Zeitungen 40 Prozent des gesamten westdeutschen Zeitungsmarkts kontrolliert und in Hamburg und Berlin jeweils über 90 Prozent.[16]

Außerdem schlägt die Kommission der Bundesregierung vor zu prüfen, wieweit die Konzentration die Meinungs- und Pressefreiheit beeinträchtigt, und gegebenenfalls gesetzliche Regelungen zu erarbeiten.[17] Bis zum Abschluss der Arbeit der Kommission soll die Bundesregierung dafür sorgen, dass im Bereich der Großunternehmen keine weitere Konzentration stattfindet.[18]

Auch das betrifft besonders Springer, der durchaus zu Recht Eingriffe in sein Unternehmen fürchtet. Nur: Die Kommission ist vom Bundestag eingesetzt worden, um etwaigen Regelungsbedarf abzuklären.

Am selben Tag versucht das Präsidium des Bundesverbandes der deutschen Zeitungsverleger, dem Springer angehört, die anderen fünf Verleger, die Mitglieder der Enquetekommission sind, zum Austritt zu bewegen.[19] Da die Kommission nur mit Zweidrittelmehrheit beschlussfähig ist, würde sie platzen.[20]

Doch nur ein Verlegerkollege, der gemeinsame Projekte mit Springer hat, folgt der Aufforderung.[21] Die Beschlussfähigkeit der Kommission bleibt erhalten. Der konservative Intellektuelle Rüdiger Altmann, als stellvertretender Hauptgeschäftsführer des Deutschen Industrie- und Handelstags in der Kommission, kommentiert Springers Versuch, die Kommission zu sprengen, mit dem Satz: »Das sind ja schöne Manieren.«[22]

Am 16. September begeht das »Fantom« einen weiteren Anschlag. Über der Hauptstrecke Hamburg-Harburg spannt der Attentäter zwischen zwei Starkstrommasten eine zwölf Meter lange und einen Zentner schwere Stahltrosse.[23] Der Anschlag misslingt, weil Züge das Stahlseil zerfetzen.[24] Wieder geht bei der ›Bild‹ ein Bekennerbrief ein.[25]

Schon am folgenden Tag detonieren nachts gegen 1 Uhr 45 in einem Schließfach des Hamburger Hauptbahnhofs gleich zwei mit Zeitzündern versehene Bomben.[26] Durch herumfliegende Teile wird ein Passant verletzt. »Roy Clark« bekennt sich. Die Bundesbahn legt vorerst den gesamten Schließfachbereich am Hamburger Hauptbahnhof still.[27]

Kurt Drechsler hat an diesem und am nächsten Tag dienstfrei.

Am 22. September wird im Ersten Programm der vom Bayrischen Rundfunk produzierte Dokumentarfilm ›Herbst der Gammler‹ gezeigt. Regisseur Peter Fleischmann hat die bei seiner Langzeitstudie Ende 1966/Anfang 1967 entstandenen Filmaufnahmen zu einem 67 Minuten langen Film zusammengeschnitten. Laut Pressetext soll der Film für Verständnis für junge Aussteiger in München werben.[28]

Wenige Tage vor der Erstaufführung meldet Fleischmann gemeinsam mit einem Rechtsanwalt beim Amtsgericht München einen »Menschenschutz-Verein« an.[29] In der Präambel der Vereinssatzung heißt es: »Bei vielen unserer Mitmenschen ist weder die Bereitschaft noch offenbar die Fähigkeit vorhanden, Personen, die nicht zum Establishment gehören, unbehelligt zu lassen. Während die früheren Objekte der Intoleranz, z. B. unsere jüdischen Mitbürger nun weitgehend in Ruhe gelassen werden, sind es jetzt andere, z. B. die sogenannten Gammler, an denen gewisse Individuen ihren Zorn ungehemmt auslassen.«[30]

Vereinszweck ist es, unterprivilegierte Mitbürger ideell und materiell bei »Schwierigkeiten mit der Gesellschaft und ihren Organen« zu unterstützen. Der gerade gegründete Verein vertritt bereits mehrere sogenannte Gammler gegen vermeintliche Exzesse der Polizei. Darunter ist ein 20-jähriger, der mit Freundinnen in einer Gartenlaube genächtigt hatte und dafür vier Wochen lang in Untersuchungshaft saß. Gegen mehrere Beamte eines Schwabinger Polizeireviers laufen Dienstaufsichtsbeschwerden, weil sie von ihnen festgenommene Gammler als »verkommenes Volk« tituliert haben sollen und die jungen Leute sieben Stunden lang in einer verunreinigten Zelle und ohne Nahrung festgehalten haben sollen.[31]

Im September durchgeführte repräsentative Befragungen durch das Meinungsforschungsinstitut Allensbach ergeben, dass mit 73 Prozent die große Mehrheit der Bundesbürger kein Verständnis für Gammler hat.[32] Bei den Umfragen zeigt sich, dass die Ablehnung bei auf dem Lande lebenden oder älteren Menschen am stärksten ist.[33] Hier wiederum sind Gammler weit überwiegend nur aus den Medien bekannt.[34] Gammler und Hippies werden gern in einen Topf geworfen.[35]

56 Prozent der Befragten vertreten die Ansicht, dass Gammler zur Arbeit gezwungen werden müssten, 31 Prozent hingegen sind für Toleranz. Die Toleranz wiederum nimmt auffallend zu, je jünger und gebildeter die Befragten sind.[36] Bei den jüngeren Deutschen wird sehr kritisch wahrgenommen, dass viele Ältere im Zusammenhang mit den Gammlern ganz offen die Rückkehr zu Verkehrsformen des verbrecherischen Dritten Reichs wünschen.[37] Wie ist es eigentlich um die Demokratie bestellt?

Auch das Meinungsumfrageinstitut EMNID führt im September in Westdeutschland Umfragen unter der Bevölkerung durch. Hier geht es aber um das Konsumverhalten, speziell die Nutzung von Plattenspielern. Die repräsentative Befragung durch EMNID ergibt, dass inzwischen 45 Prozent aller Haushalte in Westdeutschland einen Plattenspieler besitzen.[38] Obwohl es sich um einen Luxusgegenstand handelt, ist er besonders unter jungen Leuten verbreitet.[39] Wie sich zeigt, ist mit dem Besitz eines Plattenspielers soziales Prestige verbunden.[40] Dabei entscheidet immer mehr nicht nur das bloße Vorhandensein eines Gerätes, sondern die Erfüllung hoher technischer Ansprüche an Klang und Ausstattung über das Renommee, das der Besitz verschafft.[41] Innerhalb kürzester Zeit haben sich mit der Einführung der Stereophonie in der Aufnahmetechnik die Ansprüche an die

Wiedergabegeräte stark verändert. Der authentische Klang und seine technische Machbarkeit werden für manche Technikfexe und ihre musikbegeisterten Jünger geradezu zum Lebensinhalt.

Wer auf sich hält und es sich leisten kann, kauft die schick designten und technisch bestens ausgestatteten Geräte von Braun, die preislich auf Käuferschichten aus dem gehobenen Mittelstand abzielen.[42] In der zahlenmäßig weitaus größeren Gruppe der jüngeren und nicht so zahlungskräftigen Käufer sind die einfacheren Geräte von Grundig oder No-Name-Produkte weit verbreitet.[43] Die jungen Käufer kaufen mit 88 Prozent auch den weitaus größten Teil der Schallplatten.[44]

Am 25. September erfolgt der dritte Anschlag des »Fantoms« in diesem Monat.[45] Auf einem 500 Meter langen Abschnitt der Bahnstrecke zwischen Bremen und Osnabrück kappt der Attentäter sämtliche Kabel.[46] Dadurch fallen alle Signale aus.[47] Ein Unglück wird nur dadurch verhindert, dass der Sabotageakt rechtzeitig entdeckt wird.[48]

Am 27. September findet abends in der ältesten Hamburger Kunstgalerie Commeter eine Vernissage zur Eröffnung der Ausstellung von Handzeichnungen und Radierungen Egon Possehls statt. Obwohl die geschlossene Veranstaltung nur geladenen Gästen und der Presse vorbehalten ist, ist der Andrang riesig. Possehl war bis vor Kurzem ganz unbekannt. Doch nun ist das Werk des Künstlers in aller Munde, nachdem durch Berichte in ›Bild‹ und ›Welt‹ bekannt wurde, dass sieben Illustrationen seines Zyklus ›Die sieben Todsünden‹

soeben für 108 000 Mark an einen reichen Sammler aus den Vereinigten Staaten verkauft wurden.

Als Gäste der heutigen Vernissage haben sich unter anderem der als Kunstsammler bekannte Gunter Sachs sowie Brigitte Bardot, Claudia Cardinale, Jeanne Moreau und Wirtschaftsminister Karl Schiller angekündigt, daneben die gesamte kunstliebende Hautevolee der Hansestadt und dazu etliche Stars und Sternchen, die es ins Rampenlicht drängt. Zur Einführung in das sozialkritische Werk von Possehl wird Hamburgs ehemaliger sozialdemokratischer Bürgermeister Paul Nevermann sprechen.

Im Vorfeld mussten die Veranstalter bereits um Unterstützung durch berittene Polizei und Staatsschutz bitten, da Störaktionen des SDS befürchtet werden. Gegen 18 Uhr treffen die ersten Streifenwagen der Polizei ein, um für Ordnung auf der Straße vor dem Gebäude zu sorgen. Neugierige behindern schon lange vor der offiziellen Eröffnung den Verkehr. Die Zaungäste wollen eher einen Blick auf all die Prominenten werfen, die erwartet werden, als auf die Werke von Possehl.

Funk und Fernsehen, lokale und überregionale Presse sind anwesend. Drei Kamerateams und ein ganzes Rudel von Reportern und Fotografen drängeln sich bereits in der Galerie. Gegen 18 Uhr 30 ist das Equipment aufgebaut. Kabel sind verlegt, Scheinwerfer gehen an. Nun kann es eigentlich losgehen. Als erster Hauptgast trifft gegen 19 Uhr 15 Paul Nevermann ein.

Die Stars verspäten sich. Bardot lässt über den PR-Agenten der Galerie wissen, dass sie sich gerade umziehe. Dass er mehrere Telefonate mit Claudia Cardinale führt, können alle mithören, die neben ihm stehen. So bekommen auch einige neugierige Besucher mit, dass es sich bei dem anonymen amerikanischen Sammler um niemand Geringeren als Peggy Guggenheim handelt. Und auch sie ist auf dem Weg in die Galerie. Tatsächlich trifft sie kurz nach Paul Nevermann ein, der nun seine Rede hält.

Die berühmte Galeristin und Kunstmäzenin wechselt mit einigen des Englischen mächtigen Anwesenden ein paar Worte. Von den anderen Prominenten lässt sich jedoch niemand blicken. Die Stimmung wird angespannt. Auch der gereichte Wein kann den wachsenden Unmut nicht mehr beschwichtigen. Wo bleiben denn die ganzen Promis? Nach zwei Stunden tritt dann noch einmal der PR-Agent vor Publikum und Presse. Alles war ein großer Bluff!

Kunstkenner hätten auch schon eher darauf kommen können, dass irgendetwas nicht stimmt. Peggy Guggenheim ist mittlerweile 69 Jahre alt. Die Peggy, die hier erschienen ist, ist noch nicht einmal volljährig. Es ist die 17-jährige Schülerin Iris Berben.[49]

Der PR-Agent erklärt, dass er seinem Freund helfen wollte, dem erfolglosen Künstler Possehl. Man saß zusammen in einer Kneipe in Hörweite des Springer-Verlags, als man überlegte, wie der Karriere des Malers auf die Sprünge zu helfen sei. Vielleicht mediale Reflexe bedienen? Schnell fand sich ein ›Bild‹-Reporter, der gern darüber berichtete, dass ein armer Künstler über Nacht reich geworden war. Zahlreiche Medien hätten die Geschichte weiter verbreitet. Man konnte also gar nicht anders, als sie auszunutzen.[50] Und, Hand aufs Herz, es hat doch wunderbar geklappt! Wem will man da einen Vorwurf machen?

Kurt Drechsler ist erneut fast den ganzen Monat für normale Bürozeiten eingeteilt. Auch Berta kocht ein. Für neue Weckringe werden diesen Monat 80 Pfennig ausgegeben. Für das neue Bad werden bergeweise Drogerieartikel gekauft, Deo und Zahnbürste für 3 Mark 25, WC-Reiniger für 1 Mark 37, Shampoo für 3 Mark 08, Badedas für 3 Mark 68, Lux-Seife für 4 Mark 70 und Klopapier für 3 Mark 78. Außerdem kommt in das Badezimmer noch ein neuer Schrank für 7 Mark 50.

Dazu werden aus der Drogerie auch noch Pril für 3 Mark 09, Wildlederspray für 2 Mark 25, Bodenreiniger für 2 Mark 75, Schuhcreme für 3 Mark 94 und ein Vileda-Haushaltstuch für 1 Mark 84 mitgenommen.

Außerdem werden diesen Monat wieder Kfz-Steuer in Höhe von 88 Mark 90 und Autoversicherung für 68 Mark 80 fällig. 2 Mark muss Kurt für einen Strafzettel berappen. Benzin kostet ihn diesen Monat 71 Mark 55. Das neue Abschleppseil kauft er für 4 Mark 50.

Die Wahrheit ist, dass sein Tod uns enorm geholfen hat. Wahrscheinlich hätten wir in all den Jahren längst nicht so viel revolutionäre Solidarität erfahren, wenn Che nicht auf diese Weise gestorben wäre.[1]

Ein kubanischer Geheimdienstmitarbeiter

OKTOBER

Am 1. Oktober finden in Bremen Bürgerschaftswahlen statt. Bremen ist traditionell eine Hochburg der Sozialdemokraten. Die SPD, die bisher immer über die absolute Mehrheit der Stimmen verfügte und 1963 unter Wilhelm Kaisen noch auf 54,6 Prozent der Wählerstimmen kam, verliert fast neun Prozent und damit sieben Sitze in der Bürgerschaft. Sie wird unter dem neuen Regierenden Bürgermeister Hans Koschnick trotzdem ihre bisherige Koalition mit der FDP fortsetzen, die zwei Sitze in der Bürgerschaft hinzugewinnen konnte. Erstmals gelingt es der NPD, in die Bürgerschaft einzuziehen. Mit 8,8 Prozent der Stimmen erreicht sie ihr bestes Ergebnis bei Landtagswahlen in diesem Jahr. Sie ist jetzt in vier Länderparlamenten vertreten und strebt an, bei den Bundestagswahlen 1969 auch in den Bundestag einzuziehen.

Der Eisenbahnerpresser ist noch immer nicht gefasst. Mehrere weitere Anschläge gehen auf sein Konto. Auf einer Eisenbahnüberführung über einer Autobahn in der Nähe von Bremen explodiert am Abend des 2. Oktober um 23 Uhr 37 eine Bombe, in dem Moment, als ein Triebwagenzug die Stelle passiert.[2] Splitter der Bombe beschädigen das Fahrgestell des ersten Wagens und dringen durch Wagenboden und Wagendach.[3] Der Zug ist nur mit acht Personen besetzt.[4] Wie durch ein Wunder wird nur einer der Fahrgäste durch einen Querschläger leicht verletzt.[5] Doch geraten alle in Panik. Die Detonation und der Feuerschein der Bombe wurden von Anwohnern der näheren Umgebung der Brücke deutlich wahrgenommen.[6]

Mit der nächsten Nachricht macht der Erpresser klar, dass der Anschlag ein Missgeschick war. Er galt einem anderen Zug. Aus Bremen geht der nächste Erpresserbrief an die ›Bild‹-Zeitung.[7] »Roy Clark« lässt wissen: »Schätze heut hat mei Bomb gezünd, war für den Merkur gedacht, 21 Uhr 38. War leider Bateri nicht richtig angeschlossen. Hab ich noch genung Sprengstoff, das ich kann Bahnhof Bremen oder Hamburg i Luft jagen.«[8]

Die Gefahr für Leib und Leben von Reisenden der Bundesbahn wird immer größer. Der Merkur, dem der Anschlag eigentlich galt, ist der Fernschnellzug. Zu Bahnpolizei und der gemeinsamen Sonderkommission der Kriminalpolizeien mehrerer Bundesländer gesellen sich nun auch aus Wiesbaden Experten des Bundeskriminalamts.

Keine der vereinbarten Übergaben kam bisher zustande. Der Täter ließ sich an keinem der Übergabeorte blicken. Mittlerweile werden Zugfahrten in Norddeutschland gelegentlich wie Fahrten durch Partisanengebiet im Zweiten Weltkrieg durchgeführt. Wenn der Verdacht besteht, dass die Gleise sabotiert wurden, fahren Loks mit vorgekuppelten Leerwaggons über die Strecke.[9] Seit im Hamburger Hauptbahnhof das zweite Schließfach explodierte, ist der Gepäckfachbereich gesperrt.[10]

Spielt »Roy Clark« mit seinen Verfolgern? Bei der Hamburger Kriminalpolizei wird ein Täterprofil erstellt. Ein Psychiater erstellt anhand der in ungelenken Buchstaben geschriebenen Erpresserbriefe ein Schriftgutachten, demzufolge der Gesuchte ein etwa 45-jähriger Mann ist.[11] Seiner Ausdrucksweise glaubt man entnehmen zu können, dass der Gesuchte aus dem Schwäbischen stammen müsse.

Zudem vermuten die Hamburger Kriminalisten, dass der Attentäter ein Mitarbeiter der Bundesbahn ist, der sich möglicherweise für Benachteiligungen durch seine Vorgesetzten rächen wolle.[12] Als Indiz dafür werten sie die Tatsache, dass die Bombe, die in Bremen zündete, aus einem Zylinder eines Dieselmotors des Typs Deutz FA 6 L 714, der in Lokomotiven und stationäre Motoranlagen der Bundesbahn eingebaut wird, gebastelt wurde.[13] Bemalt war die Bombe in der gelben Farbe, die bei der Bundesbahn für Baumaschinen verwendet wird.[14]

Während die Polizisten mehrheitlich davon ausgehen, dass sie es mit einem Irren zu tun haben[15], hält der Schriftgutachter den Täter für einen »Mann, der von seiner Umwelt mit Berechtigung als ein Normaler angesehen wird«.[16] Einbeziehen müssen die Ermittler in ihre Überlegungen aber auch, dass sie es möglicherweise mit jemand zu tun haben, bei dessen Taten Eitelkeit und Machtgefühl eine Rolle spielen, so ein hinzugezogener Kriminologe.[17]

Kriminalisten aus allen vier Küstenländern spüren ihm nun nach.[18] Für seine Ergreifung werden 20 000 Mark Belohnung ausgesetzt.[19] Trotz aller Gedankenspiele und Vermutungen tappen die Ermittler weiter im Dunkeln. »Roy Clark« führt sie an der Nase herum.

Es muss etwas geschehen. Die Gefahr steigt ständig, dass dem offenbar zu allem bereiten Attentäter ein wirklich verheerender Anschlag gelingt. Da fällt den zuständigen Mitarbeitern der Bundesbahn in Hamburg eine Bedingung ein, die »Roy Clark« einmal in einem seiner früheren Drohbriefe stellte. Die Bahn sollte in der ›Bild‹-Zeitung ein Geheimzeichen veröffentlichen, mit dem ihm Zahlungsbereitschaft zu verstehen gegeben würde.[20] Das wird jetzt in die Tat umgesetzt.

Am 6. Oktober erscheint die ›Bild‹-Zeitung mit einer winzigen Veränderung des gewohnten Titels auf der ersten Seite.

Über dem roten Signet steht ganz klein »300 000«.[21] Wird sich der Attentäter melden?

Am selben Tag bekommen die Teilnehmer der diesjährigen Tagung der Gruppe 47 ungebetenen Besuch von demonstrierenden Studenten. Vor der Pulvermühle in Franken, in der sich die Gruppe zum 20. Mal seit 1947 trifft und eigentlich gegen die von der eigenen Saturiertheit verursachten Auflösungserscheinungen ankämpfen[22] will, wird ihnen lauthals vorgehalten, sie seien Papiertiger.[23] Die vorwiegend aus dem nahegelegenen Erlangen angereisten Studenten stören die Veranstaltung, indem sie in Sprechchören »Enteignet Springer!« brüllen oder »Politisch werden ist nicht schwer, kauf keine Springer-Zeitung mehr« oder abfällig einfach nur »Dichter, Dichter«.[24]

Die Studenten wissen nicht, dass sie gerade offene Türen einrennen. In der Nacht zuvor haben einige Teilnehmer der Veranstaltung um die jüngeren Autoren Günter Grass, Martin Walser und Reinhard Lettau eine Resolution ausgearbeitet, in der sie erklären, fortan nicht mehr bei Springer zu veröffentlichen.[25] Zugleich fordern sie ihre Verleger auf, keine Anzeigen mehr in Springer-Blättern zu schalten.[26] 80 der insgesamt etwa 120 Teilnehmer unterzeichnen die Resolution.[27]

Günter Grass will die Störer draußen einfach ignorieren.[28] Aber Reinhard Lettau geht hinaus und liest ihnen den Text der Resolution vor. Die Verblüffung ist beträchtlich.[29] Bis zum Beginn der Buchmesse in der folgenden Woche werden sich auch die Verlage Hanser, Kiepenheuer & Witsch, Luchterhand, Piper, Rowohlt, Insel, Suhrkamp und Wagenbach der Resolution anschließen und einen Anzeigenboykott durchführen.[30] Und auch Giangiacomo Feltrinelli unterstützt den Boykott öffentlich.

Die Ernteerträge in diesem Jahr übertreffen alle Erwartungen. Noch immer entscheidet die Getreideernte darüber, ob die Landwirtschaft ein gutes oder schlechtes Jahr erlebt hat. Und dieses Jahr bringt eine Jahrhunderternte. Mit 17,8 Millionen Tonnen Getreide und einem Hektarertrag von 32 Doppelzentnern ist das Ergebnis so gut wie nie zuvor. Nicht nur die Landwirte jubeln, auch im Bonner Landwirtschaftsministerium zeigt man sich überaus zufrieden. Die enorme Produktivitätssteigerung wird auf den Fortschritt bei der Pflanzenzucht als auch die weitgehende Technisierung der Bodenbearbeitung und Ernte zurückgeführt, insbesondere aber auch auf den Einsatz von künstlichen Düngern und den umfassenden Einsatz von Pflanzenschutzmitteln.[31] In Deutschland werden im Jahr 1967 400 Tonnen des Pflanzenschutzmittels DDT vertrieben.[32]

In den Vereinigten Staaten wird von Umweltschützern am 6. Oktober ein Fonds gegründet, mit dem Prozesse gegen den Einsatz von DDT finanziert werden sollen. Seit spätestens Mitte der 50er Jahre ist bekannt, dass DDT keinesfalls so nebenwirkungsfrei ist, wie die Erfinder des Pflanzenschutzmittels behaupten. Längst haben Wissenschaftler die negativen Folgen beschrieben. Das 1962 erschienene Buch ›Silent Spring‹ der Zoologin und Biologin Rachel Carson, in dem sie anschaulich die komplexen Folgen künstlicher Pestizide erläutert, führt zu einer heftigen Debatte über den Einsatz von DDT.

Im County Suffolk auf Long Island beobachteten Vogelkundler dramatische Rückgänge des Bestands an Wanderfalken, Fischadlern und Weißkopfseeadlern. Wissenschaftliche Analysen wiesen das dort gegen Mücken eingesetzte DDT als ursächlich für die Degeneration der Eierschalen nach. Der Kalkhaushalt der Tiere ist durch das DDT so gestört, dass die Schalen ihrer Eier zerbrechen und die Vögel keinen Nachwuchs mehr aufziehen können.

Die an die zuständigen Behörden von Suffolk gerichtete Aufforderung, aus diesem Grund den Einsatz des Pestizids zu untersagen, wurde abschlägig beschieden. Von der für die Bekämpfung der Moskito-Plage zuständigen Kommission kommt die Antwort, der Einsatz von DDT sei das preiswerteste und am leichtesten anwendbare Mittel gegen die Mückenplage.

Damit wollten sich Art Cooley, Charlie Wurster und Dennis Puleston, alle drei begeisterte Naturliebhaber und Vogelbeobachter, nicht zufriedengeben. Sie wollten, auch vor dem Hintergrund der Auswirkungen des über die Nahrungskette auf den menschlichen Organismus wirkenden DDT, eine Gesetzesänderung erreichen. So etwas gab es noch nie. Mit Hilfe eines Anwalts und nach monatelanger Vorbereitung erhoben sie Klage. 1966 erging die Entscheidung des Gerichts. Die Naturschützer obsiegten. Das Gericht wies die örtlichen Behörden an, die weitere Anwendung von DDT in dem Gebiet zu unterlassen.

Es war der erste Prozess dieser Art. Was dem Urteil folgt, überwältigt die Vogelkundler völlig. Überall im Land und auf der ganzen Welt wird über den Fall berichtet. Seit dem Ende des Prozesses werden sie mit Anfragen und Bitten um Unterstützung bei der Durchsetzung ähnlicher Anliegen überhäuft. Allein können sie den Ansturm nicht mehr bewältigen. Weder verfügen sie über die finanziellen Mittel noch die personellen Kapazitäten. Zwischendurch überlegen sie, ob sie einfach erwidern sollen, dass sie leider nicht helfen können. Dann aber entwickeln sie gemeinsam eine andere Idee.[33]

Da sich aus den Reaktionen ablesen lässt, wie dringlich auch andernorts für betroffene Bürger die juristische Klärung des Einsatzes von DDT ist, entschließen sie sich zur Professionalisierung. Mit dem Environmental Defense Fonds gehen sie einen ganz neuen Weg zum Schutz der Umwelt. Von nun an werden Mittel für die professionelle Beratung gesammelt und sowohl für die gerichtsfeste Erbringung des wissenschaftlichen Nachweises von Ursachen als auch prozesstechnisch zur Vorbereitung solcher juristischen Auseinandersetzungen bereitgestellt.[34]

Wenig später nehmen die ersten Juristen und Sachverständigen ihre Tätigkeit auf.[35] Damit wird auch anderen Bürgern der Weg eröffnet, vor Gerichte zu gehen, um den Schutz der Umwelt juristisch verbindlich klären zu lassen.

Am 7. Oktober notiert Che Guevara in seinem Tagebuch, elf Monate seien nun schon ohne Schwierigkeiten vergangen.[36] Es kann nur sarkastisch gemeint sein. Mann um Mann haben die bolivianischen Truppen seine Gruppe dezimiert. Guevara selbst leidet seit Monaten unter schwerem Asthma. Er hat keinerlei aktive Unterstützung im Land gefunden. Das wohl Gravierendste aber ist, dass die Bauern, die er befreien will, mit seiner Mission nichts zu tun haben wollen. Mehr noch: Er muss davon ausgehen, dass das Militär überall dort, wo seine Leute mit Bauern in Kontakt gekommen sind, anschließend über diese Kontakte informiert wird.

Inzwischen wetteifern verschiedene Einheiten der bolivianischen Armee, wer die letzte Schlacht gegen die Eindringlinge schlagen und Guevara besiegen darf.[37] Meldungen, wonach die Armee sie in einer Schlucht eingekesselt habe und ihnen 1800 Soldaten gegenüberstünden, hören auch die Guerilleros im Radio. Trotzdem: Der Vormittag sei fast idyllisch verlaufen, schreibt der Revolutionär in sein Notizbuch.[38]

Die Gruppe befindet sich immer noch in der Nähe der kleinen Ortschaft La Higuera.[39] Gegen 12 Uhr 30 taucht in der Schlucht, in der Guevara mit seinen Leuten ein Lager aufgeschlagen hat, eine alte Frau auf, die ihre Ziege weiden will.[40] Die Guerilleros sehen sich gezwungen, sie festzunehmen und zu verhören.[41] Guevara schätzt die Auskünfte der Frau über die Soldaten als unglaubwürdig ein.[42] Auf alle Fragen antwortet sie stereotyp, dass sie nichts wisse und schon lange nicht mehr dort gewesen sei.[43] Gegen Abend nehmen die Guerilleros der alten Frau das Versprechen ab, Stillschweigen über die Begegnung zu wahren, geben ihr 50 Pesos und lassen sie laufen.[44] Viel Hoffnung, dass sie sich an ihr Versprechen hält, hat Guevara allerdings nicht.[45]

Es ist schon dunkel, als die Gruppe erneut aufbricht.[46] Der Mond scheint nur ganz schwach, als die Guerilleros weiter durch die Schlucht marschieren.[47] Gegen zwei Uhr morgens machen sie Halt.[48] Sie befinden sich jetzt auf 2000 Meter Höhe.[49] Im Radio war an diesem Tag eine undurchsichtige Meldung der Armee zu hören.[50] Danach sollen sich 250 Soldaten in Serrano aufhalten, um den 37 Eingekesselten jeden Durchgang abzuriegeln.[51] Als Rückzugsgebiet wird die Gegend zwischen den Flüssen Acero und Oro angegeben.[52] Guevara vermutet, dass die Nachricht ein Ablenkungsmanöver ist.[53]

Am selben Tag überträgt das Erste Deutsche Fernsehen erstmals die Ziehung der Lottozahlen 6 aus 49.

Ein Bauer hat die Guerilleros beobachtet und informiert die Armee über den Standort in der Schlucht Quebrada del Churo.[54] In den Morgenstunden des 8. Oktober bezieht eine Kompanie bolivianischer Ranger Stellung auf den Hügeln oberhalb des neuen Lagerplatzes von Guevara und seinen Leuten.[55] Als die Sonne aufgeht, entdecken die Guerilleros ihre Verfolger auf einer kahlen Hügelkette.[56] Noch sind Guevaras Leute in Deckung durch das sie umgebende Gestrüpp.[57] Sie suchen einen Fluchtweg. Doch die Schlucht erweist sich als Falle. Sie ist etwa 300 Meter lang und an den weitesten Stellen nur 50 Meter breit, an anderen wesentlich enger. An Flucht durch das dichte Gestrüpp ist nicht zu denken. Entweder werden sie hier unten einfach ausgehungert oder sie müssen sich einen Fluchtweg freikämpfen.[58]

Guevara teilt seine Leute in drei Gruppen ein und lässt sie in Stellung gehen. Mehrere Stunden vergehen, ohne dass sich etwas tut. Gegen 13 Uhr gehen einige der Guerilleros aus der Deckung und werden von Soldaten entdeckt. Um 13 Uhr 10 beginnt die Armee mit Mörsern und Maschinengewehren den Schusswechsel. Sofort wird einer der Leute Guevaras getötet. Die übriggebliebenen liefern sich mit den Soldaten ein mehrstündiges Gefecht, in dem noch zwei weitere Guerilleros erschossen werden. Die drei Gruppen verlieren untereinander die Verbindung.[59]

Guevara hat sich hinter einem großen Felsen in der Mitte eines Kartoffelackers versteckt und feuert von da aus mit seinem M2-Karabiner. Doch schon recht schnell wird der Lauf seiner Waffe von einer Kugel getroffen. Sie ist unbrauchbar. Seine Pistole kann er nicht mehr benutzen, weil er das Magazin verloren hat. Guevara ist wehrlos. Er wird von einer Kugel in die linke Wade getroffen, eine andere trifft seine Mütze. Einer seiner Getreuen stützt ihn bei dem Versuch, den Hang hinaufzuklettern. Sie laufen direkt auf dort versteckte Soldaten zu.[60]

Als die Flüchtenden nur noch wenige Meter von dem Versteck entfernt sind, tritt ein Feldwebel heraus und richtet seine Waffe auf sie. Guevara sagt zu ihm: »Nicht schießen. Ich bin Che Guevara. Lebend bin ich für euch mehr wert als tot.« »Ich habe zwei geschnappt«, ruft der Feldwebel seinen eigenen Leuten zu. Nun kommt ein Oberst hinzu, der Guevara auffordert, seinen Namen zu nennen. Ohne Zögern sagt er, wer er ist. Um sich zu vergewissern, vergleicht der Oberst eine Zeichnung Guevaras, die der gefangen genommene Maler Bustos angefertigt hat, mit dem Mann vor ihm. Guevara ist wegen seiner auffälligen Augenbrauen und einer Narbe am Ohr leicht zu identifizieren. Jetzt ist er also gefangen. Von ihrem Standort aus gibt der Oberst eine Meldung nach Vallegrande durch, wo die Armee ihr Hauptquartier eingerichtet hat. Wie soll mit ihm weiterverfahren werden? Seine Leute kämpfen immer noch weiter gegen die Soldaten, während er gefesselt und bewacht ausharren muss.[61]

In der Zwischenzeit ist gegen 15 Uhr 15 der Kommandeur des Rangerregiments informiert worden, dass die Kämpfe gegen Guevaras Leute an mehreren Stellen weitergehen, der Anführer aber festgenommen werden konnte. Oberstleutnant Andrés Selich lässt sofort einen Hubschrauber startklar machen und sich zu dem Ort bringen, an dem Guevara gefangen gehalten wird. Als er dort ankommt, erfährt er, dass der Kampf in der Schlucht andauert. Ihm kommen Soldaten mit einem gefallenen Kameraden entgegen und berichten, unten lägen zwei weitere tote Soldaten.

Dann trifft der Oberstleutnant auf Guevara und spricht kurz mit ihm. Er sagt dem berühmten Revolutionär, dass die bolivianische Armee nicht so sei, wie Guevara sie sich vorstelle. Guevara antwortet, er sei verwundet und eine Kugel habe seinen Gewehrlauf zerstört. Deshalb sei ihm keine Wahl geblieben, als sich zu ergeben.[62]

Inzwischen sind zwei weitere hohe Militärs am Ort eingetroffen. Als es gegen 18 Uhr beginnt, dunkel zu werden, wird Guevara mit seinem unverletzt gebliebenen Begleiter sowie den Leichen zweier seiner Leute nach La Higuera gebracht. Guevara muss von zwei Soldaten gestützt werden, weil er sein linkes Bein nicht benutzen kann. Angekommen in La Higuera, wird er in einen Raum in der Schule des Ortes eingesperrt. Er liegt auf dem schmutzigen Boden, gefesselt an Händen und Füßen, die Leichen seiner Leute neben sich. Sein Mitgefangener wird in einem anderen Raum festgehalten. Der Kampf der Ranger gegen die restlichen Guerilleros wird wegen der Dunkelheit abgebrochen und soll früh am nächsten Morgen fortgesetzt werden.[63]

Gegen 19 Uhr 30 fragt der Kommandeur im Hauptquartier in Vallegrande an, wie er weiter mit dem Gefangenen verfahren soll. Er bekommt den Befehl, ihn in Gewahrsam zu lassen, bis weitere Instruktionen kämen. Danach sprechen alle drei Offiziere ungefähr eine Dreiviertelstunde mit Guevara.[64] Sie reden sich dabei mit ihren militärischen Rängen an.

Selich sagt: »Commandante, Sie wirken ein wenig niedergeschlagen. Können Sie mir erklären, woher dieser Eindruck kommt?« »Ich bin gescheitert«, antwortet Guevara. »Es ist alles vorbei, deshalb sehen Sie mich in diesem Zustand.« Warum er sich denn für den Kampf in Bolivien und nicht in seinem eigenen Land entschieden habe, will der Oberst wissen. Guevara beantwortet die Frage ausweichend, räumt aber ein, dass das vielleicht besser gewesen wäre. Dann beginnt er, darüber zu dozieren, dass der Sozialismus die beste Regierungsform für Lateinamerika sei. Selich schneidet ihm sofort das Wort ab: »Über dieses Thema möchte ich lieber nicht sprechen.« Dann sagt er aber doch etwas dazu: Bolivien sei gegen den Kommunismus immun.[65]

Als Guevara Fragen nach seinen noch flüchtigen Begleitern beantworten soll, lügt er: »Oberst, ich habe ein sehr schlechtes Gedächtnis, ich kann mich nicht erinnern.« Unter anderem wollen die Militärs dann von ihm wissen, warum er ausgerechnet Bolivien ausgewählt habe. Er antwortet: »Sehen Sie nicht, unter welchen Bedingungen die Bauern leben? Sie sind praktisch wie Wilde, leben in Armut, die einem das Herz zusammenschnürt, haben nur einen Raum, in dem sie schlafen und kochen, und nichts zum Anziehen. Sie sind verwahrlost wie Tiere …« Das sei in Kuba doch genauso, hält ihm Selich entgegen. Da wird Guevara leidenschaftlich. Nein, das stimme nicht. In Kuba gäbe es zwar auch noch Armut, aber die Menschen hätten Aussicht auf Fortschritt. Die Bolivianer hätten keinerlei Hoffnung auf Besserung ihrer Lebensverhältnisse. Nach dem Gespräch bleiben die Offiziere die ganze Nacht wach, um die bei Guevara gefundenen beiden Bände seines bolivianischen Tagebuchs zu lesen.[66]

Am 9. Oktober landet morgens um Viertel nach sechs ein Hubschrauber in La Higuera. An Bord sind Major Joaquin Zenteno Anaya und der CIA-Agent Felix Rodriguez, getarnt als »Oberst Ramos«. Selich ist nicht sehr erbaut über diesen

Besuch. Bei der Durchsuchung des CIA-Agenten werden ein sehr leistungsfähiges Funkgerät und eine Spezialkamera zum Abfotografieren von Dokumenten gefunden. Zenteno spricht eine halbe Stunde mit dem berühmten Gefangenen.

Rodriguez findet Guevara vor »wie ein Stück Müll«, notiert er. Als er den Raum betritt, in dem er festgehalten wird, liegt Guevara, an Händen und Füßen gefesselt, auf der Seite neben den beiden Leichen. Aus der Wunde an seinem Bein sickert Wundsekret. Er ist völlig verwahrlost, das Haar verfilzt, die Kleider zerlumpt und zerrissen. Er hat nicht einmal mehr normales Schuhwerk. Seine Füße stecken in Lederbandagen, wie sie, weiß Rodriguez, eher Bauern im Mittelalter trugen. Guevara soll nochmals Auskunft darüber geben, warum er den Krieg nach Bolivien getragen habe. Aber er antwortet nicht. Rodriguez nimmt das Atmen wahr.[67]

Nach der Begegnung mit Guevara setzt Rodriguez einen verschlüsselten Funkspruch ab. Danach fotografiert er im Freien die Tagebücher und die anderen sichergestellten Dokumente. Gegen 13 Uhr geht der Agent nochmals zu Guevara, der nun erklärt, er lasse sich nicht verhören. Als der CIA-Mann erklärt, es handele sich nur um einen Gedankenaustausch, lässt Guevara sich auf ein Gespräch ein.[68]

Seine Haltung beeindruckt Rodriguez. Stolz und unbeugsam empfindet er sie. Bei ihrem Gespräch geht es um verschiedene Aspekte der bolivianischen und der kubanischen Revolution. Guevara gibt zu, dass er in Bolivien gescheitert ist. Er gibt der provinziellen Haltung der bolivianischen Kommunisten die Schuld. Sie hätten ihn im Stich gelassen. Details über einzelne Operationen gibt er nicht preis. Und obwohl Rodriguez sich bemüht, ihn zu Kritik an Fidel Castro zu provozieren, ist ihm kein böses Wort über Castro zu entlocken. Guevara wundert sich über die Kenntnisse Rodriguez' über Kuba und auf seine Nachfrage bestätigt der, dass er in Kuba geboren sei und mit einer von der CIA ausgebildeten Brigade in der Schweinebucht gekämpft habe. »Ha!«, reagiert Guevara. Dann ist das Gespräch beendet.[69]

Gegen 12 Uhr 30 meldet sich das Oberkommando der bolivianischen Armee über Funk aus La Paz und befiehlt, Guevara zu eliminieren. Selich delegiert die Ausführung des Befehls an die Einheit, die den Guerillero gefangen genommen hat. Kurz danach hebt der Hubschrauber ab, der die Offiziere mit den erbeuteten Unterlagen und Waffen zurück nach Vallegrande bringt. Inzwischen ist ein Freiwilliger für die Exekution gefunden. Der Mann ist betrunken und trifft zunächst nur Arme und Beine des Delinquenten, der sich am Boden wälzt und in sein Handgelenk beißt, um nicht zu schreien. Dann endlich trifft eine Kugel die Brust. Der Commandante ist tot.[70]

Als die Offiziere um 13 Uhr 30 in Vallegrande ankommen, wird ihnen der Vollzug des Befehls gemeldet. Auch Guevaras Mitgefangener und ein weiterer seiner Leute, der später festgenommen wurde, sind liquidiert.[71] Der Welt wird mitgeteilt, dass Guevara am 8. Oktober gefangen genommen worden und am selben Tag seinen Verletzungen erlegen sei.[72]

In Hamburg tut sich am selben Tag endlich etwas beim Versuch, mit dem Eisenbahnattentäter erneut in Kontakt zu kommen. Am Montag nach der verschlüsselten Mitteilung geht bei der ›Bild‹-Zeitung ein in Bremerhaven abgestempelter Brief ein, in dem der Attentäter detaillierte Angaben macht, wie die Übergabe zu erfolgen hat.[73]

Am 10. Oktober wird in Haight Ashbury »Hippie« zu Grabe getragen. Aus diesem Anlass treten Janis Joplin and Big Brother und die Holding Company im Golden Gate Park auf.[74] Mit Glocken, Glasperlen, Wasserpfeifen und einem Haufen Drogen wird das traurige Ereignis begangen.[75] Nach dem Konzert bewegt sich eine Prozession mit einem Sarg mit der Aufschrift »Hippie, Sohn der Medien« die Hauptstraße entlang.[76] Am Ende der Parade wird der Sarg verbrannt.[77]

Kurt Drechsler hat vom 11. bis 15. Oktober Urlaub und nutzt die Zeit, um mit den Renovierungsarbeiten in Keller und Bad voranzukommen.

Am 11. Oktober öffnet die diesjährige Frankfurter Buchmesse ihre Tore. Es ist eine Rekordmesse.[78] Mit 49 verschiedenen Nationen sind zwar drei weniger repräsentiert als 1966, dafür ist die Zahl der ausländischen Aussteller von 1721 auf 2013 gestiegen. Um die Teilnahme der Verlage aus der Ostzone gab es heftige Auseinandersetzungen, Drohungen, Absagen und letztlich doch eine Übereinkunft, die die Teilnahme ermöglichte.[79] Die DDR-Verlage fühlen sich diskriminiert, weil die westdeutschen Veranstalter sich strikt an die Vorgaben der westdeutschen Politik zum Alleinvertretungsanspruch der Bundesrepublik halten.[80] Die DDR wird als unabhängiger Staat nicht anerkannt, weshalb die Verlage von jenseits der Zonengrenze sehr zu ihrem und ihrer Repräsentanten Ärger auf der Buchmesse als inländisch behandelt werden. Es gibt eine feste Sprachregelung, wonach »DDR« oder »Deutsche Demokratische Republik« bei der Buchmesse nicht genannt werden.[81]

Bücher aus der DDR werden entweder als »Bücher aus dem Interzonenhandel« oder im Bereich »Verlage mit verschiedenen Sachgebieten« ausgestellt.[82] Die Staatsbezeichnung »DDR« macht den Veranstaltern der Buchmesse solches Kopfzerbrechen, dass sie im Vorfeld der jetzt beginnenden Messe nicht gestatten wollten, die für die Sonderausstellung »Schönste Bücher« aus dem Osten angemeldeten »Die schönsten Bücher der DDR« teilnehmen zu lassen.[83] Und wie soll man mit dem »Staatsverlag der DDR« umgehen, der angemeldet wurde?[84] Offiziell gibt es doch keine DDR?

Und dann gibt es noch ein weiteres großes Problem mit der Ostzone: Dort werden enteignete Verlage unter ihrem alten Namen weitergeführt. Sofern es westdeutsche Verlage gleichen Namens gibt, bestimmt das Reglement der Messe, dass die ostdeutschen Parallelverlage an der Messe nicht teilnehmen dürfen.[85] Grundlage ist die Bestimmung, dass Verlage von der Teilnahme ausgeschlossen sind, »deren Geschäftsbetrieb auf Enteignung eines deutschen Verlages oder ähnlichen Maßnahmen beruht oder die wesentlichen Bestandteile eines noch nicht liquidierten Verlages fortführen, es sei denn, dass der Inhaber dieses Verlages der Zulassung zustimmt.«[86] Als Folge erhalten elf Verlage aus dem Osten wie Philipp Reclam, F. A. Brockhaus, Breitkopf & Härtel und Dietz eine Absage.

Den aus ihrer Sicht inakzeptablen Umgang der anderen Seite mit ihnen quittieren die Verlagsvertreter aus dem Osten mit einer kollektiven Absage. Das hat zur Folge, dass die UdSSR damit droht, nicht teilzunehmen. Nun lenken die Frankfurter ein und bestätigen die Messeverträge mit dem Staatsverlag der DDR und dem Dietz Verlag aus Ost-Berlin. Außerdem werden »Die schönsten Bücher der DDR« eingeladen. Die Ostdeutschen geben sich damit zufrieden und sagen ihre Teilnahme wieder zu. Damit kann die Messe ihrem Anspruch gerecht werden, die Weltmesse des Buchs zu sein.[87]

Die Auseinandersetzung um die Teilnahme der DDR-Verlage ist jedoch zum Politikum geworden und hat ein breites Echo in der Presse gefunden. Und dieses ist durchaus geteilt. Während die ›Frankfurter Rundschau‹ die Verantwortlichen für ihre kluge Umsicht lobt, kritisiert etwa der ›Rheinische Merkur‹ den »Klassenkampf mit Büchern« und die ›Frankfurter Allgemeine Zeitung‹ den »Kalten Krieg mit Büchern«.[88] Für die ›Bild‹ ist der Vorgang ein »Kniefall«, für die ›Süddeutsche Zeitung‹ ein »Pyrrhussieg«.[89] Die Verantwortlichen der Buchmesse sind nach Einschätzung der Kritiker nicht nur von ihrem eigenen Reglement abgewichen, sondern von der Hallstein-Doktrin. Sie hätten, so der Vorwurf, der Propaganda der SED-Diktatur in die Hände gespielt und die Autorität der Bundesrepublik geschwächt. Aber vielleicht ist es ja genau das, was die Kräfte, die sich durchsetzen konnten, bezwecken? Soll der Alleinvertretungsanspruch der Bundesrepublik preisgegeben werden? Setzen sich bei einem weltweit an exponierten Stellen wahrgenommenen Ereignis wie der Buchmesse linke Ansichten durch? Zahlreiche Mutmaßungen und Vorwürfe begleiten die Macher der Buchmesse, die auch untereinander heftig streiten.

An diesem 12. Oktober ziehen Stände anderer Messeteilnehmer die volle Aufmerksamkeit auf sich. Etwa 300 junge Leute halten vor den Repräsentanzen des zu Axel Springer gehörenden Ullstein Verlags und der »Welt der Literatur« ein Teach-in ab.[90] Die Aktion ist vom SDS initiiert. Auf Transparenten und in Sprechchören fordern die Demonstranten die Enteignung Springers.[91] »Haut dem Springer auf die Finger!« wird skandiert und: »Springer und Ullstein raus aus diesem Haus!« oder: »Springer-Presse halt die Fresse!«[92] Dabei werfen die Demonstranten mit Exemplaren der ›Welt‹ um sich.[93] Einen Moment lang sieht es so aus, als wollten die jungen Leute die Messestände stürmen und niederreißen.[94] Doch dazu kommt es nicht.[95]

Stattdessen ziehen die Demonstranten weiter in die Halle, in der Griechenland und Südafrika sich mit ihren Verlagen präsentieren. Obwohl die Messeleitung Forderungen von Ausstellern nach Polizei ablehnt, werden die Stände dieser beiden Staaten von Polizei bewacht.[96] Trotz der Polizeipräsenz protestieren die jungen Leute vor der griechischen Repräsentanz mit Transparenten und Flugblättern gegen das Verbot von Werken Sartres, Becketts und anderer Autoren in Griechenland und gegen die Inhaftierung zahlreicher griechischer Autoren.[97] Vor den südafrikanischen Verlagen wird lautstark gegen Apartheid und Rassendiskriminierung protestiert.[98] Anschließend droht der südafrikanische Botschafter, seine Verlage würden die Messe verlassen. Er macht die Drohung nicht wahr. Aber auch von anderen Ausstellern hagelt es geharnischte Beschwerden, da im weiten Umfeld der Protestaktionen der Messebetrieb gestört ist.[99]

Die Messeleitung versucht, die Demonstranten zu beschwichtigen, kommt damit aber nicht durch.[100] Für den nächsten Tag, den Sonntag, erfahrungsgemäß der besucherreichste Tag der Messe, wird um verstärkten Polizeischutz gebeten.[101]

Am selben Tag ruft »Roy Clark« bei der Bezirksdirektion der Bundesbahn in Hamburg-Altona an, um weitere Instruktionen für die Übergabe des Geldes zu erteilen.[102] Dabei gelingt es, seine Stimme mit einem Tonbandgerät aufzuzeichnen.[103] Zuvor war erneut eine Geldübergabe gescheitert. Der Erpresser hatte einen Motorradfahrer mit 300 000 Mark nach Lüneburg beordert. Der stand dann dort wie verabredet und wartete auf weitere Instruktionen. Doch der Erpresser meldete sich nicht mehr.[104]

Nachdem in der Presse angekündigt wurde, dass die Aufzeichnung der Stimme gesendet werde, um die Bevölkerung an der Suche nach dem Täter zu beteiligen, meldet der sich telefonisch mit einer weiteren Drohung bei der Polizei. Sollte die Tonbandunterhaltung tatsächlich über Funk abgespielt werden, werde er den Bahnhof Hannover in die Luft sprengen.[105] Den ganzen Tag wimmelt es von Polizei in und um den Hauptbahnhof von Hannover, doch nichts geschieht.[106] Die Aufzeichnung wird gesendet.

Am 14. Oktober können Millionen deutsche Fernsehzuschauer zur besten Samstagabendsendezeit die Stimme von »Roy Clark« hören.[107] In beiden Fernsehsendern wird in den Abendnachrichten ein in der Nacht zuvor aufgenommenes Telefonat abgespielt.[108] Der Erpresser droht darin einen weiteren Sprengstoffanschlag am Sonntag an.[109] Die Tonaufnahme scheint nun zu bestätigen, was anhand der Ausdrucksweise der Briefe vermutet wurde: Der Erpresser ist wohl ein Schwabe.[110] Die Polizei geht davon aus, dass der Mann schon etwas älter und von geringer Bildung ist.[111] Kommt es bei der Fahndung nun endlich zum Durchbruch?

Am 15. Oktober beseitigt ein im kubanischen Fernsehen übertragenes Statement von Fidel Castro alle Zweifel am Tod von Che Guevara. Der kubanische Regierungschef bestätigt, dass bedauerlicherweise Meldungen aus Bolivien zutreffend seien, wonach Guevara gefallen sei.[112]

Am selben Tag wird von der Junta in Griechenland eine weitere Verschärfung der Zensur der Presse bekannt gegeben. Den Redakteuren sämtlicher noch erscheinender Zeitungen wird mitgeteilt, dass ab sofort über keine Persönlichkeit mehr berichtet werden dürfe, die vor dem Putsch des Militärs eine Rolle im öffentlichen Leben des Landes spielte. Ab sofort ist es den griechischen Medien zudem verboten, amerikakritische Meldungen über den Vietnamkrieg zu verbreiten. Beiträge, die in welcher Form auch immer kommunistische Staaten in einem günstigen Licht erscheinen lassen, sind ab sofort ebenfalls verboten.

Der Messesonntag bleibt in Frankfurt wider Erwarten ruhig. Doch am Montag, dem 16. Oktober, gehen die Aktionen der Demonstranten weiter.[113] Wieder finden sie sich zu einem Teach-in vor dem Stand der »Welt der Literatur« zusammen.[114] Die Situation droht außer Kontrolle zu geraten.[115] Es sieht so aus, als würden die Studenten heute, wie schon am Samstag befürchtet, den Stand stürmen.[116] Nun erscheint Polizei auf der Messe. Frank Wolff, der zweite Bundesvorsitzende des SDS, der gerade eine Rede hält, wird festgenommen, das Megaphon, das er benutzt, konfisziert.[117]

Das Eingreifen der Polizisten ist Wasser auf die Mühlen der Demonstranten. Jetzt droht die Lage erst recht zu eskalieren. Die Studenten weigern sich, den Platz vor dem Stand der »Welt der Literatur« zu räumen.[118] Draußen steht allerdings schon eine Hundertschaft der Polizei bereit, um dem Spuk ein Ende zu bereiten.[119] Es braucht nur eine Aufforderung seitens der Veranstalter und die Polizei griffe durch gegen den »jugendlichen Mob«, wie der Vorsteher des Deutschen Börsenvereins die Demonstranten nennt. Doch was für ein Bild würde ein solcher massiver Einsatz staatlicher Gewalt gegen Demonstranten vor dem internationalen Publikum abgeben?

Nun kommen der Suhrkamp-Verleger Siegfried Unseld und der Messeleiter Sigfred Taubert hinzu und diskutieren mit den Studenten. Den beiden gelingt es, einen Kompromiss auszuhandeln. Die Polizei soll abziehen, der Festgenommene soll freigelassen werden, erhält das Megaphon zurück und darf seine Rede in der Halle beenden. Dann ziehe man ebenfalls ab. Nur: Werden sich die Studenten daran halten? Die Veranstalter gehen das Risiko ein. Das Vertrauen wird belohnt: Nachdem Wolff seine Rede beendet hat, verlassen die Demonstranten den Ort.[120]

Mit der erfolgreichen Deeskalation machen sich Unseld und Taubert jedoch wenig Freunde. Besonders von deutschen Ausstellern, aber auch von Frankfurter Politikern kommt harsche Kritik an dem liberalen Umgang mit den »Horden von Bürschchen, die die Messe terrorisierten«, deren »Gesichter verrieten, dass die Lektüre einer Bildzeitung sie überfordern würde« und die »unmöglich und unwürdig« agierten.[121] Festnahmen, Strafverfolgung und disziplinarische Maßnahmen müssten die Folge des »Terrors« sein.[122]

Der Riss geht quer durch die Repräsentanten des Buchhandels. Einschätzung der Situation und der notwendigen Reaktion auf politisch motivierte Zwischenfälle stehen sich teilweise diametral entgegen. Wo stehen eigentlich Leute wie Unseld, der ja zu den Unterzeichnern des Anti-Springer-Manifests gehört?[123]

Bei der Polizei sind mittlerweile aus dem gesamten Bundesgebiet mehr als 800 Hinweise auf den Eisenbahnerpresser eingegangen.[124] Verwertbares gegen den Attentäter ist zunächst nicht dabei. Auffällig ist, dass viele Menschen nun Nachbarn anzeigen, nur weil diese mit süddeutschem Akzent sprechen. Nach den Übertragungen im Fernsehen und Rundfunk konnten mehrere Nachahmungstäter festgestellt werden. Da die Polizei nun über einen Stimmmitschnitt des wahren Täters verfügt, lösten Bombendrohungen von Trittbrettfahrern gegen die Bahnhöfe Hannover, Lüneburg, Brake, Lübeck und Bremen keine groß angelegten Suchaktionen nach versteckten Sprengstoffpaketen mehr aus.[125] Da viele Zuhörer sich darüber beklagten, dass der gesendete Mitschnitt der Stimme des Erpressers am vergangenen Wochenende zu kurz gewesen sei, wird heute Abend in beiden Fernsehprogrammen und im Radio zur Hauptsendezeit nochmals ein längerer Ausschnitt gesendet.[126] Hamburger Fernsprechteilnehmer können sich ab sofort das Band unter einer neu eingerichteten Telefonnummer vom automatischen Fernsprechansagedienst vorspielen lassen.[127] Es wird daran gearbeitet, auch in anderen Städten diese Möglichkeit einzurichten.[128]

Am 17. Oktober kommt es auf der Frankfurter Buchmesse doch zum Eklat mit den Teilnehmern aus der Ostzone. Es ist der letzte Tag der Messe. Fünf Stunden vor dem Ende erscheint in Begleitung von zwei Kriminalbeamten des politischen Kommissariats der Frankfurter Amtsrichter Norbert Pawlik am Stand des Staatsverlages der DDR.[129] Er verkündet dort, dass »in dem Ermittlungsverfahren gegen die Verantwortlichen des ›Staatsverlages der DDR‹ wegen Verunglimpfung des Bundespräsidenten« die »Durchsuchung des Ausstellungsstandes des sowjetzonalen ›Staatsverlages der DDR‹ und die Beschlagnahme sämtlicher Exemplare des ›Braunbuch über Kriegs- und Naziverbrecher in der Bundesrepublik‹ angeordnet« sei.[130] »Es ist Gefahr im Verzuge, da die Buchmesse heute zum letzten Male geöffnet ist«[131], lässt der Richter wissen. Die Anordnung hat er selbst erlassen. Er selbst sorgt nun auch für ihre Durchführung, lässt den Stand durchsuchen und alle Exemplare des Braunbuchs sowie die Liste der Besteller beschlagnahmen.

Aus Protest gegen die richterliche Maßnahme brechen alle Verlage aus der DDR sofort die Ausstellung ab. Aber auch die Messeleitung protestiert.[132] »Der Dummheit sind keine Grenzen gesetzt«, empört sich der Sprecher der Buchmesse[133] und meint damit den rührigen Amtsrichter. Gerade war in zähen Verhandlungen ein halbwegs erträgliches Agreement mit dem Osten zustande gekommen, das nun schon wieder zu zerbrechen droht. Der Verleger Siegfried Unseld wundert sich zwar, dass das Braunbuch nicht schon am ersten Tag beschlagnahmt wurde.[134] Aber es am sechsten Tag der Buchmesse kurz vor deren Ende zu beschlagnahmen, erscheint ihm »nun wirklich die Torheit selber«.[135] Dass die Messeleitung nicht gegen das Buch vorging, hat einen ganz einfachen Grund. Der Bundespräsident hatte es nicht verlangt, sondern auf Nachfrage mitteilen lassen, dass keine irgendwie geartete Initiative ergriffen werden soll, sofern das Bundespräsidialamt nicht anders entscheide.[136] Laut Gesetz ist die Verfolgung des Straftatbestands der Verunglimpfung des Bundespräsidenten von dessen Ermächtigung abhängig.[137]

Das 1965 veröffentlichte »Braunbuch« listet fast 2000 Namen von »schwerbelasteten führenden Nazi-Funktionären und Kriegsverbrechern, die sich heute ungehindert in entscheidenden Stellen des westdeutschen Staats- und Wirtschaftsapparates betätigen«. Einer der Beschuldigten ist der amtierende Bundespräsident Heinrich Lübke. Wegen Verunglimpfung des Staatsoberhaupts erließen deshalb gleich nach dem Erscheinen Gerichte in Hamburg und Lüneburg Beschlagnahmungsbeschlüsse.

Das Buch dient der Propaganda gegen das politische System der Bundesrepublik. Was aber auch ganz klar ist: Es begründet die Vorwürfe mit Dokumenten, deren Echtheit bisher nicht widerlegt ist.[138] Das lässt sowohl die früheren Gerichtsbeschlüsse als auch die Forderung der Bundesregierung, die Ausstellung des Buchs in Frankfurt zu unterlassen, in einem eigentümlichen Licht erscheinen.[139] Der ZEIT-Autor Dieter E. Zimmer fragt öffentlich, ob es Sinn der Staatsschutzparagraphen sein kann, möglicherweise die Wahrheit zu unterdrücken. Genau das drohe, wenn ein Verbot die Überprüfung der Tatsachenbehauptungen verhindere.[140]

Auch bei der Frankfurter Staatsanwaltschaft sieht man die Aktion des Amtsrichters mit Befremden. Denn seine Aktion wird als Rechtsbruch gewertet. Der eigentlich nicht zuständige Richter hat sich kurzerhand selbst für zuständig erklärt und sich auch gleich selbst beauftragt, das unliebsame Buch aus dem Verkehr zu ziehen.[141] Er hatte in der ›Frankfurter Allgemeinen Zeitung‹ gelesen, dass das bereits durch Gerichtsbeschluss verbotene Buch auf der Messe ausliegt. Deshalb forderte er die Frankfurter Staatsanwaltschaft schriftlich zur Beschlagnahme auf, andernfalls werde er sich aufgrund des Paragraphen 165 der Strafprozessordnung selbst für zuständig erklären.[142] Diese Regelung sieht vor, dass bei Gefahr in Verzug ein Richter ohne vorherigen Antrag bei der Staatsanwaltschaft Ermittlungsmaßnahmen initiieren darf, wenn kein Staatsanwalt erreichbar ist. Da die Staatsanwaltschaft nicht bis zum letzten Tag antwortete, setzte Pawlik seinen Hinweis in die Tat um.

Für Fritz Bauer, den Frankfurter Generalstaatsanwalt, ist die Angelegenheit aus rechtlicher Sicht ein ungeheurer Vorgang, und das sagt er auch. »Jetzt kann man sich vorstellen, was bei uns im Falle des inneren Notstands alles möglich ist«, kritisiert er die vermeintliche Amtsanmaßung des Juristenkollegen.[143] Sein Oberstaatsanwalt legt Beschwerde beim Landgericht ein. Begründung: Die Staatsanwaltschaft war überhaupt nicht unerreichbar. Tatsächlich sitze sie sogar im selben Gebäude wie Pawlik.

Am Tag nach der Aktion des Amtsrichters gibt das Landgericht der Beschwerde der Staatsanwaltschaft statt und hebt die Beschlagnahme wieder auf. Das Gericht bestätigt die Auffassung der Staatsanwaltschaft, dass der Amtsrichter sich nicht hätte zum Notstaatsanwalt machen dürfen, da die Voraussetzung dafür nicht vorlag.[144] Das Gericht pflichtete dem Vortrag der Staatsanwaltschaft bei, dass sie überhaupt nicht unerreichbar war.[145] Dem Amtsrichter hatte schlichtweg nicht gepasst, dass man seiner Aufforderung nicht nachgekommen war. Seine Amtshandlung auf der Buchmesse stellt einen klaren Rechtsbruch dar.

Am selben Tag findet in Bonn eine Sitzung des Bundeskabinetts statt, bei der auch die »bedauerlichen« Vorgänge auf der Buchmesse angesprochen werden.[146] Bundeskanzler Kiesinger bedauert, dass es möglich war, ein derartiges Buch mit Verunglimpfungen gegen den Bundespräsidenten auf der Messe auszustellen.[147] Man beschließt, sich zu einem späteren Zeitpunkt erneut mit dem Thema zu beschäftigen, insbesondere mit den juristischen Aspekten.[148] Zuvor sollen alle Fakten geklärt werden.[149]

Am 20. Oktober sind die Straßen in Deutschland nach 20 Uhr wie verwaist. Kaum eine Menschenseele lässt sich blicken. Auf dem Münchener Stachus, einem der berüchtigtsten europäischen Verkehrsknotenpunkte, könnte man Blumen pflücken. Aber wer will das schon an diesem entscheidenden Abend? Die Deutschen sitzen gebannt vor ihren Fernsehgeräten und sehen sich die letzte Folge der Serie ›Dr. Kimble auf der Flucht‹ an. Endlich werden sie erfahren, ob der wahre Mörder von Kimbles Frau überführt werden kann. Seit zwei Jahren verfolgen die Zuschauer der weltweit ausgestrahlten amerikanischen Fernsehserie die verzweifelten Bemühungen des TV-Arztes, seine Unschuld am Tod seiner Ehefrau zu beweisen. Und tatsächlich: Obwohl in der vorletzten Folge noch einmal eine falsche Fährte gelegt wurde, ist doch der Einarmige, den der zu Unrecht verurteilte Kimble von Anfang an in Verdacht hatte, der Mörder.

Bei den Hamburger Wasserwerken hat man mitgedacht. Wenige Minuten vor dem Ende des Straßenfegers werden Zusatzpumpen angeschaltet. Man kennt das schon: Nach dem Ende der Sendung gehen Millionen Deutsche gleichzeitig aufs Klo und betätigen anschließend die Wasserspülung. Da sind die Ressourcen in den Wasserleitungen ohne zusätzliche Quellen schnell erschöpft. In anderen Städten gibt es in den oberen Etagen mancher Hochhäuser eine halbe Stunde lang kein Wasser für die Spülung.

Kurt Drechsler ist in dieser Woche für Büroarbeiten eingeteilt. Gemeinsam mit seiner Frau sieht auch er den letzten Teil der seit zwei Jahren mit Spannung verfolgten Serie.

Am 21. Oktober findet in den Vereinigten Staaten die zweite Großveranstaltung der Anti-Vietnam-Aktivisten statt. Diesmal treffen sich 100 000 Menschen zu einem Konzert im West Potomac Park unterhalb des Lincoln Memorials in der Hauptstadt Washington.

Aktuelle Umfragen haben ergeben, dass nun auch in den USA die Zustimmung zum Vietnamkrieg in der Bevölkerung so weit zurückgegangen ist, dass nur noch eine Minderheit der Amerikaner die Regierungspolitik unterstützt. Nach dem Konzert am Lincoln Memorial setzen sich die Teilnehmer der Kundgebung zu einem Marsch Richtung Pentagon in Bewegung. Dort haben bereits Nationalgarde, US Marshalls und Polizei einen dreifachen Sicherungsring um die Regierungsgebäude gezogen. Trotzdem gelingt es militanten Demonstranten, die Ketten der Bewacher zu durchdringen. Mit Gewehrkolben dreschen die bedrängten Bewacher auf die Demonstranten ein. Am Ende des Tages sind 350 Demonstranten in Haft, unter ihnen der Schriftsteller Norman Mailer. Auch am folgenden Tag gehen die Demonstrationen weiter. Inzwischen wurde die Militärpräsenz noch erhöht. Mit auf die Demonstranten gerichteten Gewehren stehen dicht gedrängt Soldaten nebeneinander, als ein junger Mann aus der Menge tritt und eine Blume in einen Gewehrlauf steckt. In diesem Moment drückt der Fotograf Bernie Boston auf den Auslöser seiner Kamera. Das Foto wird zur Ikone der Friedensbewegung. Flower power ist geboren.

Am selben Wochenende protestieren weltweit Hunderttausende gegen den Vietnamkrieg. Die größten Demonstrationen finden in Japan statt, wo in 370 Städten Menschen auf die Straßen gehen. In Deutschland wird erstmals auch in kleineren Städten wie Kiel demonstriert. In Berlin demonstrieren Zehntausende. Auch in London, Paris, Kopenhagen, Oslo, Stockholm, Dublin, Amsterdam, Brüssel, Ulan Bator und zahlreichen anderen Orten weltweit nehmen zeitgleich unzählige Menschen an den Protesten teil.

In Darmstadt wird am selben Tag der 49-jährige Heinrich Böll mit dem diesjährigen Georg-Büchner-Preis der Deutschen Akademie für Sprache und Dichtung ausgezeichnet.

In der Urkunde, die er erhält, heißt es:

»Geleitet von einem empfindlichen Gewissen und brennender Wahrheitsliebe hat er menschliche Verhaltensweisen und gesellschaftliche Zustände unserer Zeit mutig dargestellt und dadurch nicht wenig zur Selbstkritik von uns Deutschen beigetragen. Als Romancier und als Moralist gleichermaßen hervorragend verschaffte er der deutschen Gegenwartsliteratur wieder neue Geltung im Ausland.«[150]

Sein Laudator ist der Schriftsteller Rudolf Hagelstange, der unter anderem sagt:

»Der Staat, den wir entweder artig parierenden oder chaotisch desorientierten Deutschen uns bauen oder den wir verspielen können, ist auch und erst recht, wenn er defekt ist, *unsere* Sache – es gibt Ungezählte, die redlich an ihm arbeiten, die tätlich bürgen für ihn, und nicht alle Unvollkommenheit ist Böswilligkeit. Um verbindliche und heilsame Maße und Maßstäbe unserer modernen Gesellschaft, der sogenannten kapitalistischen wie der vorerst auch noch sogenannten sozialistischen, wird seit langem und vielleicht noch lange gerungen. Selbst wenn es gelingt, die bestehenden Wundherde, den täglich sinnloser und mörderischer werdenden Krieg in Vietnam und den noch immer nicht liquidierten um Israel, auszulöschen und andere zu vermeiden – es wird nicht ohne schmerzliche Operationen, Amputationen, Evolutionen *und* auch Revolutionen abgehen, wenn wir Ernst machen mit unserem Anteil an Verantwortung für eine gerechtere und vernünftigere Welt.

Selten ist mir diese Unvermeidbarkeit, Zwangsläufigkeit so eindringlich bewusst geworden wie bei der Lektüre von Heinrich Bölls letztem Buch mit Aufsätzen, Reden und Kritiken, in dem der Polemiker, Satiriker und Kritiker jeder Art die Dinge, die ihm auf den Nägeln brennen und die wir als allzu heiße Eisen ungern anzupacken pflegen, unmittelbar angeht: unser Verhältnis zum Osten, zum anderen Deutschland, zum Judentum, zum Begriff der Nation, der Demokratie – nicht zu reden von jenem Zentralthema des Religiösen, in dem die meisten anderen Themen Verantwortung, Moral, Widerstand, Friede, Freiheit als Komponenten oder Kontrapunkte mit enthalten sind.«[151]

Böll dankt herzlich, weist aber gleich zu Anfang seiner Preisrede darauf hin, dass seine Worte nicht ohne Bitterkeit sein werden, zwangsläufig, weil die Auszeichnung den Namen Georg Büchners trage.

»Es fällt nicht schwer, Büchners politische und ästhetische Gegenwärtigkeit zu sehen. Die Kerker-Torturen des Studenten und Büchnerfreunds Minnigerode mit jenen zwei, auf offener Straße durch amtliche Personen begangenen Morden in Beziehung zu bringen: der Erschießung des Berliner Studenten Ohnesorg und des Bundeswehrsoldaten Corsten, beides ungeheuerliche Fälle öffentlichen Mordens durch die Staatsgewalt. Oder: den ›Hessischen Landboten‹ ins Persische übersetzen, vielleicht gar deutsch als Flugschrift neu mit Kommentar zu verbreiten, nicht in einer Dünndruckklassikerausgabe verpackt, wo ihm die Aura germanistisch-akademischer Behandlung den politischen Stachel nimmt.

Die Anspielungen auf den Adel und die Höfe brauchten in dieser Neuausgabe nicht einmal verwandelt, sie müssten nur interpretiert werden. Die große Koalition ist selbstherrlich genug. Sie hat nichts mehr zu fürchten, nicht einmal mehr das kleine Wählerkreuzchen, mit dem wir, wenn wir keine andere Wahl mehr haben, nur noch unseren politischen Analphabetismus ausdrücken dürfen. Für den, der Augen hat zu sehen, gibt es da genug grinsendes Einverständnis und zurechtgegrinste Selbstherrlichkeit, den neuen Feudalismus des kleinen Mannes, der sich in den großen bürokratischen Apparaten zweier machtgewohnter, fast allmächtiger großer Parteien sicherer fühlt, als irgendeine Schranze sich an irgendeinem Hof fühlen konnte. [...]

Es dürfte auch in einer solchen Flugschrift die Beschreibung einer Beerdigung nicht fehlen: jener lähmenden Veranstaltung, die vor einem halben Jahr eine vergangene Ära beendete und Ausdruck für eine neue Ära wurde; fast eine Woche lang hielt sie die Fernsehschirme besetzt; der Aufmarsch in- und ausländischer, europäischer und überseeischer Gesetzgeber und Regierungschefs; zwischen Ritterkreuzträgern und Kardinälen Pulk um Pulk modegerecht gekleideter Gesetzgeber.

Das war modern, und es war – für mich jedenfalls – auf eine gespenstige Weise nicht gegenwärtig. Die lähmende Selbstverständlichkeit, mit der diese Beerdigungszeremonie ohne Widerspruch hingenommen wurde; die Mienen, die Kleider, die Autos; moderne Staatsmänner, moderne Prälaten, moderne Politiker und moderne Militärs, die den Kölner Dom besetzt hielten.

Was uns nachdenklich machen sollte: dass auch in einer Gesellschaft, die sich doch demokratisch nennt, zwei Stände nicht dem Kleiderzwang unterliegen, zwei Stände, die nicht nur nicht gerade die Demokratie erfunden haben, sondern ihr auch nachweisbar unfreundlich gesonnen sind: der Klerus und das Militär. [...]

Ich wünschte mir in diesen neuen Hessischen Landboten hinein eine genaue Analyse der Tatsache, dass hierzulande auf Grund eines mysteriösen Protokolls staatsbesuchende Demokraten und Sozialisten mit mühsamem, gekrönte Häupter und Fürstlichkeiten mit überwältigendem Charme empfangen werden.

Wer will sich da wundern, wenn Studenten, denen ein neues Bewusstsein zuwächst, diesem Protokoll auf die einzig mögliche Weise zuwiderhandeln: durch Unruhe und eindeutig formulierte Ablehnung. Wie sollten sie zu einer Höflichkeit verpflichtet sein, die dieses mysteriöse Protokoll ihnen durch Polizeigewalt aufzwingen möchte? In diesem Land scheitert ohnehin das meiste nicht an sachlichen, sondern an Protokollfragen. [...]

Wer verfügt da über uns, wer verfährt da mit uns, wer gibt uns ungeschriebene Gesetze? Wer wundert sich da, dass der Widerspruch der Jugend sich auch in Kleidung und Haarwuchs ausdrückt. Wie anders als durch Unruhen, eindeutig formulierten Widerspruch, in Kleidung und Haarwuchs sollen sie sich Ausdruck verschaffen, da ihnen das Wählerkreuzchen, mit dem Verantwortung delegiert wird und das keine andere Wahl mehr lässt, nicht genügen kann.

Ich zitiere den zwanzigjährigen Büchner aus einem Brief an seine Familie: ›Meine Meinung ist die: wenn in unserer Zeit etwas helfen soll, so ist es Gewalt. Wir wissen, was wir von unseren Fürsten zu erwarten haben. Alles, was sie bewilligten, wurde ihnen durch die Notwendigkeit abgezwungen … Man wirft den jungen Leuten den Gebrauch der Gewalt vor. Sind wir denn aber nicht in einem ewigen Gewaltzustand‹« […]

Der Name Georg Büchner, meine Damen und Herren, verpflichtet mich, meinen Dank auf diese Weise auszudrücken, vom unruhigen Rand der Zeitgenossenschaft, von einem Standpunkt aus, wo Sicherheit bröckelig wird, Selbstsicherheit unmöglich; von wo aus das Kritische als Ärgernis missverständlich klingen mag, so, als enthielte es nicht das Angebot, sich selbst mit einzubeziehen.«[152]

Am 22. Oktober schickt Fritz Bauer seinem Freund Thomas Harlan einen kurzen Brief. Es sind seit dem letzten Brief gerade zwei Tage vergangen. Vom Hauskauf in der Schweiz ist keine Rede mehr. Bauer zeigt sich tief erschüttert. Er schreibt, nun sei nichts mehr, wie es vorher war.[153] »In der Zwischenzeit ist der Teufel ausgebrochen, was ich die ganze Zeit fürchtete. Was vorher gerade stand, ist umgefallen, und morgen bringt der ›Spiegel‹ einen bösen, vielleicht mörderischen, zudem juristisch falschen Artikel.«[154]

In dem am folgenden Tag im ›Spiegel‹ erscheinenden Artikel behauptet dessen ungenannt bleibender Autor[155], die Frankfurter Staatsanwaltschaft habe sich geweigert, ihre Amtspflichten zu erfüllen.[156] »Die Strafverfolger, sonst mit den Paragraphen pingelig«, hätten »sich schon zu Beginn der Buchmesse politischer Einsicht gebeugt und die DDR-Provokateure gewähren lassen«.[157]

Der Effekt des Auftritts von Pawlik ist unumkehrbar. Durch den Vorfall entsteht eine Debatte über den Umgang sowohl der Leitung der Frankfurter Buchmesse als auch der

Frankfurter Staatsanwaltschaft mit dem Kasus »Braunbuch«. Im Jargon der BILD-Zeitung heißt das: »Amtsgerichtsrat Pawlik hat stellvertretend für Wortklauber und Leisetreter gehandelt.«[158] Dass der Richter dabei einen offenen Rechtsbruch beging, wird als vom Gewissen diktierte Notwehr eines aufrechten Bürgers verbrämt.

In die Kritik gerät insbesondere Fritz Bauer. Dem hessischen Generalstaatsanwalt, der wegen seines Engagements bei der Verfolgung von Nazi-Verbrechen nicht nur des Verfolgungswahns geziehen wird, sondern der auch Morddrohungen und Mordkomplotte[159] aushalten muss, wird nun indirekt unterstellt, mit DDR-Propagandisten gemeinsame Sache zu machen, ja: deren Interessen zu bedienen. Die Intention scheint offensichtlich: Die moralische Integrität des unbequemen Juristen wird in Frage gestellt. Innerhalb kürzester Zeit werden gegen ihn mehrere Strafanträge wegen Begünstigung und Strafvereitelung im Amt gestellt. Und tatsächlich nimmt die Staatsanwaltschaft Ermittlungen gegen ihn auf.

Am 25. Oktober wird im Bundestag über die Braunbuch-Affäre gesprochen. In einer Fragestunde soll Bundesjustizminister Gustav Heinemann von der SPD die Frage des CDU-Abgeordneten Dietrich Rollmann beantworten, ob der Bundesregierung Gründe dafür bekannt seien, warum der hessische Generalstaatsanwalt nicht gegen die Ausstellung des Braunbuchs eingetreten sei und »nun sogar« gegen die Beschlagnahme durch das Frankfurter Amtsgericht Beschwerde eingelegt habe.[160] Der CSU-Abgeordnete Schlager hat drei Fragen an Heinemann. Alle Fragen sind wegen des offensichtlichen öffentlichen Interesses als »dringlich«[161] eingereicht worden:

»Treffen die in der Öffentlichkeit gegen die Frankfurter Staatsanwaltschaft erhobenen Vorwürfe zu, dass sie die auf Grund der Verunglimpfung des Herrn Bundespräsidenten durch das sogenannte Braun-Buch eines mitteldeutschen Verlages gebotenen Anträge auf Durchsuchung und Beschlagnahme des Buches bewusst und gewollt unterlassen habe, obwohl sie rechtzeitig u. a. von Amtsgerichtsrat Dr. Pawlik darauf hingewiesen worden ist, dass im Zusammenhang mit der Ausstellung des Buches der Verdacht einer öffentlichen Verunglimpfung des Herrn Bundespräsidenten bestehe, und dass, falls die Staatsanwaltschaft selbst nicht tätig werden sollte, er von Amts wegen die erforderliche Durchsuchung und Beschlagnahme anordnen müsste?«

»Treffen die in diesem Zusammenhang auch gegen den Herrn hessischen Generalstaatsanwalt, Dr. Bauer, erhobenen Vorwürfe zu, dass er ausdrücklich erklärt habe, dass er nichts gegen die Ausstellung dieses den Herrn Bundespräsidenten verunglimpfenden Buches unternehmen wolle?«

»Bedeutet diese Erklärung nicht zugleich die ungeheuerliche Feststellung eines obersten Anklagevertreters, das Legalitätsprinzip durch Nichtstun verletzen zu wollen, und gerät dadurch der Herr Generalstaatsanwalt nicht in den Verdacht einer sachlichen Begünstigung nach Paragraph 257 StGB?«[162]

Schon die Formulierung der Fragen lässt auf bereits gefällte Urteile über Bauers Verhalten schließen. Brisanz erhalten die Fragen an den Justizminister auch deshalb, weil sie von Abgeordneten aus der Fraktion des Koalitionspartners gestellt werden.[163]

Der Justizminister stellt klar, dass der Hessische Justizminister zuständig ist. Im Plenum entsteht anhaltende Unruhe. Das soll die Antwort auf die Fragen sein? Damit gibt sich doch die Öffentlichkeit nicht zufrieden! Der Sitzungsleiter bittet darum, im Saal Ruhe zu bewahren und Unterhaltungen einzustellen.[164]

Die beiden Fragesteller, beide Juristen, lassen nicht locker. Sie wollen Heinemann zu einer Bewertung des Vorgangs zwingen. Der Justizminister appelliert nun an das Verständnis nicht nur der fragenden Abgeordneten, sondern des ganzen Bundestags für die bundesstaatliche Ordnung.

Nein, und nochmal nein: zuständig seien das hessische Justizministerium und das hessische Parlament.[165] Die Abgeordneten wissen aber mehr. Hat nicht soeben sogar das Kabinett über den Fall verhandelt? Mit welchem Ergebnis, will man nun wissen.

Heinemann muss passen, an der Sitzung hat er nicht teilgenommen. »Aber wie immer das auch sei«, weist er die Abgeordneten zurecht, das Bundeskabinett könne sich zwar »mit den politischen Problemen eines solchen Vorgangs wie dem auf der Frankfurter Buchmesse beschäftigen, aber nicht in Beurteilungen über das Versagen oder die angemessene Pflichterfüllung eines hessischen Beamten eintreten.«[166]

»Doch!«, findet offenbar nicht nur der Abgeordnete Schlager. Unter Beifall seiner Fraktion hakt er weiter nach: »Würde es nicht doch der Bundesregierung und auch Ihnen gut anstehen, wenn Sie in einer solch politisch brisanten Affäre, in der das Staatsoberhaupt in erheblicher Weise in den Schmutz gezogen wird, in der einem Amtsrichter vom obersten Ankläger eines Landes der Vorwurf gemacht wird, er begehe Rechtsbeugung, und in der dieser oberste Ankläger selber in den Verdacht gerät – oder jedenfalls der Vorwurf erhoben wird –, das Legalitätsprinzip in erheblicher Weise durchbrochen und sich möglicherweise einer strafbaren Handlung schuldig gemacht zu haben, ein klärendes Wort in der deutschen Öffentlichkeit sagten?«[167]

Heinemann bleibt dabei, dass weder der Bundestag noch die Bundesregierung beliebig Vorkommnisse im Land oder in einer Kommune an sich ziehen oder zur Diskussion bringen können.[168] Das provoziert Zwischenrufe: »Doch nicht beliebig!«[169]

Es geht jetzt richtig hoch her. Schaffen die Abgeordneten es doch noch, den Justizminister aus der Reserve zu locken? »Wollen Sie diesem Haus glaubhaft machen, dass es sich um eine Bagatellaffäre gehandelt hat, oder war es nicht doch eine Angelegenheit von erheblichem politischem Gewicht, die auch im Ausland sehr aufmerksam betrachtet wird?«

Nun bestätigt Heinemann, dass es sich sogar um eine sehr wesentliche politische Angelegenheit handele. Doch »möchte er«, sagt er, darauf bestehen, »dass sie in den Zusammenhängen, das heißt vor allen Dingen in dem Parlament erörtert wird, wo sie hingehört.«

»Das gehört hierher«, finden weiter seine Widersacher. Nun meldet sich der dritte Abgeordnete aus der Fraktion der Koalitionspartner in diesem Kreuzverhör zu Wort. Es ist der Bundesvorsitzende der Jungen Union, Egon Klepsch: »Sind Sie nicht auch der Meinung, dass es sich nicht um irgendeine Angelegenheit handelt, wenn eine Verunglimpfung und Beschimpfung des Bundespräsidenten vorliegt?«[170]

Heinemann hat einen Moment geschwächelt, jetzt ist er wieder bei der Sache. »Genau das habe ich soeben gesagt«, nimmt er den Spielball auf. »Aber, Herr Kollege, Sie nehmen besonderen Bezug auf den Bundespräsidenten. Da muss ich hier daran erinnern, dass er ja selber erklärt hat, er wünsche keine strafrechtlichen Weiterungen in Bezug auf dieses Braunbuch.«[171]

Klepsch ignoriert die Belehrung: »Ist die Bundesregierung nicht gehalten, sich durchaus Gedanken über die Durchführung von Bundesgesetzen wie das Bundesstrafrecht zu machen?«[172]

Es kommt eine weitere Belehrung durch Heinemann: »Wenn Sie damit auf die Vollstreckung von Beschlüssen anderer Gerichte anspielen – es ist ja in Zeitungen von Hamburg und Lüneburg die Rede gewesen –, so kann ich nur sagen: Es ist Sache des Gerichts, das einen Beschlagnahmebeschluss fasst, selber für die Vollstreckung dieses Beschlusses zu sorgen und dafür die jeweiligen örtlichen Stellen – die Polizei ist das – in Anspruch zu nehmen.«[173]

Jetzt springt ihm erstmals ein Abgeordneter der eigenen Fraktion mit einer Frage bei. Hans Matthöfer will wissen: »Finden Sie und die Bundesregierung es nicht auch bemerkenswert, dass diese dringliche mündliche Anfrage und die Zusatzfragen von den Abgeordneten einer Partei gestellt werden, die im Jahre 1949 gegen das Grundgesetz gestimmt hat, weil sie es für zu zentralistisch hielt?«

Die rhetorische Frage erregt bei der SPD große Heiterkeit. Beifall brandet auf. Matthöfer setzt noch einmal nach, damit Heinemann präzisieren kann. Was wäre denn, wenn die Bundesregierung auf diese oder ähnliche Fragen einginge? Käme dann unter Umständen die bayerische Schulpolitik auf die Tagesordnung?[174]

»Oho!«, rufen einige Abgeordnete der CDU/CSU-Fraktion nun. Heinemann nimmt das Zuspiel seines Parteifreundes auf: »Wenn wir in irgendeinem Fall die allgemeine Linie, die durch das Grundgesetz gegeben ist, verlassen, kommen wir unter Umständen sehr ins Rutschen.«[175] Sitzt die Ohrfeige? Nur ein wenig.

Die Fragestunde geht trotz dieser bloßstellenden Belehrung weiter. Nun will der CDU-Abgeordnete Damm wissen, ob die zwischen Bund und Ländern festgelegten Kompetenzen denn verletzt würden, wenn der Bundesjustizminister sich darum bemühen würde, die Gründe zu erfahren, die den hessischen Generalstaatsanwalt zu seinem Tun veranlasst haben.[176]

Das hält Heinemann sogar für vertretbar. Allerdings: »Aber das Ganze soll doch unverkennbar – das weisen hier die vielen Zusatzfragen aus – der Einstieg in eine sachliche Diskussion mit dem Ziel sein, Vorwürfe zu rechtfertigen oder Entschuldigungen für das Verhalten eines hessischen Beamten vorzubringen. Da kann ich nur dabei bleiben: Es ist Sache des hessischen Justizministeriums und eventuell des dortigen Parlaments, diese Dinge zu tun.«[177]

»Würden Sie es für der Sache dienlicher halten, uns Abgeordneten des Bundestages hier die von Hessen offiziell genannten Gründe mitzuteilen, damit wir nicht auf Pressemeldungen angewiesen sind?«, fragt Damm weiter und erntet Beifall seiner Fraktion.[178]

»Keineswegs«, entgegnet Heinemann trocken. »Aber Ihre politischen Freunde in Hessen sind ja wohl in der Lage, all dem nachzugehen und uns alle mit den nötigen Unterrichtungen zu versorgen.«

Nun brandet Beifall bei der SPD auf. Aus der CDU/CSU-Fraktion ertönen laute Rufe. Ist nicht in Hessen die SPD allein an der Macht? Und Fritz Bauer, der umstrittene Generalstaatsanwalt, ist prominentes SPD-Mitglied, da weiß man doch schon, was herauskommt, schwingt unausgesprochen mit.

Heinemann nimmt die Zurufe auf: »Ob Sie in Hessen stark oder schwach sind, wird doch wohl nicht von Einfluss darauf sein, ob im hessischen Parlament auf das geantwortet wird, was Ihre Freunde fragen werden.«

Nun will der aus Hessen stammende CDU-Abgeordete

Benno Erhard wissen, ob Heinemann bereit sei, sich mit seinem Kabinettskollegen Lauritz Lauritzen, aktuell Bundesminister für Wohnungswesen und Städtebau, früher hessischer Justizminister, auszutauschen darüber, »was für Schwierigkeiten er als hessischer Justizminister mit dem Herrn Generalstaatsanwalt Bauer gehabt« habe, und dem Bundestag das mitzuteilen?[179]

Aha, kann auf hessisches Insiderwissen geschlossen werden, Bauer sorgte auch zuvor schon für Probleme. Alle wissen Bescheid, doch keiner will es aussprechen? Wieder ertönt Applaus von Seiten der CDU/CSU.

Heinemann sorgt mit seiner Antwort für Heiterkeit: »Nehmen Sie doch dem hessischen Landtag nicht eines der offenbar reizvollsten Themen weg!«[180]

Nun kommt in Gestalt von Fragen des nächsten CDU-Abgeordneten schon der nächste Ansatz, den Justizminister doch noch zu einer inhaltlichen Stellungnahme in Sachen Braunbuch-Affäre zu bewegen. Der Abgeordnete Lenze will wissen, ob sich der Herr Minister einen anderen Staat vorstellen könne, in dem das zuständige staatliche Organ bei einem Angriff auf das Staatsoberhaupt untätig bleibe.[181]

Der Abgeordnete Lenze offenbar nicht, dafür aber der Justizminister sehr wohl, wie er antwortet: »unter der Voraussetzung, dass das Staatsoberhaupt selber öffentlich erklärt hat, es wünsche keine strafrechtlichen Weiterungen«. Dem pflichtet nun sogar die FDP-Opposition bei, aus deren Fraktion der Zuruf »Hört! Hört!« zu vernehmen ist.[182]

Das ficht aber den Frager nicht an, der nun wissen will, ob der Justizminister seine Auffassung teile, dass die Verfolgung eines solchen Vorgangs eine Frage der Selbstachtung aller Staatsbürger sei.[183]

»Herr Lenze«, antwortet Heinemann. Amüsiert? Genervt?

»Die Verfolgung öffentlicher Verunglimpfungen des Staatsoberhaupts, also des Bundespräsidenten, ist – das steht ausdrücklich im Gesetz – davon abhängig, dass er eine Ermächtigung zu dieser Strafverfolgung gibt oder gar einen Strafantrag stellt. An beidem fehlt es.«

Nun meldet sich ein Oppositionsabgeordneter zu Wort. Bezugnehmend auf die Ausführungen des Justizministers von soeben will der FDP-Abgeordnete Zoglmann nun wissen, ob 1. damit einer der hoch bedeutsamen politischen Gründe weggefallen sei und 2. die Prüfung des inkriminierenden Materials durch den ehemaligen Staatssekretär Bülow irgendeinen Zusammenhang mit der Erklärung des Bundespräsidenten habe.[184] Arthur Bülow, Staatssekretär des Amtsvorgängers von Heinemann, hatte in einem 250-seitigen Gutachten Lübke von den Vorwürfen aus der DDR freigesprochen.[185]

»Das nehme ich an«, erwidert Heinemann. »In der Frankfurter Allgemeinen Zeitung vom 13. Oktober wird aus Berlin berichtet, dass der Herr Bundespräsident dort folgende Erklärung abgegeben habe.« Was er jetzt vorlese, stehe in der Zeitung in Anführungsstrichen. Also, aufgepasst: ein Zitat, macht er mit diesem Hinweis deutlich:

»Der Bundespräsident erklärte am Donnerstag in Berlin: ›Die im sogenannten Braunbuch der Sowjetzone aufgestellten Behauptungen sind von mir und der Bundesregierung bereits mit eingehender Begründung zurückgewiesen worden. Der Bundesminister des Innern hat in einer Dokumentation vom 28. Oktober 1966 die Fälschung von sogenannten Dokumenten auf Grund eidesstattlicher Versicherungen und eines Schriftgutachtens nachgewiesen. Deshalb erübrigt sich …‹

Heinemann weist in seinem Vortrag nochmals darauf hin, dass dies der Bundespräsident selbst erklärt habe: »… die

Ermächtigung zur Strafverfolgung. Ich interpretiere das so, dass der Herr Bundespräsident von der Wahrheit seiner Darstellung oder, mit anderen Worten, von der Fälschung dessen, was im ›Braunbuch‹ steht, überzeugt ist und er es der Wahrheit zutraut, dass sie sich – ohne gerichtliche Weiterungen – durchsetzt.«[186]

Als nun der CDU-Abgeordnete Schulze-Vorberg von Heinemann wissen will, wie sich Heinemann in seiner Funktion als Justizminister den Verzicht auch anderer prominenter Politiker auf gerichtliche Schritte erkläre, und ob Heinemann, der selbst dazu zähle, schlechte Erfahrungen mit der deutschen Justiz gemacht habe, bricht der Sitzungsleiter die Befragung ab. Die Frage habe mit der Ausgangsfrage überhaupt nichts mehr zu tun. Von den Zwischenrufen »Doch!« lässt er sich nicht beirren. »Das Thema ist jetzt genug breitgetreten. Ich schließe die Behandlung dieses Punktes.«[187]

Nicht angesprochen wird die Frage, ob nicht möglicherweise doch etwas an den gegen Lübke erhobenen Vorwürfen dran sei und es deshalb geschickter ist, eine gerichtliche Auseinandersetzung und die damit verbundene Beweiserhebung und -würdigung zu vermeiden.[188]

Ende Oktober geht im Groote-Schuur-Krankenhaus im südafrikanischen Kapstadt der Chirurg Christiaan Barnard zu seinem Vorgesetzten und teilt ihm mit, dass er und sein Team nun bereit seien, einem Menschen ein neues Herz einzupflanzen. Er will seinen Professor überzeugen, ihm einen Patienten zur Verfügung zu stellen.

»Aus welchem Grund glauben Sie, dass Sie jetzt so weit sind?«, will Professor Val Schrire wissen. »Weil Sie es schon an Hunden durchgeführt haben?« Barnard fragt: »Was schlagen Sie sonst vor?« Schrire entgegnet: »Ihre Hunde leben nicht sehr lange. Ehe Sie sich daran wagen, sollten Sie bessere Überlebenszeiten vorweisen.« »Ich habe nicht die Absicht, bessere Überlebenszeiten bei Hunden zu erzielen. Ich kann mit einem Hund nicht wie mit einem Menschen umgehen. Ich kann einen Hund nicht mit immunsuppressiven Medikamenten behandeln wie einen Menschen.« »Ich weiß nicht …« »Aber ich weiß es. Alles, was wir jetzt brauchen, ist, dass Sie uns einen Patienten geben.« Barnard insistiert weiter und versucht, Schrire zu überzeugen, dass dessen Bedenken wegen vermeintlicher Risiken unnötig seien. Er will einen unheilbar Kranken operieren, der vielleicht nur noch Tage oder Stunden zu leben hätte. Einen Patienten, der im Sterben liegt. »Er wird Sie anflehen. Er wird um diese Chance betteln. Denn das ist es, was es für ihn bedeutet – eine Chance, nicht ein Risiko.« Schrire scheint nun zu schwanken. Barnard hat einen konkreten Vorschlag. »Wir können einen Eingeborenen mit einer Kardiomyopathie nehmen, weil diese Krankheit bei den Farbigen häufig vorkommt und wir keine Heilungsmöglichkeiten kennen. Damit hätten wir einen jungen Mann mit einem gesunden Körper, der nur einen Defekt hat – Herzinsuffizienz.« Das ist für den Professor ausgeschlossen. »Unser erster Patient darf auf keinen Fall ein Farbiger sein, weil es dann im Ausland heißen würde, dass wir die Farbigen für Experimente missbrauchen.« Barnard muss dem zustimmen. Unverrichteter Dinge kehrt er zurück an seine Arbeit. Schrire will immerhin weiter überlegen, sagt er noch zu. Doch das Ergebnis ist völlig offen. Barnard ist so frustriert, dass sein Körper reagiert. Ein arthritischer Schub lässt seine Hände und Füße so stark anschwellen und schmerzen, dass er befürchten muss, nicht operieren zu können, selbst wenn sich doch noch eine Möglichkeit ergäbe.[189]

Kurt Drechsler hat in diesem Monat die Elektrik in Bad und Keller gerichtet. Dafür benötigte er Elektromaterial für 45 Mark 24, Bad- und Kellerleuchten für 14 Mark 10, eine zusätzliche Kellerleuchte für 2 Mark 85 und diverse Schalter, Dosen und Glühlampen für 11 Mark 40.

Die Ventilkombination für das neue Bad kostet 122 Mark, der neue Klodeckel 7 Mark 70. Für Benzin werden diesen Monat 59 Mark ausgegeben. Außerdem ist mal wieder Buchclub fällig für 20 Mark 40. Eine Maurerkelle muss angeschafft werden für 5 Mark 50. Karl bekommt für das Verputzen 15 Mark.

Diesen Monat gibt Kurt dreimal Lotto-Tippscheine ab und gibt dafür insgesamt 5 Mark 75 aus, deutlich mehr als sonst. Wieder ist mehr Zeit, etwas mit den Lieben zu unternehmen. Man kraxelt am Wochenende für 1 Mark 30 auf einen Turm oder fährt zur Kirchweih nach Wildenreuth, wo 5 Mark auf den Kopf gehauen werden.

Viele, die später in den Terrorismus abglitten, haben berichtet, alles sei ihnen anfangs wie ein Film vorgekommen, ein Kriminalfilm, Politthriller oder Italo-Western, je nach Temperament.[1]

Gerd Koenen

Am 5. November detoniert auf dem Gelände der Bundesbahndirektion Hamburg ein mit dem Sprengstoff TNT gefülltes Zementrohr. Wieder hat das »Fantom« zugeschlagen. Nochmals signalisiert die Bahn Zahlungsbereitschaft und wieder gelingt es unter Einschaltung der ›Bild‹-Zeitung einen Übergabeort zu verabreden.[2] Diesmal soll der Geldbote das Geld an einer Autobahnraststätte übergeben.[3] Doch erneut lässt sich der Verbrecher nicht blicken. Das Katz-und-Maus-Spiel geht weiter.

Das Aufsehen, das der unbekannte Erpresser erregt, treibt mittlerweile erstaunliche Blüten. Das Plattenlabel Metronome veröffentlicht eine Single eines bis dato unbekannten Sängers namens »Hektor von Usedom«, der in der »Roy-Clark-Ballade« zu harten Rhythmen rockt:

Die Bombe platzt um 20 Uhr, Roy Clark
Ein Zug entgleist und keine Spur, Roy Clark
Roy Clark, keiner kennt Roy Clark
Und jeder sucht Roy Clark, für 20 000 Mark
Und wer weiß, wo es morgen wieder tickt
Wenn er den nächsten Zug zur Hölle schickt
Roy Clark, wer kennt die Stimme von Roy Clark
Und jeder sucht Roy Clark, für 50 000 Mark.

O-Ton eines Aufrufs der Polizei: *Wer ist dieser unheimliche Erpresser? Wer kennt Roy Clark? Wer kennt diese Stimme? Mitteilungen nimmt jede Dienststelle der Kriminalpolizei an. Wer ist Roy Clark?*

Sänger: *Und wieder kommt ein Nachtexpress nicht an*
Und Alle fragen: wer ist dieser Mann?
Roy Clark, gib es auf, Roy Clark;
Dein Ende naht, Roy Clark, 100 000 Mark.

Ein Zug naht, kreischende Bremsen, aus …

Die deutschen Radiostationen untersagen das Abspielen des Songs. Wer Hektor von Usedom ist, lässt sich nie klären. Viele halten Drafi Deutscher für den Urheber des Songs.[4]

In Kapstadt ruft in dieser ersten Novemberwoche Professor Schrire seinen Mitarbeiter Christiaan Barnard in sein Arbeitszimmer. Der Chirurg schaut seinen Chef an und weiß sofort, dass sich ein Patient gefunden hat. Und wirklich, Schrire sagt: »Hören Sie, Chris, ich glaube, wir haben einen Patienten, der für eine Herztransplantation geeignet ist. Er heißt Washkansky, Louis Washkansky.«[5]

Barnard kann sich zunächst nicht erinnern, aber es stellt sich heraus, dass er Washkansky bereits kennt. Im Juli hatte man ihn für eine Operation eingewiesen, aber Barnard stellte bei den Untersuchungen fest, dass für den Patienten nichts mehr getan werden konnte.[6] Der Patient leidet seit Jahren an einer schweren Herzinsuffizienz und wäre längst tot, wenn er nicht mit einem geradezu unbändigen Lebenswillen immer neue Torturen über sich hätte ergehen lassen, um dem Tod zu entrinnen. Washkansky weiß zu diesem Zeitpunkt, dass ihm jetzt wirklich nur noch wenige Tage bleiben. Deshalb erklärt er sich sofort bereit, die Operation zu riskieren, als sein behandelnder Arzt ihn auf die Möglichkeit hinweist.[7] Nun muss allerdings ein Spender gefunden werden.

Walter Kempowski notiert am 6. November in sein Tagebuch:

»Ein Höhepunkt unseres bisherigen Lebens scheint erreicht. Am 4. November hatten wir einen ›Klubtag‹ in unserem Haus. 37 Gäste kamen, teilweise von weit her (Bonn, Berlin). Es war schon zu sehen, wie wir von allen Leuten, auf deren Meinung und Urteil wir Wert legen, geachtet und anerkannt werden. Unser Haus ist gemütlich eingerichtet, wir haben, dank äußerster Einschränkung auf der einen Seite, andererseits einen gewissen Lebensluxus entfaltet. Im Beruf war ich ja schon immer zufrieden, aber nun ist durch meine Ernennung zum Seminarleiter das äußerste Ziel, was ich mir gesetzt hatte, erreicht. Was ›Höheres‹ will ich gar nicht werden. Auch meine Vorgesetzten achten mich, ich habe keine Schwierigkeiten. – Das Buch scheint wirklich verlegt zu werden, wer das Manuskript gelesen hat, urteilte bisher positiv. Das ist ein gewisser Ersatz für die unbeschreiblichen Schikanen, die ich nach 1956 wegen meiner Haftzeit zu erdulden hatte. Ich habe mir also meine Anerkennung, die mir von Amts wegen vorenthalten wurde, auf anderem Wege verschafft.«[8] In dem Manuskript, mit dem er nun zu reüssieren scheint, erzählt er die Geschichte seiner achtjährigen Haft in der ostdeutschen Haftanstalt Bautzen. Dafür Beachtung und Anerkennung zu erhalten, ist ihm unendlich wichtig und das positive Feedback eine große Genugtuung. Eitelkeit? Das ist es nicht: Es gilt eher, den Qualen, auch der Missachtung, nachträglich einen Sinn zu verschaffen. Es ist der Nachhall einer Verzweiflung, in die ihn nicht nur die Haft an sich, sondern auch die Reaktion darauf im Westen stürzte.

In derselben Woche liegen die Bee Gees mit ›Massachusetts‹ erstmals auf Platz 1 in der deutschen Hitparade, ebenso wie in Großbritannien, Österreich, Belgien und zahlreichen anderen Ländern. Sie gehören jetzt zu den ganz Großen in der Popmusik.

Am 9. November wird an der Hamburger Universität die Amtsübergabe an den neuen Rektor begangen. Als die Professorenschaft, für das Zeremoniell feierlich in Talar und Barett gekleidet, gemeinsam den Audimax der Hochschule betritt und die Treppe zu ihren Ehrenplätzen hinabschreitet, setzen sich zwei sehr ordentlich in Anzug mit Krawatte bekleidete und als Bundeswehr-Reservisten und fleißige Studenten bekannte Männer vor den Einmarsch und entrollen ein Transparent. Nun schreiten die ehrwürdigen Magnifizenzen hinter dem Motto »Unter den Talaren – Muff von tausend Jahren« die Treppe hinab. Der Affront ist perfekt und ein Motto der deutschen Studentenbewegung geprägt.

Die jungen Wilden der Bremer SPD wissen nicht so richtig weiter. In der »Lila Eule« beschließen sie, Rudi Dutschke nach Bremen zu holen, um zu erfahren, was er zu sagen hat.[9] Am 10. November wird Olaf Dinné beauftragt, nach Berlin zu fahren und Dutschke einzuladen. Den Kontakt herzustellen, erweist sich als ziemlich schwierig. Die Bremer wissen nur, dass Dutschke in einer Kommune wohnt und oft im Büro des SDS anzutreffen ist. Der telefonischen Anfrage dort wird mit großem Misstrauen begegnet, Auskünfte über den Studentenführer werden verweigert. Der Bremer wundert sich und fährt auf gut Glück nach Berlin, im Gepäck drei große Flaschen Wein aus der »Eule« und einen Plakatentwurf für die mit Dutschke geplante Veranstaltung. Ein Plan ist es nicht, aber immerhin eine lebensnahe Idee, wie man an den Vordenker herankommen könnte, indem man ihn und sein Umfeld gewogen stimmt.

Mittags kommt Dinné in Berlin an und geht direkt in das Audimax[10] der Freien Universität in der Garystraße. Dort läuft gerade eine Veranstaltung der APO. Der große Hörsaal ist brechend voll. Rudi Dutschke sitzt in einem Menschenknäuel direkt vor dem Podium. Was in den langen Debatten gesprochen wird, nimmt der Besucher aus Bremen kaum auf. Akademisch erscheinen sie ihm. Und eben lang, nicht nur wegen der ermüdenden Anreise über die Transitstrecke durch die Ostzone. Auch Dutschke wird ungeduldig, beobachtet Dinné. Irgendwann greift der Studentenführer ein und erklärt dem überfüllten Auditorium, es komme jetzt nicht darauf an, weiter zu analysieren, sondern jetzt müsse gehandelt werden. Seine konkreten Hinweise für eine Aktion am nächsten Nachmittag werden begeistert beklatscht und die Versammlung beginnt sich aufzulösen. Zum Erstaunen Dinnés tragen auf dem Podium weitere Redner ihre Beiträge vor, obwohl die Zuhörer zu den Ausgängen drängen. Hört überhaupt noch jemand zu? Er selbst jedenfalls nicht, und an Dutschke ist für ihn im allgemeinen Aufbruch kein Herankommen.

Von einem Vertreter des SDS erfährt er, dass er ganz sicher am Abend bei einem Treffen der Arbeitsgruppe Dritte Welt Glück haben würde. Also auf ein Neues! Abends fährt Dinné zur SDS-Zentrale an den Kurfürstendamm ins Zentrum von Westberlin. In dem mehrstöckigen, verfallenen Haus tagt bereits die Aktivistengruppe, als er eintrifft. Wieder wird ihm mit großem Misstrauen begegnet. »Wer bist du? Was willst du?«, wird er gefragt.

Als er sein Anliegen vorträgt, spürt er, dass die Anwesenden ihn für irgendwie provinzlerisch halten. Die meisten reagieren mit ironischem Kopfschütteln. Hier wird gerade an der Weltrevolution gestrickt, und da kommt jemand aus einem bürgerlichen Kaff im Westen und bittet um Nachhilfe, geben sie ihm zu verstehen. Der Bremer lässt sich jedoch nicht den Wind aus den Segeln nehmen.

Der gemeinsame Nenner ist überall vorhanden. Dinné stellt seine drei Flaschen Wein auf den Tisch, steckt den Plakatentwurf an einen Nagel in der Tür und sagt, sie sollten doch beim Feiern sein Anliegen nicht vergessen. Die vorausschauende Mitnahme der Flaschen aus Bremen lohnt sich: Ein SDS-Mann aus der Freien Universität zeigt sich am Wein interessiert und Dutschke höchstpersönlich schaut sich den Plakatentwurf an. Nun stehen alle auf, versammeln sich um die Tür und beschließen großzügig, den Bremern zu helfen.[11]

Im November besucht erstmals Ernst Jünger mit seiner Frau seinen früheren Assistenten Heinz-Ludwig Arnold und dessen Frau in deren Häuschen in Göttingen. Die feucht-fröhliche Feier, an der auch der Verwaltungs- und Staatsrechtler Peter Badura nebst Ehefrau teilnimmt, dauert bis in die frühen Morgenstunden.

Gegen vier Uhr möchte Jünger beim Abschied das Exemplar seines neuen Buchs ›Subtile Jagden‹, das er seinem Gastgeber mitgebracht hat, mit einer Widmung versehen. Er schreibt: »Für Heinz Ludwig Arnold bei meinem ersten Besuch in Göttingen. Weiter auf dem Wege zu St. Boeuf! E. J.«[12]

So schallendes Gelächter dürfte der frankophile Bildungsbürger selten ausgelöst haben. Arnold auf dem Weg zum »Heiligen Rindfleisch«, ein frommer Wunsch in Kreisen überzeugter Fleischesser?

Es fällt Jünger Tage später selbst auf, dass am elitären Hinweis auf den hierzulande nur Kennern als Prototyp des modernen Literaturkritikers bekannten französischen Großkritiker aus dem 19. Jahrhundert, Charles Augustin Sainte-Beuve, etwas nicht stimmt. Er habe eine dumpfe Erinnerung, schreibt der deutsche Großschriftsteller an Arnold und bittet, ihm das Buch zu schicken.

Zurück erhält Arnold dann genau dieses Exemplar, ergänzt um den Hinweis: »Post scriptum: Obiges war nicht als Anspielung gedacht. Es war vielmehr ein simples Erratum infolge reichlichen Einschenkens während des Göttinger Symposions.«[13]

Mitte November wird in Bolivien Régis Debray von einem Militärgericht wegen Mord, Raub und gegen den Staat gerichteter umstürzlerischer Betätigung zu 30 Jahren Haft verurteilt.[14]

Am 17. November wird im Bundestag über die Situation im deutschen Bildungswesen, insbesondere die ausstehende Reform des Hochschulwesens debattiert, auch vor dem Hintergrund der Studentenunruhen.[15] Sowohl CDU/CSU als auch der Koalitionspartner SPD haben Große Anfragen eingereicht.[16] Die Bänke des Bundesrats sind dicht gefüllt. Es ist nicht unumstritten, ob der Bundestag überhaupt berechtigt ist, über Reformen, die Ländersache sind, zu debattieren.[17] Doch geht es um das große Ganze, wie die Regierungsparteien einträchtig herausstellen.

Das Anliegen der Studenten wird ernst genommen. Die Unruhen seien eine Reaktion auf die Verzögerung längst fälliger Entscheidungen, erklärt die CDU-Abgeordnete Helga Wex.[18]

Das größte Problem ist zunächst einmal der Massenandrang. Da die vorhandene Planung dem zukünftig zu erwartenden Andrang von Studenten nicht gewachsen ist, muss an die Einführung von Zulassungsbeschränkungen wie dem Numerus Clausus gedacht werden.[19] Aber es gehe eben nicht nur um die Überfüllung der Hochschulen.[20] Es gehe auch um die Beantwortung der Frage nach der gesellschaftlichen Funktion der Hochschulen.[21] Immerhin rekrutieren sich 70 Prozent der zukünftigen Führungskräfte im Land aus den Universitäten.[22] Da muss man schon mal darauf hinweisen dürfen, dass die isolierte Autonomie der Hochschulen ein Unding für die Gesellschaft sei. Der SPD-Abgeordnete Helmut Schmidt pflichtet per Zwischenruf bei.

Als Bundeskanzler Kiesinger sich mit einem Hinweis auf die geistig-seelische Erziehung als, aus seiner Sicht, schwierigstes Problem zukünftiger Bildungspolitik zu Wort meldet, erntet er viel Spott.[23] Nach ihm redet als Vertreter des Bundesrats der Hamburger Regierungschef Herbert Weichmann von der SPD, der gleich eingangs seines Vortrags für demonstrative Begeisterung bei SPD und FDP sorgt, als er ankündigt, aus dem »Makrokosmos des Bundeskanzlers in den Mikrokosmos der harten und handfesten administrativen Politik« zurückzukehren.[24]

Das große Ganze, über das hier heute gesprochen wird, besteht aus vielen Ideen, statistischen Erhebungen, mehr oder weniger bereits realisierten Plänen und Fragen, Fragen, Fragen. Soll das Bildungswesen weiter ausdifferenziert und als Schulabschluss die Akademiereife eingeführt werden, die Fachschulabsolventen den Zugang zu Fachhochschulen ermöglicht? Wie sind überhaupt die wachsenden Studentenzahlen zu interpretieren? Braucht man so viele Absolventen? Wie wird Bedarf definiert? Am Wunsch nach einem Studienplatz oder nach Stellenangebot für entsprechende Absolventen?

Und wo sollen all die Professoren herkommen, die der Ausbau der Hochschulen fordert? Soll vielleicht doch bei entsprechender Eignung auf die langwierige Habilitation verzichtet werden? Und wer oder was soll bestimmen, was gelehrt wird? Sind die Fächer und der vermittelte Lernstoff überhaupt noch zeitgemäß? Und die Lehrmethoden erst? Wäre es nicht sinnvoll, auch einmal über Synergien und Interdisziplinarität nachzudenken? Sollten nicht Fächerkombinationen anders zusammengestellt und Fachbereiche umgebaut werden? Inhalte müssen gestrafft und Studienzeiten verkürzt werden.

Und sollten Forschung und Lehre nicht irgendwie messbar sein? Die erkennbaren Mängel bei den für den Berufsalltag nötigen Fertigkeiten vieler Hochschulabsolventen sprechen eine deutliche Sprache. Oder? Braucht es nicht ein Bewertungssystem, wie man die akademische Gesamtleistung einer Hochschule ermitteln könnte? Wo beginnt man? Und wo will man hin? So wie es jetzt ist, geht es jedenfalls nicht weiter. Da sind sich alle einig, Ländervertreter und Bundestagsabgeordnete.

Einer der Abgeordneten, der SPD-Fraktionsvorsitzende Helmut Schmidt, bringt eines der Hauptanliegen noch einmal auf den Punkt. Er liest dazu den Text eines früheren Vorsitzenden des, »wie ich in den Zeitungen lese, übel beleumdeten Sozialistischen Deutschen Studentenbundes«[25] vor: »Angesichts der berechtigten Vorwürfe, die die Gesellschaft heute der Universität zu machen hat, drehen einige Akademiker den Spieß um und fordern, dass der Staat gefälligst nur das Geld zu liefern habe und ihn sonst die Universitäten nichts angingen. Nun hat die Autonomie der Universitäten, besonders in der Erinnerung an die Bevormundung der Wissenschaft durch den Nazistaat, erhebliche Vorzüge, und es wäre gegen die Autonomie nichts einzuwenden, wenn man hoffen dürfte, dass die Universitäten aus eigener Kraft ihre gegenwärtigen Schwächen überwinden könnten. Das ist aber nicht der Fall, und wir haben sicherlich keine nur annähernd befriedigende Hochschulreform zu erwarten, wenn wir nur abwarten würden und die Sache ausschließlich den Professoren überließen.«[26]

Ende des Zitats. Heiterkeit und Beifall folgen auf dem Fuß, als Schmidt anschließend darüber aufklärt, dass es sich bei den – »Sie wundern sich bestimmt« – gemäßigten Worten aus dem SDS um ein 20 Jahre altes Selbstzitat aus seiner eigenen Zeit als SDS-Vorsitzender handelt.[27]

»Das war schon vor 20 Jahren richtig; das, was damals von jungen Leuten ausgesprochen wurde, die heute 50 sind, ist heute noch genauso richtig. Es hat sich inzwischen nichts geändert, nur dass inzwischen an den Universitäten die Talare und Baretts angeschafft wurden und die Anreden ›Magnifizenz‹ und ›Spektabilität‹ wieder eingeführt wurden. Was hätten wir Soldaten gelacht, als wir aus dem Krieg nach Hause gekommen sind, wenn wir uns zu dieser Anrede hätten bequemen sollen.«[28]

Es ist etwas dran an dem griffigen Slogan der beiden Hamburger Studenten. Schmidt erwähnt ihn nicht, aber alle wissen, worauf er anspielt. Und auch bei erklärtermaßen konservativen Abgeordneten treffen die auf grundsätzliche Änderungen abzielenden Forderungen der Studenten auf offene Ohren. Der CDU-Abgeordnete Martin sagt unter dem Beifall seiner Fraktion: »Universität kann nicht nur Ausbildungsstätte sein, sie muss Menschen bilden, und zwar in einem intensiven Sinne dieses Wortes. Das war die Funktion der Universität und muss es bleiben. Derjenige, der die Studentenunruhen, die hier dauernd angesprochen werden, wirklich kennt, weiß, dass der Protest in Amerika und vielen anderen Ländern und in Deutschland gerade dagegen geht, dass alles reglementiert wird, dass alles verschult wird, dass der Sinn für das Ganze nicht mehr vorhanden ist. Die Studenten fürchten zum großen Teil, dass ihr Menschsein bedroht wird und dass sie sich in einer Institution befinden, die nur einen Output von Studenten und Funktionären der Gesellschaft braucht.«[29]

Am 21. November wird der Polizist Karl Heinz Kurras von einer Strafkammer des Berliner Landgerichts vom Vorwurf der fahrlässigen Tötung des Studenten Benno Ohnesorg freigesprochen. Als der Richter das Urteil verkündet, brandet im Publikum Beifall auf.[30] Der Richter sagt, dass das Gericht deutliches Unbehagen verspüre.[31] Der Freispruch erfolgt nach dem Grundsatz »in dubio pro reo«.[32]

Objektiv habe zwar keine Notwehrsituation vorgelegen, es sei aber nicht widerlegbar, dass er sich subjektiv in einer Notwehrsituation befunden habe. Das Gericht konnte nicht klären, was in den Sekunden vor dem tödlichen Schuss tatsächlich geschah.

Es sei auch nach Anhörung und Bewertung aller 50 Zeugenaussagen nicht möglich festzustellen, ob der Schütze einmal – wie fast alle Zeugen angaben – oder zweimal – wie Kurras behauptet – geschossen habe.[33] Dies festzustellen, wäre von wesentlicher Bedeutung gewesen, da Gutachter belegt haben, dass bei einer Waffe des Typs, mit dem Kurras schoss, sich der erste Schuss nur sehr schwer auslösen lässt. Nur der zweite kommt für die von Kurras behauptete versehentliche Auslösung des Abzugs in Betracht.

Das Gericht stellt auch fest, dass der Schütze sich bei seinen Aussagen in zahlreiche Widersprüche verwickelt. Alle angehörten Zeugen hätten allerdings Kurras vor dem Schuss nicht bewusst wahrgenommen. Die Aussage des kleinen Jungen hinter dem Fenster ist von den vernehmenden Polizeibeamten als unglaubwürdig eingestuft worden und findet bei der Gerichtsverhandlung keine Verwendung.[34]

Nach Ende der Verhandlung wird Kurras von Kollegen vor dem Gerichtssaal beglückwünscht.[35] Kollegen hatten im Vorfeld des Prozesses über 10 000 Mark für die anwaltliche Vertretung von Kurras gesammelt. Generalstaatsanwalt und Nebenklägervertreter kündigen Revision an. Die Berliner Studenten organisieren für den folgenden Montag eine Demonstration gegen die ihrer Ansicht nach doppelzüngige Justiz. Auch die Kommentatoren in den bürgerlichen Zeitungen bringen ihre Verwunderung über die ungleiche Behandlung zum Ausdruck.[36] Zur Befriedung werde das jetzige Urteil kaum beitragen.[37] In der kommenden Woche soll der Prozess gegen Fritz Teufel beginnen. Der sitzt seit fast einem halben Jahr in Untersuchungshaft, weil er am 2. Juni einen Stein gegen Polizisten geworfen haben soll.

Am 27. November ist es so weit. Rudi Dutschke soll abends in der »Lila Eule« in Bremen auftreten. Die Bremer sind nach Dinnés jüngsten Erfahrungen zu dem Schluss gekommen, man sollte sich angesichts des herrschenden Spontaneismus in Berlin lieber nicht darauf verlassen, dass Dutschke trotz der Zusage von selbst kommt. Olaf Dinné fährt also mit dem

Auto nach Berlin. Er soll dort beweglich sein, um Rudi Dutschke »einsammeln« zu können – wo immer in der Stadt der sich gerade mal wieder aufhält. Dann wird er ihn im Flugzeug nach Bremen begleiten, so der Plan.

Als Dinné in Berlin ankommt, ist dort die Hölle los.[38] Vor dem Gerichtsgebäude in Moabit findet eine Demonstration gegen die Inhaftierung und die geplanten Strafprozesse von Fritz Teufel, Rainer Langhans und anderen statt. Es wimmelt von Polizei, Mannschaftswagen, berittenen Polizisten und Wasserwerfern. Der Bremer hat noch nie eine so aggressive Stimmung bei einer Demonstration erlebt.

Der Bereich um das Gerichtsgebäude ist weiträumig mit rot-weißen Planken und tiefgestaffelten Polizistenreihen abgesperrt. Hinter den Absperrungen ist alles schwarz von Menschen. Ganz in der Nähe der Absperrung ist ein Beratungszentrum der Demonstranten, auf das die riesige Menschenmenge von allen Seiten zustrebt. Hier entdeckt Dinné auch Dutschke. Dinné schlängelt sich durch bis etwa 20 Meter davor. Doch genau jetzt beginnt der Durchbruch der Demonstranten.

Dutschke hakt sich bei anderen ein, rasch bildet sich eine Kette, die auf die rot-weißen Absperrungen losrennt. Die dahinterstehenden Polizeiketten weichen etwas zurück. Es ist Dutschke, der als Erster eines der Absperrgitter niederreißt. Die Kette aus Demonstranten stürzt auf die Polizisten zu. Die weichen zur Seite aus und geben den dahinterstehenden Wasserwerfern freie Bahn. Aus vollen Rohren wird nun mit Wasser auf die Demonstranten geschossen.

Durch den Druck der nachfolgenden Demonstranten gerät auch Olaf Dinné in den unmittelbaren Wirkungsbereich der Wasserwerfer. Vom Wasserstrahl getroffene Demonstranten gehen gruppenweise zu Boden, sofort total durchnässt. Die

Wasserwerfer rücken vor und mit ihnen die Polizisten, die nun mit ihren Schlagstöcken ungehemmt auf die teilweise noch am Boden liegenden Demonstranten einprügeln.

Rudi Dutschke und zehn andere werden sofort gegriffen und sollen abgeführt werden. Im Gemenge gelingt es Dutschke jedoch zu flüchten. Er kriecht unter einem Wasserwerfer hindurch und klettert über eine mannshohe Mauer. Dahinter liegt ein verwilderter Garten. In der Baracke, die sich auf dem Grundstück befindet, ist ein technisches Zeichenbüro. Dutschke geht in das Gebäude und findet Unterstützung.

Einer der Zeichner versteckt ihn unter seinem Reißbrett. Kurz darauf stürmen mehrere Polizisten auf der Suche nach dem Rädelsführer der Demonstranten in die Baracke. Sie finden ihn nicht, und er wird auch nicht verraten. Unverrichteter Dinge müssen die Beamten wieder abziehen.

Die meisten Demonstranten versuchen, sich hinter Zäunen oder in Hauseingängen in Sicherheit zu bringen. Doch die Polizisten verfolgen die Flüchtenden und prügeln ausnahmslos auf jeden ein, der ihnen in den Weg kommt. Olaf Dinné flüchtet mit anderen durch Hinterhöfe, über Grundstücksgrenzen auf die Straße und wieder zurück in Hauseingänge.

Hinter der Menschenmenge taucht nun berittene Polizei auf und drängt prügelnd die Massen zurück Richtung Polizeiketten. Ein berittener Polizist drückt den Bremer mit dem Hinterteil seines Pferdes gegen das Tor einer Durchfahrt und knüppelt von oben auf ihn ein. Irgendwann reitet der Polizist weiter und Dinné kann entkommen. Noch zwei Stunden lang setzen Gruppen von Polizisten und Wasserwerfern flüchtenden Demonstranten nach.

Rudi Dutschke ist mit dem Verlauf der Aktion in Moabit unzufrieden. Die Megaphone wurden nicht wie geplant Mittelpunkt der taktischen Initiativgruppen, die sich, wie er findet, noch nicht als gefestigt erwiesen. Auch hätten sich an der Spitze des Zuges nicht alle Kader des SDS versammelt, weshalb auch keine Diskussion mit dem Beirat des SDS möglich war. Er glaubt, der mächtig auftrumpfenden Staatsgewalt hätte etwas entgegengesetzt werden können, wenn die Demonstranten sich an die taktischen Vorgaben gehalten hätten.

So jedenfalls, wie es abgelaufen ist, sollte es nicht sein. Weder das gemeinsame Sammeln, das als Parole ausgegeben worden war, noch die geplante systematische Verteilung der Gruppen nach der Auflösung der Demonstration durch die Polizei klappten. Zu den Gruppen, die Blockadeaktionen organisieren sollten, bestand keine Verbindung und vorn herrschte totale Ratlosigkeit. Das geht doch besser!

Olaf Dinné ist trotz des einschneidenden Erlebnisses weiter damit beschäftigt, seinen Auftrag zu erfüllen. Er sucht Dutschke. Und wieder sind einige vertrauensbildende Maßnahmen nötig, um Informationen über dessen Aufenthaltsort zu bekommen. Als er Dutschke endlich findet, ist es schon 18 Uhr. Und der Flieger geht um 19 Uhr vom Flughafen Tempelhof aus nach Bremen. Dutschke hockt in der Wohnung von Ursula Hennig[39], die auch dem SDS angehört. Der Verlauf der Demo wird gerade diskutiert und ob weitere Aktionen durchgeführt werden sollen. Eine Option ist, jetzt das Amerika-Haus in der Hardenbergstraße zu attackieren.[40]

Um halb sieben fragt Dinné zaghaft in die Runde, wie es denn mit dem Bremen-Termin stehe. Die Blicke, die er erntet, deutet er als: »Mein lieber Mann, sonst hast du wohl keine Sorgen?« Rudi Dutschke erwidert, er sei doch völlig durchnässt, habe nicht mal mehr Schuhe und überhaupt, es sei doch viel zu spät. Doch der Bremer gibt noch nicht auf. Im Auto hat er ein Paar mexikanische Plastikschuhe. Nun bietet er Dutschke zur Auswahl seine eigenen Stiefel oder die Plastikschuhe an. Die Stiefel findet Dutschke unmöglich, aber er nimmt tatsächlich die Plastikschuhe.[41] Trockene Klamotten bekommt er von den anderen.

Es ist zehn vor sieben, als die beiden zu Dinnés Auto rennen und vom Kudamm aus Richtung Flughafen Tempelhof starten. Eine wilde Jagd beginnt. Noch nie zuvor ist Dinné so Auto gefahren. Mindestens fünfzehnmal fährt er über rote Ampeln. »Mensch, das macht ja richtig Spaß!«, findet sein Beifahrer. Und sie schaffen es tatsächlich. Sie kommen an, als der Flug gerade letztmals aufgerufen wird, und checken sofort ein.

Die Motoren laufen schon, doch startet die Maschine der British European Airways nicht zur geplanten Zeit. Stattdessen erscheinen vier mit Maschinenpistolen bewaffnete Polizisten und fragen Dinné, ob neben ihm Rudi Dutschke sitze, der in ganz Berlin polizeilich gesucht werde. »Weiß ich nicht«, antwortet der Befragte. Nun werden die Pässe kontrolliert.[42]

Dutschke wird am Ärmel geschüttelt und aufgefordert mitzukommen. Er weigert sich und besteht darauf, mit dem Flugkapitän zu sprechen. Der erscheint nach einigen Minuten mit dem Tross der Polizisten hinter sich und bittet Dutschke, das Flugzeug zu verlassen. Aber Dutschke weigert sich, bis der Flugkapitän ihm nach langem Hin und Her zusagt, nicht ohne ihn abzufliegen.

Dutschke wird von den Polizisten über das Rollfeld zur Halle des Flughafens gezerrt. Der Bremer kann aus dem Flugzeug heraus erkennen, dass dort eine Diskussion entbrennt. Nach einer halben Stunde kommt Dutschke zurück in die Maschine gerannt und nimmt seinen Platz ein. Die Maschine startet endlich. Die Vertreter der Alliierten hätten der Polizei untersagt, in den Luftpassagierverkehr einzugreifen, erzählt er. Jetzt muss überlegt werden, was sie bei der Ankunft in Bremen erzählen sollen. Gibt es einen Haftbefehl gegen ihn?

»Großer Bahnhof«, ist für Dutschke die Ankunft in Bremen. Der Empfang, der ihm am Flughafen bereitet wird, macht jedem Popstar Ehre. Als sich die Tür des Flugzeugs öffnet, werden die aussteigenden Passagiere von den Scheinwerfern zahlreicher Fernsehteams geblendet. Reporter drängen sich um die Gangway. Alle scheinen zu erwarten, dass Dutschke festgenommen wird.[43] Doch nichts passiert. Der Studentenführer steigt unbehelligt von der Staatsmacht in ein Taxi und wird in die Bremer Innenstadt kutschiert.

Gegen 22 Uhr startet in der »Lila Eule« die geplante Veranstaltung zum Thema »Außerparlamentarische Opposition in unserer gegenwärtigen Lage«. Zahlreiche junge Arbeiter und auch Schüler haben mit den anderen Besuchern ausgeharrt. Der Raum ist überfüllt, Dutschke bester Laune und hoch konzentriert. Es entsteht eine rege Diskussion mit vielen Fragen aus dem Publikum. Die von den Veranstaltern als Vertreter des Verfassungsschutzes ausgemachten Zuhörer bekommen ordentlich was zu hören, glaubt Dinné.[44]

Noch in der Nacht geht es im Auto wieder zurück nach Berlin. Rudi Dutschke ist sehr angetan von den Bremer Aktivisten. »Dufte Truppe« findet er, und »wunderbare Veranstaltung«.[45]

Kurt hat auch diesen Monat fast ausschließlich normale Bürozeit. Neue Winterreifen werden fällig, die 81 Mark kosten. Beiden Jungs werden die Haare geschnitten für je 1 Mark 80. Jobst geht jetzt in den Kindergarten, was diesen Monat 13 Mark 50 kostet. Für 36 Mark 65 müssen Arzneimittel bezahlt werden. Für Benzin fallen nur 37 Mark 80 an. Insgesamt werden im ganzen Monat nur 722 Mark ausgegeben.

Was mitriss, waren die plötzlich schier unbegrenzt erscheinenden Möglichkeiten als eine neue Generation im Eintreten für eine bessere Welt sich selbst zu beweisen.[1]

Norbert Frei

306 23.XII.67

Seite 10 Süddeutsche Zeitung Nr. 306/307/308

Beim Gewitter kam Roy Clark der Attentatsplan

Alexander Bordan-Hembluck nennt Geldgier als Motiv für die Versuche, die Bundesbahn zu erpressen

Von unserem Korrespondenten Gert Kistenmacher

Hamburg, 22. Dezember — „Roy Clark", der seit 1959 im gesamten Bundesgebiet gesuchte Eisenbahnattentäter, ist gefaßt. Mehrere Kriminalbeamte unter Leitung des Stader Hauptkommissärs Häseker — „das ist das schönste Weihnachtsgeschenk meines Lebens" — verhafteten am Donnerstag auf dem Gelände einer Cuxhavener Speditionsfirma den Mann, der seit Jahren die Bundesbahn terrorisiert und sie mit mehreren Bombenattentaten um Beträge bis zu 700 000 Mark zu erpressen versuchte. Es ist der 40jährige staatenlose Kraftfahrer Alexander Bordan-Hembluck aus Altenbruch im Landkreis Hadeln. Mit den Worten „Herrschafte, ihr habt's geschafft" reagierte Bordan-Hembluck auf seine Festnahme. Als Motiv für seine Taten gab er Geldgier an.

Die Verhaftung dieses gemeingefährlichen Attentäters ist mehr oder minder einem glücklichen Zufall zu danken. Am vergangenen Samstag hatte „Roy Clark" bei einer Hamburger Zeitung angerufen und für die Nacht zum Montag die Übergabe eines Geldpakets in Höhe von 500 000 Mark vereinbart. „Wenn die Bundesbahn fröhliche Weihnachten haben will, muß sie zahlen, sonst kriegt sie das Blutbad, das sie haben will", drohte der Erpresser. Am Sonntagabend rief „Roy Clark" erneut bei der Hamburger Zeitung an und gab nähere Einzelheiten bekannt, wie er sich die Übergabe des Geldes vorstellte. Er verlangte, daß ein Bote das Geld nach Himmelpforten im Kreis Stade bringen sollte. Unter einem bestimmten Schild würden den Geldboten weitere Anweisungen erwarten.

Bordan-Hembluck

Wie schon so oft in den vergangenen Jahren lief auch diesmal wieder eine Großaktion der Kriminalpolizei an. Ein Geldbote wurde in Marsch gesetzt. Das gesamte Gebiet um Himmelpforten wurde von der Kriminalpolizei hermetisch abgeriegelt. Der Geldbote, ein getarnter Beamter der Stader Verkehrspolizei, fand an neun Stellen Hinweise von „Roy Clark". Der Attentäter selbst tauchte nicht auf. Wieder einmal glaubten die Beamten, daß „Roy Clark" sie an der Nase herumgeführt habe.

Aber dann, mitten in der Nacht, entdeckte ein Polizeibeamter an einem Ortsschild, an dem lange vorher ein Hinweiszettel von „Roy Clark" gelegen hatte, einen kleinen Goggo. Der Fahrer wurde überprüft. Es war Alexander Bordan-Hembluck. Befragt, was er dort mitten in der Nacht zu suchen habe, gab er nur ausweichende Antworten. Der Polizeibeamte notierte sich Namen, Adresse und Wagennummer des Mannes und ließ ihn laufen. Während sich Alexander Bordan-Hembluck in Sicherheit wiegte, wurde er jedoch pausenlos beschattet. Vier Tage lang folgten Kriminalbeamte seinen Spuren und während er am Donnerstag nach Cuxhaven zu seiner Arbeitsstätte fuhr, durchsuchte die Polizei das alte, umgebaute Einzelhaus am Wedenacker im 50 Kilometer entfernten Altenbruch bei Stade. In einem Schuppenbau fanden die Beamten ein Kilo des hochexplosiven Sprengstoffes TNT, wie ihn „Roy Clark" bei seinen letzten Attentaten benutzt hatte. Außerdem stellten sie zahlreiche halbfertige Bombenmäntel, Zündkabel und Taschenlampenbatterien sicher.

Daraufhin fuhren die Kriminalbeamten nach Cuxhaven. Auf dem Hof der Speditionsfirma August Uhe, bei der „Roy Clark" als Kraftfahrer beschäftigt war, warteten sie, bis der Langgesuchte von seiner letzten Speditionstour zurückkam. Hembluck war völlig überrascht, als die Kriminalbeamten ihm das in seinem Schuppen vorgefundene Sprengstoffmaterial vorwiesen. Wortlos stieg er in den Polizeiwagen. Erst im Gebäude der Stader Kriminalpolizei, wo ihm weiteres Belastungsmaterial gezeigt wurde, taute Alexander Bordan-Hembluck auf und sagte in seiner durch Tonbandaufnahmen bekannten gepreßten, fremdländisch klingenden Stimme: „Herrschafte, ihr habt's geschafft. Ich bin Roy Clark." Danach legte er ein umfassendes, aber „noch nicht detailliertes" Geständnis ab, wie die Stader Kriminalpolizei mitteilte. Sichtlich erleichtert verlangte „Roy Clark" dann einen Rechtsanwalt, ehe er weitere Auskünfte geben wollte.

Winde bei der Firma gestohlen

Während Alexander Bordan-Hembluck sich in einer streng bewachten Einzelzelle schlafen legte, arbeitete die Kriminalpolizei auf Hochtouren. Noch in der Nacht zum Freitag konnte sie ermitteln, daß der Attentäter seit Oktober 1967 bei der Firma Uhe in Cuxhaven beschäftigt war, der im Mai jene Winde gestohlen worden war, mit der das Eisenbahnattentat von Bederkesa verübt wurde. Vorher war Hembluck im Auftrage eines Duisburger Spreng- und Taucherunternehmens bei der Sprengstoffbeseitigung in Altenwalde beschäftigt gewesen. Aus dieser Zeit stammt auch der TNT-Sprengstoff, mit dem „Roy Clark" seine Bomben gefüllt hatte. Zwischendurch war Hembluck als Arbeiter auf dem Seefischmarkt in Cuxhaven tätig gewesen. Von dort stammen die Schuppen einer Seezunge, die in einer Tasche einer Windjacke gefunden worden waren, die „Roy Clark" bei einem Attentat verloren hatte. Seine ersten Sprengstofferfahrungen sammelte Hembluck als Fremdenlegionär von 1950 bis 1956 in Algerien und Indochina. 1959 siedelte er sich in Calw an. Aus dem nur rund 20 Kilometer entfernten Pforzheim verschickte er im Juni 1959 seinen ersten Erpresserbrief unter dem Namen „Roy Clark" an die Bundesbahn in Hamburg.

Hembluck hat nach Angaben der Polizei seine Anschläge aus reiner Geldgier verübt. Außerdem hatte der Attentäter durch den Kauf eines Häuschens große Schulden abzutragen. Obwohl er in seinem ganzen Leben nichts mit der Bundesbahn zu tun hatte, glaubte er hier ein lohnendes Objekt für seine Erpresserversuche gefunden zu haben. Auf die Idee, Sprengstoffanschläge als Erpressungsmittel zu verüben, will er 1959 nach einer Zechtour mit Kollegen in Pforzheim bei einem schweren nächtlichen Gewitter gekommen sein. Als in der stürmischen Nacht wilde Blitze und laute Donnerschläge die Umgebung der betrunkenen Männer in ein scheinbares Chaos verwandelten, habe er beschlossen, durch dieselben Mittel reich zu werden.

„Alles, was wir uns in den vergangenen Jahren über ‚Roy Clark' vorgestellt hatten, erwies sich als falsch", sagte der Stader Kriminalhauptkommissar Häseker. „Wir dachten, es müsse sich um einen Geistesgestörten handeln. Aber Alexander Hembluck ist agil, wendig und rege." Der berühmt-berüchtigte Dialekt, den Millionen im Rundfunk und im Fernsehen hörten, war nur Verstellung. Hembluck spricht reines Norddeutsch mit einem unverkennbaren Cuxhavener Dialekt. Nur so ist es auch zu erklären, daß „Roy Clark" von keinem Arbeitskollegen erkannt wurde.

Anfang Dezember beginnt die ›Neue Revue‹ mit dem Abdruck des Fortsetzungsromans ›Zwei Küsse zu wenig‹. Protagonist ist ein »Schatten« genannter Mann mit verkrüppelter Hand, der aus »Hass auf die Frauen, die ihn verachten und aus Hass auf die gesamte Menschheit« zum »Bundesbahn-Attentäter« wurde.[2] Ähnlichkeiten mit lebenden Personen und aktuellen Begebenheiten: rein zufällig.

Der echte Erpresser, nach dem die Behörden weiterhin fieberhaft suchen, liest offenbar auch die ›Neue Revue‹.[3] Ihm gefallen die in dem Revolverblatt angebotenen Beweggründe für Taten wie seine überhaupt nicht. In einem mit »Fantom Roy Clark« unterzeichneten Leserbrief schreibt er: »Alles Kwatsch. Mich könnt ihr nicht verarschen. Entweder 200 000 von euch oder ihr habt zu Weihnachten Witwen unterm Baum.«[4]

Die Ermittlungen gegen die »Bestie in Menschengestalt« – so nennt ihn die ›Hamburger Morgenpost‹[5] – laufen auf Hochtouren. Tausende Kriminalbeamte, Bahn- und Schutzpolizisten sind in die Auswertung von 2000 Spuren eingebunden.[6] Bei mehreren Versuchen einer Übergabe machen Polizisten mit Hubschraubern und Hundestaffeln Jagd auf den »Staatsfeind Nr. 1«, wie die ›Bild‹ ihn nennt.[7] Eine Wanderausstellung mit Asservaten tourt durch Norddeutschland.[8] Wer kennt diese Gegenstände? Tonbandaufnahmen mit der Stimme des Erpressers werden in Rundfunk und Fernsehen abgespielt.[9] Wer kennt diese Stimme? In Hamburg sind Schaufenster mit Asservaten dekoriert. Die Kriminalpolizei bittet um Mithilfe der Bürger. Aber keiner der unendlich vielen Hinweise führt zum Erfolg.

Die ›Frankfurter Allgemeine Zeitung‹ hebt angesichts des monatelangen vergeblichen Großeinsatzes gegen den Erpresser warnend den Zeigefinger. Das bürgerlich-konservative Blatt sieht das Fehlschlagen der Ermittlungen als Indiz dafür, dass die innere Sicherheit der Bundesrepublik viel fragiler ist, »als bisher selbst Pessimisten annahmen«.[10]

Am Abend des 2. Dezember erhält Christiaan Barnard einen Anruf aus der Notfallaufnahme des Groote-Schuur-Krankenhauses. »Professor, ich glaube, wir haben einen Spender«, sagt sein Kollege Dr. Venter. »Wer ist es?«, will Barnard wissen. »Eine junge Frau, die von einem Auto überfahren wurde. Sie hat eine schwere Gehirnverletzung.« »Eine Farbige?«, fragt Barnard. »Nein. Warum?« Barnard beantwortet die Gegenfrage nicht. Er will wissen, was die Neurochirurgen sagen. Sein Kollege sagt ihm den Rückruf zu, sobald er Näheres wisse. In der Stunde, die er dann warten muss, ist der Chirurg hin und her gerissen. Plötzlich plagen ihn Zweifel. Einerseits will er, dass es endlich so weit ist, andererseits hofft er, dass sich der Spender vielleicht doch als ungeeignet erweist und er doch noch nicht gezwungen ist, diese letzte Hürde zu überspringen.[11] Irgendwann ist er so angespannt, dass er selbst im Krankenhaus anruft. Sein Kollege ist am Apparat.

»Ich habe den Spender auf unserer Station«, teilt ihm Dr. Venter mit. Barnard wundert sich, dass der Spender bereits dort ist. Passt denn die Blutgruppe? »Alles in Ordnung«, antwortet Venter. »Sie hat Null Rhesus negativ.« »Und die Einwilligung?«, hakt Barnard nach. »Die habe ich noch nicht.« Wie bitte? »Wie können Sie einen Patienten ohne Einwilligung aufnehmen – schließlich haben wir keine Unfallstation!«, braust Barnard auf. Aber der Kollege beschwichtigt ihn. Sie bemühten sich gerade um die Einwilligung. Und er glaube, dass ein sehr geeigneter Spender gefunden worden sei.[12]

Zur selben Zeit muss der schwer traumatisierte Edward Darvall Abschied von seiner Frau und seiner Tochter nehmen. Kurz zuvor wurde er Zeuge, wie beide beim Überqueren einer Straße angefahren und tödlich verletzt wurden. Während seine Frau sofort den Verletzungen erlag, ist seine Tochter mit schwersten Kopfverletzungen in das Groote-Schuur-Krankenhaus eingeliefert worden, wo aber nur festgestellt werden konnte, dass sie keine Überlebenschance hat.

Nun steht ein Arzt vor ihm, der sagt: »Ich würde Sie gern etwas fragen«, und dann nach seiner Zustimmung fortfährt: »Wir können Ihre Tochter nicht retten. Wir haben aber einen Mann hier im Krankenhaus, dessen Leben wir retten könnten, wenn Sie uns gestatten, das Herz und die Nieren Ihrer Tochter für ihn zu verwenden.«

Darvall wird bewusst, dass er sich nie darüber Gedanken gemacht hat, was in einem solchen Fall mit seiner Tochter geschehen soll. Seine Frau wollte eingeäschert werden, das weiß er. Aber die Tochter? Wie soll er entscheiden? Ihm fällt ein Geburtstagskuchen ein, den sie einmal für ihn gebacken hatte, mit einem Herz darauf und den Worten »Daddy, wir lieben Dich«. Dann fällt ihm ein, dass sie ihm von ihrem ersten Arbeitslohn einen Bademantel gekauft hatte. Immer hatte sie anderen etwas geschenkt. Sie hätte ja gesagt, wenn der Arzt sie gefragt hätte, schließt er für sich. »Ja, Herr Doktor, wenn Sie meine Tochter nicht retten können, dann versuchen Sie wenigstens diesen Mann zu retten«, sagt er und unterschreibt das notwendige Formular.[13]

Nach einer mehrstündigen Operation ruft Barnard die

Krankenhausleitung an. Das Herz der jungen Frau schlägt nun selbstständig in der Brust von Louis Washkansky. Erst jetzt erfährt der ärztliche Direktor, dass eine Herztransplantation in seinem Krankenhaus an Menschen vorgenommen wurde. Wie ein Lauffeuer verbreitet sich die Nachricht von der erfolgreichen Operation anschließend um die ganze Welt. Aus allen Ländern kommen Glückwünsche von Kollegen aus dem gleichen Fachgebiet, insbesondere auch aus der Sowjetunion. Überall auf der Welt berichten Medien fast täglich über den Verlauf der wichtigen Phase nach der Transplantation, in der der Körper des Patienten das neue Organ annehmen muss.

Am 4. Dezember stellt die Staatsanwaltschaft Darmstadt das Verfahren wegen Begünstigung in der Braunbuch-Affäre gegen Fritz Bauer ein.

Am 9. Dezember erhält Alice Schwarzer ihren Führerschein. Ihr Fahrlehrer ist fassungslos, dass seine Schülerin die Prüfung bestanden hat. Der Mann, mit dem sie sich während ihrer insgesamt zehn Fahrstunden vorwiegend über seine Campingurlaube in Südfrankreich unterhalten hat, lästert, dass ihre Fahrkünste ihr sicher nicht zum Führerschein verholfen hätten. Sie vermutet auch selbst, dass sie den Erfolg wohl eher der Tatsache verdankt, dass sie jung und blond ist und kurze Röcke trägt.[14]

Am selben Abend findet in der Berliner Wohnung von Hans Werner Richter ein Abend für ein freies Griechenland statt.[15]

Etwa ein Dutzend griechische Schriftsteller sind angereist, fast alle aus Paris. Insgesamt nehmen fast hundert Personen an dem Treffen teil, darunter Günter Eich, Renate Rasp, Jürgen Becker, Reinhard Baumgart, Günter Herburger, Tankred Dorst und Peter Wapnewski. Die Begegnung wird für das Dritte Programm des Südwestfunks aufgezeichnet. Der Titel der Veranstaltung lautet: »Die Gruppe 47 und die exilierte griechische Literatur«.[16]

Am 13. Dezember notiert Richter über seine griechischen Gäste: »Begabt, emotionell, ideologisch. Bei allen eine seltsame Mischung: Nationalismus und Kommunismus, die griechische Erde und die Weltrevolution. Die Diskussion ergab nichts, nur Ausrufe, Proteste, Reden, Reden. Nach kurzer Zeit waren alle miteinander zerstritten, alle Griechen, ein merkwürdiger Eindruck, ein Caféhaus aus Athen in meiner Wohnung.«[17]

Am 21. Dezember stirbt in Kapstadt Louis Washkansky. Er hat 18 Tage lang mit einem fremden Herzen gelebt. Seine Witwe stimmt einer Obduktion zu. Todesursache ist eine Lungenentzündung als Folge der notwendigen Unterdrückung der Immunabwehr. Das fremde Herz schlug bis zum letzten Atemzug des Patienten einwandfrei. In Kapstadt wartet schon ein weiterer Patient auf ein neues Herz.

Kurz vor Heiligabend soll erneut eine Geldübergabe an das »Fantom« versucht werden. Diesmal hat der Erpresser den Geldboten in die Wingst bestellt, ein Waldstück in der Nähe von Cuxhaven.[18] 700 000 Mark stehen zur Übergabe bereit. Doch wieder kommt es nicht zur Übergabe. Bei Straßenkontrollen nimmt die Polizei auch die Personalien des Fahrers eines hellblauen Goggomobils aus Cuxhaven auf.[19] In der Kreisverwaltung werden die Angaben des Mannes überprüft. Und siehe da: Es finden sich Anträge auf Arbeitslosenunterstützung, in denen die Polizisten eine frappierende Ähnlichkeit zwischen der Schrift des Antragstellers und der Schrift des Erpressers entdecken.

Am 22. Dezember[20] wird das »Fantom Roy Clark«, im wahren Leben der vierzigjährige gelernte Maler Alexander Bordan Hembluck in Altenbruch bei Cuxhaven festgenommen. Bei der ersten Durchsuchung seines Hauses stellt die Polizei 10,4 Kilogramm des Sprengstoffs Trinitrotoluol (TNT) sicher. Der vermeintliche Schwabe überrascht seine Häscher mit breitestem Norddeutsch. Was Wunder, ist der Sohn osteuropäischer Eltern doch in der Lüneburger Heide geboren. Die eigenartige Orthografie seiner Briefe und die verstellte Sprechweise am Telefon waren Teil seiner Tarnung. Und auch sämtliche anderen Überlegungen der Kriminalpolizei zu Täterprofil, -herkunft und -motiv treffen nicht zu. Der Mann, fünffacher Vater, ist nie Eisenbahner gewesen und sein Motiv auch nicht Rache, sondern Schulden.[21] In ersten Vernehmungen beeindruckt der als Fahrer einer Spedition tätige staatenlose ehemalige Fremdenlegionär die Beamten durch seine Intelligenz.[22]

In der bundesdeutschen Kriminalgeschichte habe es noch keinen ähnlichen Fall gegeben, in dem ein Täter ein ganzes Jahr lang das ganze Land terrorisierte, sagt der Hamburger Kripo-Chef den Medien.[23] Und sein Kollege aus Stade lässt wissen, dass er geneigt sei, wieder an den Weihnachtsmann zu glauben.[24] Das »Fantom« ist gefasst.

Am 23. Dezember soll nach neun Verhandlungstagen nun endlich das Urteil gegen Fritz Teufel verkündet werden. Erneut ziehen Demonstranten vor das von starken Polizeikräften gesicherte Gerichtsgebäude. Gleich zu Beginn werden Rainer Langhans, Dieter Kunzelmann und ein Dritter als »potenzielle Ruhestörer« von der Polizei festgenommen.[25] Rudi Dutschke bleibt unbehelligt.

Drinnen wird Fritz Teufel von der Achten Strafkammer des Landgerichts Berlin vom Vorwurf des Landfriedensbruchs freigesprochen.[26] In seiner knappen Urteilsbegründung erläutert der Vorsitzende Richter, die Demonstrationen vom 2. Juni hätten nicht die typischen Merkmale des Straftatbestands des Landfriedensbruchs erfüllt.[27] Die Hauptverhandlung habe keinen Beweis dafür erbracht, dass die Menge mit vereinten Kräften Gewalttaten begangen habe.[28] Die Mehrheit der etwa 2000 Menschen vor der Deutschen Oper habe Gewalttaten Einzelner nicht gebilligt.[29]

Zudem konnte Teufel nur nachgewiesen werden, »Notstandsübung« gerufen zu haben.[30] Das aber erfüllt keinen Straftatbestand. Das Gericht befindet zwar, trotzdem bestünde erheblicher Tatverdacht, dass Teufel sich an Gewaltakten beteiligt habe. Allerdings seien die einzigen belastenden Zeugenaussagen, abgegeben von zwei Polizisten, unwahrscheinlich. Um Anzeigen gegen die Beamten wegen Meineides vorzubeugen, sagt der Richter, das Gericht werte die Angaben nicht als Falschaussagen.[31]

Die anschließenden Proteste vor dem Gerichtsgebäude gegen die Festnahme der drei Kommunarden bleiben friedlich.[32] Die Demonstration löst sich nach einer halben Stunde von selbst auf.[33] Nach vier Stunden kommen dann auch die drei Festgenommenen wieder frei.[34]

Am 1. Weihnachtsfeiertag sitzt Alice Schwarzer stolz zum ersten Mal am Steuer der Ente ihres französischen Freundes Bruno. Ihre Mutter fährt auf dem Beifahrersitz mit, Bruno auf der Rückbank. Mit der Revolverschaltung des Autos ist die Fahranfängerin nicht vertraut. Bruno hat die Eigenheiten seiner Ente nicht erklärt und das Learning by Doing während der Fahrt erweist sich als tückisch. Anders als bei dem VW, auf dem die 25-jährige fahren lernte, ragt der Schalthebel bei der Ente nicht aus dem Boden, sondern aus der Mitte des Armaturenbretts. Der dünne Hebel muss zum Einlegen der Gänge gedreht, geschoben oder gezogen werden. Erster Gang und Rückwärtsgang liegen auf der Schaltkulisse nah beieinander. Auf einer regennassen Kreuzung verfehlt Alice Schwarzer prompt den ersten Gang. Die Ente rollt nach hinten und gegen die Stoßstange des folgenden Autos. Die Mutter haucht: »Das kann dich den Führerschein kosten.« Bruno ist sichtlich erblasst, aber er schweigt vornehm.[35] Schwarzer ist durch das Missgeschick so entmutigt, dass sie sich anschließend nicht wieder hinter das Steuer eines Autos wagt.[36]

Im Dezember gibt Familie Drechsler 3295 Mark aus. Das Weihnachtsgeld in diesem Jahr beträgt knapp 400 Mark, netto ergibt das 1364 Mark 58. Der Rest wird vom Sparbuch dazugenommen. Zum Jahresende soll die ganze Haustechnik komplettiert werden. Der Wasserboiler kostet 33 Mark 30, der neue Siemens Druckspeicher 750 Mark, die Elektrofirma verlangt für den neuen Zähler 603 Mark 50. Berta bekommt einen Schnellkochtopf für 78 Mark 75 und ein AEG-Handrührgerät für 58 Mark.

Viele Geschenke sind in der großen Familie zu machen.

Der siebenjährige Neffe Bernd, Patensohn von Kurt, bekommt ein Hemd für 8 Mark 85 und ein Spielzeugauto für 6 Mark 50, die vierjährige Nichte Dagmar Knetgummi für 3 Mark 50, die Schwägerin Fichtennadelschaumbad für 4 Mark 95, die Großmutter Hausschuhe und ein Portemonnaie für 10 Mark 15. Jobst bekommt ein Fahrrad für 85 Mark, Stefan Bauklötze für 7 Mark 40. Isolde, Bertas Patentochter, erhält ein Geldgeschenk von 25 Mark. In die Weihnachtskollekte für Brot für die Welt werden 21 Mark gespendet.

Der Zahnarzt kostet 36 Mark, Arzneimittel 32 Mark 55, das Sonntagsblatt 4 Mark 50. Und zum Ski fahren kommen sie auch im Dezember. 5 Mark kostet der Lift. Der Weihnachtsbaum hat 1 Mark 50 gekostet, die Kerzen 2 Mark.

Epilog

Kurt Drechsler wird im Jahr 2017 82 Jahre alt. Er lebt noch immer auf dem Anwesen in Erbendorf, wo schon seit Jahrhunderten seine Familie ansässig ist. Seit einigen Jahren ist er Witwer. Sein Herz macht ihm zu schaffen, aber ansonsten geht es ihm gut. Inzwischen lebt sein ältester Sohn mit auf dem großen Grundstück.

Seine drei Söhne sind alle etwas geworden, wie man in Deutschland sagt, wenn man zum Ausdruck bringen will, dass die Kinder Erfolg haben. Kurt Drechsler hat sie immer unterstützt. Alle drei haben studiert, der Älteste Hochbau, der Mittlere Evangelische Theologie und der Jüngste Betriebswirtschaft. Alle haben Familien gegründet. Jobst ist Bauingenieur in Weiden. Stefan ist Pfarrer der Evangelisch-Lutherischen Kirchengemeinde Regenstauf und zuständig für den Sprengel Lappersdorf. Peter ist Wirtschaftsprüfer in Bremen. Kinder und Enkel lieben es, den Großvater in Erbendorf zu besuchen und, je nach Jahreszeit, Ski fahren zu gehen, Berge zu besteigen oder in den nahe gelegenen Waldseen zu Baden.

Längst hat die Bundesbahn die Nebenstrecke Weiden–Erbendorf wegen mangelnder Rentabilität eingestellt. An das »Bockl« erinnern nur noch der Wanderweg, auf dem früheren Gleisbett und eine Ausstellung im Heimatmuseum.

Bei der Bundestagswahl im Jahr 2017 werden der neu gegründeten nationalistischen Partei Alternative für Deutschland, kurz AfD, gute Chancen für einen Einzug in das deutsche Parlament vorausgesagt.

Literaturhinweise

Andersen, Jon Lee: Che. Die Biographie, München 2001.

Arnold, Heinz Ludwig: Wilfinger Erinnerungen, Göttingen 2012.

Barger, Ralph »Sonny«: Hell's Angel. Mein Leben. 8. Auflage, Hamburg 2010.

Barnard, Christiaan: Mein Weg als Arzt und Mensch, Bern 1969.

Böhme, Andreas: Lou van Burg war im Fernsehen »wunnebar«, in: Der Westen v. 3.12.2014, http://www.derwesten.de/panorama/lou-van-burg-war-im-fernsehen-wunnebar-id10107001.html, abgerufen am 26.8.2016.

Böll, Heinrich: Dankrede zur Verleihung des Georg-Büchner-Preises, abrufbar unter https://www.deutscheakademie.de/de/auszeichnungen/georg-buechner-preis/heinrich-boell/dankrede.

Böttiger, Helmut: Die Gruppe 47. Als die deutsche Literatur Geschichte schrieb, München 2012.

Borchers, Detlef: Vor 40 Jahren: Was diese Welt braucht, ist Liebe, Heise online v. 25.6.2007, https://www.heise.de/newsticker/meldung/Vor-40-Jahren-Was-diese-Welt-braucht-ist-Liebe-143511.html, abgerufen am 16.5.2016.

Brown, Timothy Scott: West Germany and the global Sixties. The Antiauthoritarian Revolt, 1962–1978, Cambridge 2013.

Carell, Paul: Verbrannte Erde. Schlacht zwischen Wolga und Weichsel. Berlin 1966.

Churcher, Sharon; Sheridan, Peter: How the Acid King confessed he did set up drug bust on Rolling Stones for MI5 and FBI, Daily Mail v. 24.10.2010. http://www.dailymail.co.uk/news/article-1323236/The-Acid-King-confesses-Rolling-Stones-drug-bust-set-MI5-FBI.html, abgerufen am 2.11.2015.

Cofalla, Sabine (Hg.): s. Richter, Hans Werner: Briefe.

Conyers, John: Why the 1967 Detroit Riot happened, in: Ebony v. 24.2.2016, http://www.ebony.com/black-history/john-conyers-detroit-riot-1967#axzz4P85JZ4dG, abgerufen am 6.6.2016.

Coyote, Peter: Sleeping where I fall. A Chronicle, 3rd Ed., Berkeley 2015.

Cramer, Hans-Jürgen: 7000 Mann schützten die Botschaft, in: Weser-Kurier Nr. 135 v. 10./11. Juni 1967, S. 3.

Dinné, Olaf: 15 Jahre SPD in Bremen, dann grün. Ein Beitrag zur Bremischen Geschichte jüngerer Vergangenheit. Bremen 1979, S. 29–34, Nachdruck aus: Anno Dunnemals. 68 in Bremen, Bremen 1998.

Dutschke, Rudi: Jeder hat sein Leben ganz zu leben. Die Tagebücher 1963–1979, Köln 2005.

Ders.: Mein langer Marsch. Reden, Schriften und Tagebücher aus zwanzig Jahren. Hrsg. v. Gretchen Dutschke-Klotz, Helmut Gollwitzer und Jürgen Miermeister, Hamburg 1980.

Edwards, Gavin: The Beatles make history with All you need is Love, Rolling Stone online v. 28.8.2014, http://www.rollingstone.com/music/features/the-beatles-make-history-with-all-you-need-is-love-a-minute-by-minute-breakdown-20140828, abgerufen am 16.5.2016

Enzensberger, Ulrich: Die Jahre der Kommune I. Berlin 1967–1969, Köln 2004.

Erwe, Hans-Joachim: »All You Need Is Love (The Beatles)«. In: Songlexikon. Encyclopedia of Songs. Ed. by Michael Fischer, Fernand Hörner and Christofer Jost, http://www.songlexikon.de/songs/allyouneedislove, 11/2011 [revised 10/2013], abgerufen am 16.5.2016

Fahlenbach, Kathrin: Protestinszenierungen. Visuelle Kommunikation und kollektive Identitäten in Protestbewegungen, Wiesbaden 2002.

Feltrinelli, Carlo: »Comrade millionaire«, In: The Guardian v. 3.11.2001.

Ders.: Senior Service. Das kurze Leben meines Vaters, 2. Auflage, München 2001.

Frei, Norbert: 1968. Jugendrevolte und globaler Protest, München 2008.

Gonser, Simon: Der Kapitalismus entdeckt das Volk. Wie die deutsschen Großbanken in den 1950er und 1960er Jahren zu ihrer privaten Kundschaft kamen. Schriftenreihe der Vierteljahreshefte für Zeitgeschichte, Band 108, München 2014.

Guevara, Ernesto Che: Bolivianisches Tagebuch. Vorwort von Fidel Castro, 5. Auflage, München 1973.

Gürke, Britta: »Umstritten: Joachim Fernau«, in: Berliner Literaturkritik v. 11.9.2009, http://www.berlinerliteraturkritik.de/detailseite/artikel/erfolgreich-und-umstritten-joachim-fernau.html, abgerufen am 10.4.2016.

Gutmann, Thomas: Heine nach 1945, in: Aus Politik und Zeitgeschichte Nr. 3/2006, S. 26.

Hagelstange, Rudolf: Laudatio auf Heinrich Böll anlässlich er Verleihung des Georg-Büchner-Preises, abrufbar unter: https://www.deutscheakademie.de/de/auszeichnungen/georg-buechner-preis/heinrich-boell/laudatio.

Handwörterbuch der Kriminologie, Band 4, Ergänzungsband, hg. v. Rudolf Sieverts und Hans Joachim Schneider, Berlin 1979

Hauser, Martin: Aus den Tagebüchern eines deutschen Juden 1929–1967, Schriftenreihe der Bundeszentrale für politische Bildung, Band 159, Bonn 1980.

Havel, Václav: Rede in: Reden zum IV. Kongress des Tschechoslowakischen Schriftstellerverbandes, s. d.

Heitzer, Bernhard: Rede zur Eröffnung der Festveranstaltung 50 Jahre Bundeskartellamt v. 15.1.2008, http://www.bundeskartellamt.de/SharedDocs/Publikation/DE/Reden/Dr.%20Bernhard%20Heitzer%20-%2050_Jahre_Bundeskartellamt_Er%C3%B6ffnung.pdf?__blob=publicationFile&v=4, abgerufen am 26.8.2016.

Hermann, Kai: Freispruch für Kurras, in: DIE ZEIT Nr. 47/1967 v. 24.11.1967.

Herrmann, Ruth: »… dann kommt eine größere Bombe!« Roy Clark-der Teufel am Telephon erpreßt die Bundesbahn, in: Die Zeit v. 20.10.1967.

Hertel, Peter: Ende des Denkverbots für Katholiken, Deutschlandfunk, 14.6.2006, http://www.deutschlandfunk.de/ende-des-denkverbots-fuer-katholiken.871.de.html?dram:article_id=125541, abgerufen am 14.5.2016.

Hildesheimer, Wolfgang: Briefe, hrsg. v. Silvia Hildesheimer und Dietmar Pleyer, Frankfurt/M. 1999.

Hocke, Gustav René: Der Papst hüllt sich noch in Schweigen, in: Weser-Kurier v. 19.4.1967, S. 3.

Höser, Josef: Geschichte der Stadt Erbendorf. Neu bearbeitet von Wilhelm Gollwitzer. Hrsg. von der Stadt Erbendorf 1967.

Jansen, Thomas: Was Katholiken nicht lesen durften, In: Badische Zeitung v. 14.6.2016.

Jonas, Sam: »Che Guevara's ›betrayer‹ tells his side of the story after 40 years, In: The Guardian v. 2.7.2013.

Jones, Ron: The Third Wave, in: http://www.thewavehome.com/1976_The-Third-Wave_story.htm.

Kaetzel, Ute: Von der Passantin zur Ikone, in: DIE ZEIT Nr. 22/2002 v. 23.5.2002.

Kashner, Sam; Schoenberger, Nancy: Furious Love. Elizabeth Taylor und Richard Burton, München 2012.

Kater, Andreas: »Heute keine Anzeigen«, in: Die Zeit Nr. 34/1967 v. 25.8.1967.

Kaufmann, Hans: Heinrich Heine. Geistige Entwicklung und künstlerisches Werk, Berlin 1967.

Kempowski, Walter: Wenn das man gut geht! Aufzeichnungen 1956–1970, hrsg. v. Dirk Hempel, München 2012.

Kiger, Patrick: Muhammad Ali's speech at Howard University, http://blogs.weta.org/boundarystones/2014/04/14/muhammad-alis-speech-howard-university-1967, abgerufen am 25.4.2016.

Klee, Ernst: Gesundes Interesse. Ein Attest verhindert den Prozess gegen einen NS-Arzt, in: Die Zeit v. 18.3.1984, http://pdf.zeit.de/1984/12/gesundes-interesse.pdf, abgerufen am 16.8.15.

Kloke, Martin: In aller Freundschaft: 50 Jahre Deutsch-Israelische Gesellschaft, http://www.compass-infodienst.de/Martin-Kloke-50-Jahre-Deutsch-Israelische-Gesellschaft.14609.0.html, abgerufen am 12.9.2016.

Kloth, Hans Michael; Thomsen, Kristina: Trauermarsch für einen Lebenden, Spiegel online v. 12.4.2008, http://www.spiegel.de/einestages/historische-missverstaendnisse-a-946862.html, abgerufen am 20.11.2015.

Koenen, Gerd: Das rote Jahrzehnt. Unsere kleine deutsche Kulturrevolution 1967–1977, 2. Auflage, Köln 2001.

Ders.: Vesper, Ensslin, Baader. Urszenen des deutschen Terrorismus, Köln 2003.

Kohout, Pavel: Nachwort in: Reden zum IV. Kongress des Tschechoslowakischen Schriftstellerverbandes, s. d.

Kristeová, Eda: Václav Havel. Dichter und Präsident. Die autorisierte Biografie, Berlin 1991.

Kundera, Milan: Rede in: Reden zum IV. Kongress des Tschechoslowakischen Schriftstellerverbandes, s. d.

Langhans, Rainer: Ich bin's. Die ersten 68 Jahre, München 2008.

Lattka, Heike: Durch den Matsch zur Reporterkarriere, in: FAZ v. 21.3.2013, http://www.faz.net/aktuell/rhein-main/die-anfaenge-des-zdf-durch-den-matsch-zur-reporterkarriere-12123988.html, abgerufen am 27.8.2016.

Lettau, Reinhard (Hg.): Die Gruppe 47. Ein Handbuch, Neuwied 1967.

Liedl, Martin: »Das Schmankerl vom Bahnhofskampf in Erbendorf«, abrufbar bei Jochen Neumann, Erbendorf unter www.jochen-neumann.de.

Löbsack, Theo: Wie lange noch DDT?, In: Die Zeit Nr. 48/1969 v. 28.11.1969, S. 5, http://www.zeit.de/1969/48/wie-lange-noch-ddt/seite-5, abgerufen am 27.8.2016.

Lönnendonker, Siegfried; Rabehl, Berndt; Staadt, Jochen: Die Antiautoritäre Revolte, Wiesbaden 2002.

Marqusee, Mike: Redemption Song. Muhammad Ali and the Spirit of the Sixties, London 1999

McLaughlin, Malcolm: The Long, Hot summer of 1967. Urban Rebellion in America, New York 2014.

Mládková, Jitka: Kultursalon – Beim Schriftstellerkongress 1967 öffnet sich eine tiefe Kluft zwischen Kulturschaffenden und Parteispitze, Prag 1996, Czech Radio 7/Radio Prag, S. 1.

Montoya, Victor: Das Minenmassaker von San Juan, http://www.quetzal-leipzig.de/lateinamerika/bolivien/das-minenmassaker-von-san-juan-19093.html#, abgerufen am 14.8.2016

Moorse, C. H.: Über Deutschland. A Reader on German Affairs, Oxford 1972.

Morin, Antonia: Daniel Barenboim heiratet Jaqueline du Pré, Deutschlandradio Kultur v. 2.9.2016, http://www.deutschlandradiokultur.de/juedische-hochzeit-daniel-barenboim-heiratet-jacqueline-du.1079.de.print?dram:article_id=364816, abgerufen am 12.9.2016

Norman, Philip: Mick Jagger. Die Biographie, München 2012.

Parks, Brad: Five days that changed a city bei nj.com, http://blog.nj.com/ledgernewark/2007/07/crossroads_pt_2.html, abgerufen am 6.7.2016.

Patterson, Floyd: In Defense of Cassius Clay, in: Esquire, August 1966, S. 55 ff.

Poppinga, Anneliese: Adenauers letzte Tage. Die Erinnerungen seiner engsten Mitarbeiterin, Stuttgart 2009.

Presler, Gerd: Martin Luther King, Hamburg 1984.

Prosinger, Wolfgang: Der ewige Spießer, in: Der Tagesspiegel v. 28.5.2009. http://www.tagesspiegel.de/kultur/fall-kurras-der-ewige-spiesser/1523140.html, abgerufen am 9.8.2016.

Rabehl, Bernd: Ping-Pong mit dem Teufel, In: Anschläge. Netzjournal von Bernd Rabehl v. 8.7.2010, https://rabehl.wordpress.com/2010/07/08/ping-pong-mit-dem-teufel/, abgerufen am 10.8.2016.

Reden zum IV. Kongress des Tschechoslowakischen Schriftstellerverbandes Prag, Juni 1967, Frankfurt/Main, 2. Auflage 1969.

Rees-Mogg, William: Who breaks a butterfly on a wheel, The Times v. 1.7.1967, S. 1. S. https://s10.postimg.org/8jzvbs5m1/ghggf.jpg, abgerufen am 18.5.2016.

Renz, Werner (Hg.): »Von Gott und der Welt verlassen«. Fritz Bauers Briefe an Thomas Harlan. Wissensschaftliche Reihe des Fritz Bauer Instituts, Band 25, Frankfurt/M. 2015.

Richter, Hans Werner: Mittendrin. Die Tagebücher 1966–1972, hrsg. v. Dominik Geppert, München 2012.

Ders.: Briefe. Hrsg. v. Sabine Cofalla, München 1997.

Roberts, Randy; Smith, Johnny: How Muhammad Ali became a Champion for Muslims in America, in: Washington Post online v. 8.6.2015, https://www.washingtonpost.com/posteverything/wp/2016/06/08/how-muhammad-ali-became-a-champion-for-muslims-in-america/?utm_term=.6063e675ee0f, abgerufen am 14.4.2016.

Schmid, Carlo: Erinnerungen. Dritter Band der gesammelten Werke, 5. Auflage, Bern 1979.

Schwarzer, Alice: Lebenslauf, 2. Auflage 2011.

Schuster, Geerd: Erlaubte verbotene Ohrfeige, in: Die Zeit v. 6. Januar 1967.

Seyer, Ulrike: Die Frankfurter Buchmesse in den Jahren 1967–1969, in: Füssel, Stephan (Hg.): Die Politisierung des Buchmarkts. 1968 als Branchenereignis, Wiesbaden 2007, S. 159–242.

Siegfried, Detlef: Time Is on My Side. Konsum und Politik in der westdeutschen Jugendkultur der 60er Jahre, Göttingen 2006.

Sieverts, Rudolf; Schneider, Hans-Joachim s. Handwörterbuch der Kriminologie

Slevin, Gerald: New birth control comission papers reveal Vatican's hand, in: National Catholic Reporter v. 23.3.2011.

Slobodian, Quinn: Foreign Front. Third World Politics in Sixties West Germany, Durham 2012

Soukup, Uwe: Die Stunde der Zeugen, in: Der Tagesspiegel v. 22.1.2012
Strothmann, Dierk: Bahn-Bomber Roy Clark, in: Hamburger Abendblatt v. 10.12.2006
Teitel, Amy Shira: »NASA's first disaster happened on the launch pad«, online abrufbar: http://news.discovery.com/space/history-of-space/apollo-1-nasas-first-disaster-in-space-happened-on-the-launch-pad-130124.htm, abgerufen am 19.4.2016.
Townshend, Pete: Who I am, Köln 2012
Tschombé, Rolf: Die dunklen Tage von Rhöndorf, DIE ZEIT Nr. 16 v. 21.4.1967.
Urban, Andreas: Provokation und Reaktion. Die Medialisierung und Musealisierung der 68er Gegenkultur, in: Hieber, Lutz, Moebius, Stephan (Hg.): Ästhetisierung des Sozialen. Reklame, Kunst und Politik, S. 315–326.
von Baumbach, Marie: Das Wunder ist weg, das Kind immer noch da. Zubin Mehta und Daniel Barenboim im Gespräch, in: Wiener Zeitung v. 8.6.2005, http://www.wienerzeitung.at/nachrichten/archiv/134342_Das-Wunder-ist-weg-das-Kind-immer-noch-da.html, abgerufen am 12.9.2016.
Wang, Tabitha C.: Newark Riot 1967 bei Blackpast.org, http://www.blackpast.org/aah/newark-riot-1967, abgerufen am 6.7.2016.
Dies.: Detroit Race Riot 1967, mit weiteren Nachweisen, http://www.blackpast.org/aah/detroit-race-riot-1967, abgerufen am 6.6.2016.
Wapnewski, Peter: Joachim Fernau und die deutsche Seele, in: Die Zeit v. 3.2.1967.
Webber, Jeffery R.: Red October: Left-Indigenous Struggles in Modern Bolivia, Leiden 2011.
Weinfield, Leslie: »Remembering The Third Wave«, In: Peninsula Magazine, Sept. 1991, zitiert nach: http://www.thewavehome.com/1991_The-Wave_article.htm, abgerufen am 20.5.2016.
Wellenhöfer, Roland: Lokalbahngeschichte. Der »Erbendorfer Bockl«, http://wellenhöfer.com/30301/31901.html, abgerufen am 24.4.2016.
Weller, Sheila: Suddenly That Summer, in: Vanity Fair No. 7/2012, http://www.vanityfair.com/culture/2012/07/lsd-drugs-summer-of-love-sixties, abgerufen am 15.6.2016.
Wojak, Irmtrud: Fritz Bauer 1903–1968. Eine Biographie, München 2009.

Ziegler, Edda: Dichterliebe und Denkmalstreit, in: Aus Politik und Zeitgeschichte Nr. 3/2006, S. 24.
Zimmer, Dieter E.: »Krach im Börsenverein«, in: Die Zeit Nr. 44, 1967.

Quellen ohne Autorenangaben

Revision gegen die drei Freisprüche, in: Welt v. 25.5.1967, S. 2
Tötet, tötet, in: Der Spiegel Nr. 25/1967 v. 12.6.1967, S. 22
Demonstrationsverbot im Berlin, in: Weser-Kurier Nr. 130 v. 5.6.1967, S. 2.
Sommer der Liebe, in: Der Spiegel Nr. 36/1967 v. 28.8.1967, S. 89.
Schalom Aleichem, in: Der Spiegel v. 19.9.1966, S. 72.
Übertriebene Generation, in: Der Spiegel Nr. 41/1967 v. 2.10.1967, S. 161.
Nur noch Sieg, in: Der Spiegel Nr. 23/1967 v. 29.5.1967, S.142.
Spiegel-Bestsellerliste v. 6.2.1967, in: Spiegel Nr. 7/1967, S. 99.
Few able Challengers left for Mohammad Ali, in: St. Joseph News-Press v. 7.2.1967, S. 28.
Hunderttausende sahen die Rosenmontagszüge, in: Weser-Kurier v. 7.2.1967, S. 8.
Tanker Torrey Canyon in zwei Teile zerborsten, in: Weser-Kurier Nr. 73/1967 v. 28.3.1967, S. 8.
Quiz für das Vaterland, in: Der Spiegel, Nr. 31/1966 v. 25.07.1966, S. 53 f.
Das Meer stand in Flammen, in: Weser-Kurier 75/1967 v. 30.3.1967, S. 10.
Die Rolling Stones kommen mit dem Auto, in: Weser-Kurier Nr. 74/1967 v. 29.3.1967, S.13.
Keine Zwischenfälle bei Rolling Stones-Konzert, in: Weser-Kurier Nr. 75/1967 v. 30.3.1967, S. 13.
Mit Napalm gegen die Ölpest, in: Weser-Kurier v. 31.3.1967, S. 8.
Rahm und Rauch, in: Der Spiegel v. 10.4.1967, S. 34.
Bombenattentat gegen Humphrey in Berlin vereitelt, in: Telegraf v. 6.4.1967, S. 1. http://www.medienarchiv68.de/dl/192581/245.jpg.pdf, abgerufen am 15.8.15.
Freisprüche im »Euthanasie«-Prozess, in: Der Tagesspiegel v. 24.5.1967, S. 9.
Humphrey-Besuch in Berlin unter starkem Polizeieinsatz, in: Hamburger Abendblatt v. 6.4.1967, S. 1, http://www.medienarchiv68.de/dl/218966/4952.jpg.pdf, abgerufen am 15.8.15.
Studenten planten Attentat auf Humphrey, in: B. Z. v. 6.4.1967, S. 1,

http://www.medienarchiv68.de/dl/192575/242.jpg.pdf, abgerufen am 15.8.15.

Geplant. Berlin: Bombenanschlag auf US-Vizepräsidenten. Elf Verschwörer gefasst, in: BILD v. 6.4.1967, http://www.medienarchiv68.de/dl/192569/239.jpg.pdf, abgerufen am 15.8.15.

Rolf Harris jailed and sentenced for five years and nine months, http://www.bbc.com/news/uk-28163593, abgerufen am 21.10.2016.

Zerstörte Sage, in: Der Spiegel Nr. 17/1967 v. 17.4.1967, S. 145.

Cassius Clay to speak at Howard University rally, in: Washington Post v. 22.4.1967, S. 23.

»Fantom« will Bundesbahn erpressen, in: Weser-Kurier v. 17.5.1967, S. 16.

Hat mei Bomb gezünd, in: Der Spiegel Nr. 43/1967 v. 16.10.1967, S. 74.

Bundesbahn will mit »Roy Clark« verhandeln, in: Weser-Kurier v. 19.5.1967, S. 16.

Krachen wird es, in: Der Spiegel Nr. 1/1968 v. 1.1.1968, S. 42.

»Roy Clark« fordert: »Werft das Geldpaket aus einem Zug!«, in: Weser-Kurier v. 24.5.1967, S. 13.

»Revision gegen die drei Freisprüche«, Welt v. 25.5.1967, S. 2.

Blitz und Blut, in: Der Spiegel Nr. 25/1967 v. 12.06.1967, S. 30.

Tötet, tötet, in: Der Spiegel Nr. 25/1967 v. 12.6.1967, S. 22.

»Demonstrationsverbot im Berlin, in: Weser-Kurier Nr. 130 v. 5.6.1967, S. 2.

Wir fordern die Enteignung Axel Springers, in: Der Spiegel Nr. 29/1967 v. 10.7.1967, S. 29–33.

»Dutschke verging im Gericht das Lachen«, in: BILD v. 19.8.1967, http://www.medienarchiv68.de/dl/203266/1105.jpg.pdf, abgerufen am 17.9.2016.

Massenansturm: Schon jetzt 90 000 Gäste, in: Welt am Sonntag v. 27.8.1967, S. 31.

Die Industrie sieht rot und schwarz, in: Die Zeit Nr. 33/1967 v. 18.8.1967, http://pdf.zeit.de/1967/33/die-industrie-sieht-rot-und-schwarz.pdf, abgerufen am 26.8.2016.

»Die Visitenkarte muss sauber bleiben«, Interview mit Karl Holzamer, in: Der Spiegel Nr. 32/1967 v. 31.7.1967, S. 84.

»Der Fall Lou van Burg«, in: Der Spiegel Nr. 32/1967 v. 31.7.1967, S. 85.

»Dunkle Ecke«, in: Der Spiegel v. 21.8.1967, S. 33.

»Mein Boss heißt Cornfeld«, in: Der Spiegel Nr. 38/1967 v. 11.9.1967, S. 27.

»Ganz unglaublich«, in: Der Spiegel Nr. 39/1967 v. 18.9.1967, S. 34.
»Wiar a Kropf«, in: Der Spiegel v. 23.10.1967, S. 99.
Doller Jux, in: Der Spiegel Nr. 41/1967 v. 2.10.1967, S. 194.
Und alle, alle kamen nicht, in: Die Zeit Nr. 40/1967 v. 6.10.1967.
Polizei: Roy Clark ist ein gefährlicher Irrer, in: Weser-Kurier v. 5.10.1967, S. 15.
Sprengstoffattentat auf Triebwagenzug, in: Weser-Kurier v. 4.10.1967, S. 13.
Hunderte wollen »Fantom Roy Clark« kennen, in: Weser-Kurier v. 16.10.1967, S. 11
Ist »Roy Clark« ein Schwabe? in: Weser-Kurier v. 14./15.10.1967, S. 9.
»Die Stimme »Roy Clarks« wird heute noch einmal gesendet«, in: Weser-Kurier v. 17.10.1967, S. 9.
»Frankfurter Richter beschlagnahmte das Zonen-»Braunbuch«, in: Berliner Morgenpost v. 18.10.1967.
»Was möglich ist«, in: Der Spiegel Nr. 44 v. 24.10.1967, S. 76.
»Schöne Analyse«, in: Der Spiegel Nr. 30/1967 v. 17.7.1967, S. 33.
»Goldene Sporen«, in: Der Spiegel Nr. 48/1968 v. 25.11.1968, S. 84–92.
»Kurras will sofort wieder an die Arbeit gehen«, Eigenbericht des Weser-Kurier in: Weser-Kurier Nr. 276/1967 v. 22.11.1967, S. 12.
Teufel wurde freigesprochen, in: Weser-Kurier Nr. 303/1967, v. 23.12.1967, S. 2.

Anmerkungen

Prolog

1 Höser, Josef: Geschichte der Stadt Erbendorf. Neu bearbeitet von Wilhelm Gollwitzer, Erbendorf 1967, S. 76.
2 Vgl. Wellenhöfer, Roland: Lokalbahngeschichte. Der »Erbendorfer Bockl«, http://wellenhöfer.com/30301/31901.html, abgerufen am 24.4.2016.
3 Vgl. ebd.
4 Höser, a. a. O., S. 44.
5 Vgl. Wellenhöfer, a. a. O.
6 Vgl. ebd.
7 Ebd.
8 Vgl. Liedl, Martin: Das Schmankerl vom Bahnhofskampf in Erbendorf, abrufbar bei Jochen Neumann, Erbendorf unter www.jochen-neumann.de.
9 Vgl. Wellenhöfer, a. a. O.

Vorwort

1 Frei, Norbert: 1968. Jugendrevolte und globaler Protest, München 2008, S. 112.
2 Ebd., S. 77 f.

JANUAR

1 Vgl. Schuster, Geerd: Erlaubte verbotene Ohrfeige, in: Die Zeit v. 6. 1. 1967.
2 Vgl. Coyote, Peter: Sleeping where I fall. A Chronicle, E-Book, 3rd Ed., Berkeley 2015
3 Weller, Sheila: Suddenly That Summer, in: Vanity Fair 7/2012, http://www.vanityfair.com/culture/2012/07/lsd-drugs-summer-of-love-sixties, abgerufen am 15.6.2016.
4 Ebd.
5 Ebd.
6 Ebd.

7 Ebd.

8 Ebd.

9 Vgl. Barger, Ralph: Hell's Angel. Mein Leben, 8. Auflage, Hamburg 2010, S. 158 f.

10 Ebd.

11 Ebd.

12 Ebd.

13 Ebenso: Hannah Arendt, die 1968 als Zeitenwende wie 1848 erkannte.

14 Vgl. Coyote, a. a. O.

15 Ebd.

16 Weller, Sheila: Suddenly that Summer, in: Vanity Fair 7/2012, http://www.vanityfair.com/culture/2012/07/lsd-drugs-summer-of-love-sixties, abgerufen am 7.8.2015.

17 Ebd.

18 Vgl. Coyote, a. a. O.

19 Vgl. ebd.

20 Ebd.

21 Ebd.

22 Ebd.

23 Vgl. Weller, a. a. O.

24 Coyote, a. a. O.

25 Ebd.

26 Ebd.

27 Leary verwendete den Satz seit 1966 immer wieder, um das Ziel der Bewusstseinserweiterung zu umschreiben.

28 Im Deutschen ist der Begriff zweideutig. Hier ist nicht Selbstsicherheit gemeint, wie zumeist und eigentlich falsch konnotiert wird, sondern »sich seiner selbst bewusst werden« beziehungsweise »sein«, was einen Sensibilisierungsprozess meint.

29 Coyote, a. a. O.

30 Coyote, a. a. O.

31 Die in Paris ansässige, im ganzen westlichen Europa aktive Vereinigung setzte sich aus vorwiegend liberal gesinnten, antitotalitären Intellektuellen zusammen. Sie wurde finanziell von der CIA unterstützt und sollte gezielt die kulturelle Abwehr gegen den Kommunismus fördern. Die Verbindung zur CIA wurde erst 1966/1967 publik und führte im April 1967 zur Umbenennung und Marginalisierung. Zahlreiche deutsche Autoren wie Heinrich Böll oder Siegfried Lenz wurden vom CFF gefördert. Zahlreiche insbesondere linksliberale Publikationen wurden vom CFF und damit von der CIA finanziert in der Absicht, antikommunistische Tendenzen zu fördern.

32 Brandts Geburtsname.

33 Vgl. Schalom aleichem, in: Der Spiegel v. 19.9.1966, S. 72. (Titelgeschichte »Gammler in Deutschland«)

34 Ebd., im darauffolgenden Jahr

ist von 100 000 europaweit die Rede, wobei aber nun offenbar die Hippies dazugezählt werden.

35 Ebd.

36 Ebd..

37 Ebd.

38 BStU, MfS, ZAIG Nr. 1321, Bl. 3.

39 Ebd.

40 Vgl. http://www.berliner-mauer-gedenkstaette.de/de/1967-315,402,2.html, mit weiteren Nachweisen, abgerufen am 10.8.2015.

41 BStU, MfS, ZAIG Nr. 1321, Bl. 3.

42 http://www.berliner-mauer-gedenkstaette.de/de/1967-315,402,2.html, a. a. O.

43 Vgl. BStU, MfS, ZAIG Nr. 1321, Bl. 4.

44 Ebd., Bl. 3.

45 Ebd.

46 Ebd., Bl. 1.

47 Ebd.

48 Ebd.

49 Ebd., Bl. 3.

50 Ebd., Bl. 1.

51 Vgl. http://www.berliner-mauer-gedenkstaette.de/de/1967-315,402,2.html, a. a. O.

52 BStU, MfS, ZAIG Nr. 1321, Bl. 1.

53 Ebd., Bl. 2.

54 Vgl. http://www.berliner-mauer-gedenkstaette.de/de/1967-315,402,2.html, a. a. O.

55 BStU, MfS, ZAIG Nr. 1321, Bl. 2.

56 Ebd.

57 Vgl. ebd.

58 Alle Informationen in diesem Abschnitt stammen aus dem Artikel »NASA's First Disaster Happend on the Launch Pad« v. Amy Shira Teitel aus dem Jahr 2013, online abrufbar: http://news.discovery.com/space/history-of-space/apollo-1-nasas-first-disaster-in-space-happened-on-the-launch-pad-130124.htm, abgerufen am 19.4.2016.

FEBRUAR

1 Siegfried, Detlef: Time is on my Side, Konsum und Politik in der westdeutschen Jugendkultur der 60er Jahre, Göttingen 2006, S. 437 mit weiteren Nachweisen.

2 Vgl. Übertriebene Generation, in: Der Spiegel Nr. 41/1967 v. 2.10.1967, S. 161.

3 Ebd.

4 Ebd.

5 Ebd.

6 Ebd.
7 Ebd.
8 Ebd., S. 162.
9 Ebd.
10 Ausführlich: Gonser, Simon: Der Kapitalismus entdeckt das Volk. Wie die deutschen Großbanken in den 1950er und 1960er Jahren zu ihrer privaten Kundschaft kamen, München 2014.
11 Ebd., S. 93.
12 Ebd., S. 84.
13 Ebd., S. 150 f.
14 Ebd., S. 155.
15 Ebd.
16 Ebd., S. 68.
17 Ebd.
18 Ebd., S. 73 m. w. N.
19 Kempowski, Walter: Wenn das man gutgeht, München 2012, S. 520.
20 Ebd.
21 Wapnewski, Peter: Joachim Fernau und die deutsche Seele, in: Die Zeit v. 3.2.1967.
22 Nur noch Sieg, in: Der Spiegel Nr. 23/1967 v. 29.5.1967, S.142.
23 Spiegel-Bestsellerliste v. 6.2.1967, in: Der Spiegel Nr. 7/1967, S. 99.
24 Vgl. Gürke, Britta: Umstritten: Joachim Fernau, in: Berliner Literaturkritik v. 11.9.2009, http://www.berlinerliteraturkritik.de/detailseite/artikel/erfolgreich-und-umstritten-joachim-fernau.html, abgerufen am 10.4.2016.
25 Vgl. Nur noch Sieg, a. a. O.
26 Ebd.
27 Wapnewski, a. a. O.
28 Ebd.
29 Ebd.
30 Ebd.
31 Ebd.
32 Vgl. ebd., Peter Wapnewski zählt zu jenen prominenten deutschen Intellektuellen, deren Mitgliedschaft in der NSDAP erst im Jahr 2003 öffentlich gemacht wurde. Der Mediävist war einer der wenigen Betroffenen, der zugab, er sei 1938 oder 1939 über die Hitlerjugend in die Partei gekommen. Irgendwelche Aktivitäten wurden nicht nachgewiesen (anders als z. B. bei Walter Jens). 1943 wurde gegen Wapnewski ein Verfahren wegen Wehrkraftzersetzung eingeleitet, aus dem zu schließen ist, dass er sich spätestens zu diesem Zeitpunkt distanziert hatte. Es gab nur sehr wenige Intellektuelle seiner Generation, die sich der eigenen Verblendung stellten.
33 Carell, Paul: Verbrannte Erde. Schlacht zwischen Wolga und Weichsel. Berlin 1966.

34 Spiegel-Bestsellerliste v. 6.2.1967, a. a. O.
35 Marqusee, Mike: Redemption Song. Muhammad Ali and the Spirit of the Sixties, London 1999, S. 172.
36 Vgl. ebd., S. 172 f.
37 Ebd., S. 173.
38 Ebd., S. 176.
39 Vgl. ebd.
40 Ebd., S. 177.
41 Ebd.
42 Ebd., S. 178.
43 Ebd.
44 Ebd.
45 Vgl. Patterson, Floyd: In Defense of Cassius Clay, in: Esquire, August 1966, S. 55 ff.
46 Ebd.
47 Roberts, Randy; Smith, Johnny: How Muhammad Ali became a Champion for Muslims in America, in: Washington Post online v. 8.6.2015, https://www.washingtonpost.com/posteverything/wp/2016/06/08/how-muhammad-ali-became-a-champion-for-muslims-in-america/?utm_term=.6063e675ee0f, abgerufen am 14.4.2016.
48 Few able Challengers left for Muhammad Ali, in: St. Joseph News-Press v. 7.2.1967, S. 28.
49 Ebd.
50 Ebd.
51 Marqusee, a. a. O., S. 210.
52 Ebd.
53 Vgl. ebd.
54 Hunderttausende sahen die Rosenmontagszüge, in: Weser-Kurier v. 7.2.1967, S. 8.
55 Norman, Philip: Mick Jagger. Die Biographie
56 http://www.dailymail.co.uk/news/article-1323236/The-Acid-King-confesses-Rolling-Stones-drug-bust-set-MI5-FBI.html, abgerufen am 2.11.2015.
57 Richter, Hans Werner, Die Tagebücher 1966–1972, hg. V. Dominik Geppert, München 2012, S. 58 f.
58 Ebd.
59 Ebd.
60 Ebd.
61 Ebd., S. 61.
62 Vgl. ebd., S. 60.
63 Vgl. ebd.

MÄRZ

1 http://www.berliner-mauer-gedenkstaette.de/de/1967-315,402,2.html, a. a. O.
2 Gesamtliste: http://www.berliner-mauer-gedenkstaette.de/de/uploads/todesopfer_

dokumente/2013_11_26_138_todesopfer_inter net.pdf, abgerufen am 10.08.2015.

3 Koenen, Gerd: Das rote Jahrzehnt a. a. O., S. 15 f.

4 Ebd., S. 15.

5 Ebd.

6 Guevara, Ernesto Che: Bolivianisches Tagebuch, S. 84.

7 Ebd.

8 Ebd., S. 84 f.

9 Ebd., S. 85.

10 Ebd.

11 Ebd.

12 Ebd.

13 Ebd.

14 Ebd.

15 Ebd.

16 Ebd.

17 Ebd.

18 Ebd.

19 Tanker Torrey Canyon in zwei Teile zerborsten, in: Weser-Kurier Nr. 73/1967 v. 28.3.1967, S. 8.

20 Ebd.

21 Ebd.

22 Ebd.

23 Ebd.

24 Ebd.

25 Ebd.

26 Hertel, Peter: Ende des Denkverbots für Katholiken, Deutschlandfunk, 14.6.2006, http://www.deutschlandfunk.de/ende-des-denkverbots-fuer-katholiken.871.de.html?dram:article_id=125541, abgerufen am 14.5.2016.

27 Ebd.

28 Jansen, Thomas: Was Katholiken nicht lesen durften, Badische Zeitung v. 14.6.2016.

29 Kaufmann, Hans: Heinrich Heine. Geistige Entwicklung und künstlerisches Werk, Berlin 1967. Die DDR hatte seit ihrer Gründung Heine als sozialistischen Nationaldichter usurpiert und in ihr Propagandasystem eingepasst. Vgl. Gutmann, Thomas: Heine nach 1945, in: Aus Politik und Zeitgeschichte Nr. 3/2006, S. 26.

30 Ziegler, Edda: Dichterliebe und Denkmalstreit, in: Aus Politik und Zeitgeschichte Nr. 3/2006, S. 24.

31 Die Liste per Stand 1946: http://www.cvm.qc.ca/gconti/905/BABEL/Index%20Librorum%20Prohibitorum-1948.htm.

32 Hertel, a. a. O.

33 Ebd.

34 Vgl. Marqusee, Mike: Redemption Song. Muhammad Ali and the Spirit of the Sixties, 2. Auflage, London, New York 2005, S. 212.

35 Ebd.
36 Ebd., S. 211.
37 Ebd.
38 Ebd., S. 213.
39 Im Original-Statement des SLSC ist von »negroes« die Rede, vgl. ebd.
40 Ebd., vgl. dazu auch: Quiz für das Vaterland, in: Der Spiegel, Nr. 31/1966 v. 25.7.1966, S. 53 f.
41 Vgl. Quiz für das Vaterland, a. a. O.
42 Vgl. Marqusee, a. a. O., S. 213.
43 Ebd.
44 Ebd.
45 Ebd.
46 Ebd.
47 Ebd.
48 Ebd.
49 Das Meer stand in Flammen, in: Weser-Kurier Nr. 75/1967 v. 30.3.1967, S. 10.
50 Ebd.
51 Ebd.
52 Ebd.
53 Ebd.
54 Ebd.
55 Ebd.
56 Ebd.
57 Die Rolling Stones kommen mit dem Auto, in: Weser-Kurier Nr. 74/1967 v. 29.3.1967, S.13.
58 Keine Zwischenfälle bei Rolling Stones-Konzert, in: Weser-Kurier Nr. 75/1967 v. 30.3.1967, S. 13.
59 Ebd.
60 Ebd.
61 Ebd.
62 Ebd.
63 Ebd.
64 Ebd.
65 Ebd.
66 Ebd.
67 Ebd.
68 Ebd.
69 Ebd., beide Konzerte waren nicht ausverkauft. Das erste in der 7000 Besucher fassenden Halle besuchten am Nachmittag 2000 Menschen, das zweite Konzert am Abend 5000.
70 Mit Napalm gegen die Ölpest, in: Weser-Kurier v. 31.3.1967, S. 8.
71 Ebd.
72 Ebd.
73 Ebd.

APRIL

1 Vgl. http://sektion-natuerliche-fertilitaet.de/sektion-natuerliche-fertilitaet-news-mai-2015-tanco-studie/, abgerufen am 14.10.2015.
2 Vgl. Hocke, Gustav René: Der

Papst hüllt sich noch in Schweigen, in: Weser-Kurier v. 19.4.1967, S. 3.

3 Ebd.

4 Ebd.

5 Vgl. Slevin, Gerald: New birth control comission papers reveal Vatican's hand, in: National Catholic Reporter v. 23.3.2011. 1968 wird der Papst die Einnahme der Pille verbieten.

6 Kleine harte Vollgummi-Bälle mit extremer Sprungkraft, »Flummis«. (d. Verf.)

7 Wohl gemischte Dosenfrüchte.

8 Enzensberger, Ulrich: Die Jahre der Kommune 1. Berlin 1967–1969, Köln, 2004, S. 115.

9 Ebd.

10 Ebd.

11 Ebd.

12 Ebd.

13 Alle Informationen aus diesem Absatz: http://www.thewavehome.com/faq.htm, abgerufen am 26.8.2015.

14 Ebd.

15 Presler, Gerd: Martin Luther King, Hamburg 1984, S. 119.

16 Transskript-Rede v. 4.4.1967 in der Riverside Church in New York, http://4amoreperfectunion.blogspot.de/2011/01/rev-martin-luther-king-jr-april-4-1967.html, abgerufen am 3.8.15.

17 Ebd.

18 Vgl. Enzensberger, Ulrich, a. a. O., S. 115, der für sein 2004 erschienenes Buch auf die damaligen Ermittlungsakten Zugriff hatte, in denen sich auch Observierungsprotokolle befanden. Blätter in der Akte, die Aufschluss über den Informanten hätten geben können, seien entfernt worden, berichtet Enzensberger. Aus einigen Vermerken zieht Enzensberger den Schluss, dass Telefone und Wohnungen der Beteiligten überwacht wurden, vgl. ebd., S. 116.

19 Ebd.

20 Ebd.

21 Richter, Tagebücher, a. a. O., S. 63.

22 Ebd.

23 Ebd.

24 Ebd.

25 Enzensberger, Ulrich, a. a. O., S. 116, Zitate aus den Ermittlungsakten.

26 Ebd.

27 http://lexetius.com/StGB/128,2, der Paragraph wurde zum 1. August 1968 abgeschafft.

28 Ebd.

29 Enzensberger, Ulrich, a. a. O., S. 116.

30 Ebd., S. 116 f.

31 Vgl. ebd., S. 117.

32 Vgl. Rahm und Rauch, in: Der Spiegel v. 10.4.1967, S. 34.

33 Enzensberger, Ulrich, a. a. O., S. 117.

34 Ebd.

35 Ebd., S. 118, Zitate aus der Ermittlungsakte.

36 Ebd.

37 Ebd., S. 117 f.

38 Ebd., S. 119, Zitat aus der Ermittlungsakte.

39 Zitiert aus dem Polizeibericht nach: Bombenattentat gegen Humphrey in Berlin vereitelt, in: Telegraf v. 6.4.1967, S. 1. http://www.medienarchiv68.de/dl/192581/245.jpg.pdf, abgerufen am 15.8.15.

40 Ebd.

41 Ebd.

42 Ebd.

43 Ebd.

44 Enzensberger, Ulrich, a. a. O., S. 118.

45 Ebd.

46 Vgl. Humphrey-Besuch in Berlin unter starkem Polizeischutz, in: Hamburger Abendblatt v. 6.4.1967, S. 1, http://www.medienarchiv68.de/dl/218966/4952.jpg.pdf, abgerufen am 15.8.15.

47 Ebd.

48 Enzensberger, Ulrich, a. a. O., S. 118.

49 Ebd., S. 119.

50 Jones Ron, The Third Wave.

51 Vgl. Weinfield, Leslie: »Remembering The Third Wave«, in: Peninsula Magazine, Sept. 1991, zitiert nach: http://www.thewavehome.com/1991_The-Wave_article.htm, abgerufen am 20.5.2016.

52 Vgl. Berufliches, in: Der Spiegel Nr. 37/1973 v. 10.9.1973, S. 180.

53 B. Z. v. 6.4.1967, S. 1, http://www.medienarchiv68.de/dl/192575/242.jpg.pdf, abgerufen am 15.8.15.

54 Ebd.

55 Ebd.

56 Ebd.

57 Geplant. Berlin: Bombenanschlag auf US-Vizepräsidenten. Elf Verschwörer gefasst, in: BILD v. 6.4.1967, http://www.medien archiv68.de/dl/192569/239.jpg.pdf, abgerufen am 15.8.15.

58 Ebd.

59 Ebd.

60 Ebd.

61 Vgl. ebd., S. 119.

62 Vgl. Humphrey-Besuch in Berlin unter starkem Polizeischutz a. a. O., S. 1.

63 Enzensberger, Ulrich, a. a. O., S. 121.

64 Ebd., Zitate aus der vertraulichen Ermittlungsakte.

65 Ebd.
66 Ebd.
67 Ebd.
68 Ebd.
69 Ebd.
70 Ebd., S. 121.
71 Ebd.
72 Ebd.
73 Ebd., S. 122f., zitiert aus dem Protokoll der richterlichen Vernehmung von Fritz Teufel.
74 Ebd., S. 123.
75 Ebd.
76 Ebd.
77 Ebd.
78 Vgl. Enzensberger, Ulrich, a. a. O., S. 124.
79 Vgl. Langshans, Rainer: Ich bin's. Die ersten 68 Jahre, München 2008, S. 53.
80 Der Dialog ist zitiert aus: ebd., S. 53 f.
81 Vgl. Rabehl, Bernd: Ping-Pong mit dem Teufel, in: Anschläge. Ein Netzjournal von Bernd Rabehl v. 8.7.2010, https://rabehl.wordpress.com/2010/07/08/ping-pong-mit-dem-teufel/, abgerufen am 10.8.2016.
82 Vgl. ebd.
83 Richter, Tagebücher, a. a. O., S. 63.
84 Enzensberger, Ulrich, a. a. O., S. 124.
85 Weinfield, a. a. O.
86 Jones, a. a. O.
87 Weinfield, a. a. O.
88 Ebd.
89 Vgl. Jones, a. a. O.
90 Ebd.
91 Ebd.
92 Vgl. ebd.
93 Ebd.
94 Vgl. Ebd. und Weinfield a. a. O. Erst 1976 schreibt der Lehrer nach einer Begegnung mit einem Schüler aus der teilnehmenden Klasse die Ereignisse auf. Es dauert noch bis 1981, dass eine wachsende Öffentlichkeit sich mit der »Welle« auseinanderzusetzen beginnt. Inzwischen ist das Experiment auf der ganzen Welt Gegenstand gesellschaftstheoretischer Analysen und pädagogischer Ansätze.
95 Rolf Harris jailed for five years and nine months, http://www.bbc.com/news/uk-28163593, abgerufen am 21.10.2016.
96 Vgl. Zerstörte Sage, in: Der Spiegel Nr. 17/1967 v. 17.4.1967, S. 145.
97 Ebd.
98 Ebd.
99 Ebd.
100 Ebd.
101 Ebd.
102 Ebd.
103 Ebd.
104 Tschombé, Rolf: Die dunklen Tage von Rhöndorf, in: DIE ZEIT Nr. 16 v. 21.4.1967.

105 Ebd.
106 Ebd.
107 Poppinga, Anneliese: Adenauers letzte Tage. Die Erinnerungen seiner engsten Mitarbeiterin, Stuttgart 2009, S. 167.
108 Ebd., S. 168 f.
109 Vgl. Ärztliches Bulletin v. 21.4.1967, KAS-Dokumente, online abgerufen am 2.8.15, http://www.konrad-adenauer.de/dokumente/tod-adenauers/
110 Tschombé, Rolf: Die dunklen Tage von Rhöndorf, a. a. O.
111 Kloth, Hans Michael; Thomsen, Kristina: Trauermarsch für einen Lebenden, in: DER SPIEGEL v. 12.4.2008.
112 Ebd.
113 Vgl. Kashner, Sam; Schoenberger, Nancy: Furious Love. Elizabeth Taylor und Richard Burton, München 2012, S. 261.
114 Vgl. Guevara, Bolivianisches Tagebuch, S. 102 ff.
115 Ebd.
116 Jonas, Sam: Che Guevara's ›betrayer‹ tells his side of the story after 40 years«, in: The Guardian v. 2.7.2013.
117 Feltrinelli, Carlo: Comrade millionaire, in: The Guardian v. 3.11.2001.
118 Kiger, Patrick: Muhammad Ali's speech at Howard University, http://blogs.weta.org/boundarystones/2014/04/14/muhammad-alis-speech-howard-university-1967, abgerufen am 25.4.2016.
119 Ebd.
120 Ebd.
121 Ebd.
122 Vgl. Cassius Clay to speak at Howard University rally, in: Washington Post v. 22.4.1967, S. 23.
123 Ebd.
124 Ebd.
125 Kiger, a. a. O.
126 Ebd.
127 Ebd.
128 Ebd.
129 Text nach: http://www.sweets-lyrics.com/1016336.Louis%20Farrakhan%20-%20A%20White%20Man's%20Heaven%20Is%20a%20Black%20Man's%20Hell.html, abgerufen am 28.8.2016.
130 Kiger, a. a. O.
131 Ebd.
132 Vgl. Marqusee, a. a. O., S. 218.
133 Marqusee a. a. O., S. 218.
134 Ebd., S. 219.
135 Ebd.
136 Ebd.
137 Ebd.
138 Ebd. Der englische Begriff »draft«, der für die Einziehung verwendet wird, bedeutet auch »zapfen«. [d. Verf.]

139 Ebd.
140 Ebd., S. 219.
141 Ebd.
142 Ebd.
143 Ebd., S. 219 f.
144 Vgl. ebd.
145 Vgl. Kiger, Patrick: Muhammad Ali's speech at Howard University.
146 Vgl. Marqusee, a. a. O., S. 220.

MAI

1 Richter, Hans Werner: Mittendrin, S. 66 f.
2 Stenographischer Bericht der 109. Sitzung des V. Bundestages v. 11.5.1967, S. 5179.
3 Ebd.
4 Ebd.
5 Ebd.
6 Vgl. Herrmann, Ruth: »... dann kommt eine größere Bombe!« Roy Clark – der Teufel am Telephon erpreßt die Bundesbahn, in: Die Zeit v. 20.10.1967.
7 Vgl. Handwörterbuch der Kriminologie, Band 4, Ergänzungsband, hg. v. Rudolf Sieverts und Hans Joachim Schneider, Berlin 1979, S. 105.
8 Herrmann, Ruth, a. a. O.
9 Ebd.
10 »Fantom« will Bundesbahn erpressen, in: Weser-Kurier v. 17.5.1967, S. 16.
11 Hat mei Bomb gezünd, in: Der Spiegel Nr. 43 v. 16.10.1967, S. 74.
12 »Fantom« will Bundesbahn erpressen, a. a. O.
13 Bundesbahn will mit »Roy Clark« verhandeln, in: Weser-Kurier v. 19.5.1967, S. 16.
14 Ebd.
15 Ebd.
16 Ebd.
17 Ebd.
18 Hat mei Bomb gezünd, a. a. O.
19 Ebd.
20 Ebd.
21 Ebd.
22 Vgl. Krachen wird es, in: Der Spiegel Nr. 1/1968 v. 1.1.1968, S. 42.
23 Ebd.
24 Ebd.
25 Vgl. ebd.
26 Richter, Mittendrin, a. a. O., S. 69 f.
27 Vgl. Wojak, Irmtrud: Fritz Bauer, S. 381 und passim mit weiteren Nachweisen aus der umfassend geschilderten Vorbereitungsphase des Prozesses.

28 Ebd., S. 393.
29 Vgl. Freisprüche im »Euthanasie«-Prozess, in: Der Tagesspiegel v. 24.5.1967, S. 9.
30 Wojak, a. a. O., S. 393.
31 Freisprüche im »Euthanasie«-Prozess, a. a. O.
32 LG Frankfurt/M., Urteil v. 23.5.1967, Ks 1/66 (GStA), BAZSt B 162/14419, S. 90 f.
33 Vgl. Klee, Ernst: Gesundes Interesse. Ein Attest verhindert den Prozess gegen einen NS-Arzt, in: Die Zeit v. 18.3.1984, http://pdf.zeit.de/1984/12/gesundes-interesse.pdf, abgerufen am 16.8.2015.
34 Ebd.
35 Diese Rechtsauffassung setzte sich erst Jahrzehnte später Anfang der 2000er Jahre im Prozess gegen den KZ-Wärter Demjanjuk durch.
36 Im August 1970 hob der Bundesgerichtshof das Urteil wegen sachlicher Widersprüche in der Begründung auf. Doch nun verzögerten immer neue ärztliche Gutachten, die die krankheitsbedingte Verfahrensuntauglichkeit der Angeklagten belegten, den Prozess. Erst 1987 kam es gegen zwei der Beteiligten in einem Revisionsverfahren zu Verurteilungen. Vgl. Wojak, a. a. O., S. 394 ff.
37 Freisprüche im »Euthanasie«-Prozess, a. a. O.
38 Zitiert nach: https://www.historicum.net/persistent/old-purl/5138, abgerufen am 4.8.2016.
39 »Roy Clark« fordert: »Werft das Geldpaket aus einem Zug!«, in: Weser-Kurier v. 24.5.1967, S. 13.
40 Ebd.
41 Revision gegen die drei Freisprüche, in: Welt v. 25.5.1967, S. 2.
42 Hauser, Martin: Aus den Tagebüchern eines deutschen Juden 1929–1967, Schriftenreihe der Bundeszentrale für politische Bildung, Band 159, Bonn 1980, S. 307.
43 Hauser, a. a. O., S. 307 f.
44 Ebd., S. 308.
45 Ebd.
46 Ebd.
47 Ebd.
48 Ebd.
49 http://www.medienarchiv68.de/dl/202124/534.jpg.pdf, abgerufen am 12.9.2016.
50 Richter, a. a. O., S. 74.
51 Ebd.
52 Ebd., S. 74 f. Dieser letzte Satz des Zitats ist mir zu problematisch, zu kryptisch, zusammenhanglos, offen für

Fehlinterpretation, deshalb würde ich das gern weglassen, hätte aber gern eine Meinung dazu

53 Kloke, Martin: In aller Freundschaft: 50 Jahre Deutsch-Israelische Gesellschaft, http://www.compass-infodienst.de/Martin-Kloke-50-Jahre-Deutsch-Israelische-Gesellschaft.14609.0.html, abgerufen am 12.9.2016.

54 Abgedruckt in: Aufwärts. Jugendzeitschrift des Deutschen Gewerkschaftsbundes, Nr. 6, Jahrgang 20 v. 15.6.1967, S. 5.

55 Kloke, a. a. O.

56 Ebd.

57 Guevara, Bolivianisches Tagebuch, a. a. O., S. 126.

58 Ebd.

59 Ebd.

60 Ebd.

61 Ebd., S. 127.

62 Ebd.

63 Ebd.

64 Hauser, a. a. O., S. 308.

65 Cofalla (Hg.), Hans Werner Richter, Briefe, S. 648, wo das undatierte Schreiben auf Ende Juni datiert wird. Der Prozess, um den es ging, begann aber schon am 6. Juni 1967 und an diesem Tag lagen die anderen Gutachten vor.

66 Vgl. ebd., Anmerkung 1, S. 649.

JUNI

1 Hauser, a. a. O., S. 309.

2 Ebd.

3 Vgl. Kloke, a. a. O.

4 Vgl. Aufwärts, a. a. O., S. 5.

5 Vgl. Kloke, a. a. O. und Blitz und Blut, in: Der Spiegel Nr. 25/1967 v. 12.06.1967, S. 30.

6 Tötet, tötet, in: Der Spiegel Nr. 25/1967 v. 12.6.1967, S. 22.

7 Ebd.

8 Aufwärts, a. a. O., S. 5.

9 Tötet, tötet, a. a. O., S. 22.

10 Kaetzel, Ute: Von der Passantin zur Ikone, in: DIE ZEIT Nr. 22/2002 v. 23.5.2002.

11 Ebd.

12 Ebd.

13 Ebd.

14 Ebd.

15 Ebd.

16 Ebd.

17 Ebd.

18 Ebd.

19 Alle Angaben dieses Abschnitts vgl. Soukup, Uwe: Die Stunde der Zeugen, in: Der Tagesspiegel v. 22.1.2012 unter Berufung auf die

Zeugenaussage des Kindes in den Ermittlungsakten und die Erinnerung des Erwachsenen. Im Prozess wurde die Aussage nicht beachtet.
20 Ebd.
21 Ebd.
22 Ebd.
23 Ebd.
24 Enzensberger, U., a. a. O., S. 153.
25 Ebd.
26 Vgl. Dutschke, Jeder hat sein Leben ganz zu leben, a. a. O., Tagebucheintrag v. 2.6.1967, S. 39.
27 Zit. nach: Lönnendonker, Siegfried; Rabehl, Berndt; Staadt, Jochen: Die Antiautoritäre Revolte, Wiesbaden 2002, S. 336.
28 Zit. ebd.
29 Vgl. ebd.
30 Enzensberger, U., a. a. O., S. 155.
31 Lönnendonker et al., a. a. O., S. 337.
32 Enzensberger, U. a. a. O., S. 155.
33 Vgl. ebd.
34 Ebd.
35 Lönnendonker et al., a. a. O., S. 337.
36 Ebd.
37 Ebd.
38 Enzensberger, U., a. a. O., S. 156.
39 Ebd. und Lönnendonker et al., a. a. O., S. 337. Enzensberger zitiert auf S. 157 den damaligen SDS-Funktionär Tilman Fichter, der in seinen Erinnerungen schreibt, er glaube, dass in der Ablehnung dieser Resolution der Wendepunkt im Verhältnis der studentischen Linken zu Israel lag.
40 Lönnendonker et al., a. a. O., S. 338.
41 Vgl. Demonstrationsverbot in Berlin, in: Weser-Kurier Nr. 130 v. 5.6.1967, S. 2.
42 Lettau, Reinhard (Hg.): Die Gruppe 47. Ein Handbuch, Neuwied 1967, S. 463 f.
43 Ebd.
44 Vgl. Slobodian, Quinn: Foreign Front. Third World Politics in Sixties West Germany, Durham 2012, S. 120 f.
45 Richter, a. a. O., S. 75.
46 Ebd., S. 76.
47 Ebd.
48 Ebd.
49 Ebd.
50 Ebd.
51 Ebd.
52 Ebd.
53 Ebd.
54 Ebd.
55 Ebd.
56 Ebd., S. 76 f.
57 Vgl. ebd.

58 Alle Informationen in diesem Abschnitt: Vgl. Cramer, Hans-Jürgen: 7000 Mann schützten die Botschaft, in: Weser-Kurier Nr. 135 v. 10./11. Juni 1967, S. 3.
59 Hauser, a. a. O., S. 313.
60 Vgl. ebd.
61 Ebd.
62 Morin, Antonia: Daniel Barenboim heiratet Jaqueline du Pré, Deutschlandradio Kultur v. 2.9.2016, http://www.deutschlandradiokultur.de/juedische-hochzeit-daniel-barenboim-heiratet-jacqueline-du.1079.de.print?dram:article_id=364816, abgerufen am 12.9.2016.
63 von Baumbach, Marie: Das Wunder ist weg, das Kind immer noch da. Zubin Mehta und Daniel Barenboim im Gespräch, in: Wiener Zeitung v. 8.6.2005, http://www.wienerzeitung.at/nachrichten/archiv/134342_Das-Wunder-ist-weg-das-Kind-immer-noch-da.html, abgerufen am 12.9.2016.
64 Ebd.
65 Morin, a. a. O.
66 Ebd.
67 von Baumbach, a. a. O.
68 Ebd.
69 Weller, a. a. O.
70 Bill Graham wurde unter dem Namen Wolodja Grajonska 1931 in einer jüdischen Familie in Berlin-Kreuzberg geboren. Er überstand den Holocaust auf der Flucht mit einem Kindertransport und wurde später von amerikanischen Verwandten adoptiert.
71 Townshend, Who I am, S. 118.
72 Weller, a. a. O.
73 Ebd.
74 Ebd.
75 Ebd.
76 Ebd.
77 Ganzer Abschnitt vgl. Townshend, P., a. a. O., S. 120.
78 Ebd.
79 Gesamter Abschnitt ebd.
80 Vgl. Morin, a. a. O., S.
81 Sommer der Liebe, in: Der Spiegel Nr. 36/1967 v. 28.8.1967, S. 89.
82 Marqusee, Mike: Redemption Song, a. a. O., S. 226.
83 Ebd.
84 Ebd.
85 Ebd., S. 226 f.
86 Ebd., S. 227.
87 Ebd.
88 Ebd.
89 Ebd.
90 Vgl. ebd.
91 Ebd.
92 Ebd., S. 227.
93 Ebd.
94 Ebd.

95 Ebd.
96 Ebd.
97 Marqusee, Mike: Redemption Song, a. a. O., S. 227.
98 Ebd.
99 Ebd.
100 Ebd.
101 Ebd., S. 228.
102 Ebd.
103 Ebd.
104 Ebd., S. 228.
105 Ebd.
106 Ebd.
107 Ebd.
108 Ebd.
109 Ebd.
110 Webber, Jeffery R.: Red October: Left-Indigenous Struggles in Modern Bolivia, Leiden 2011, S. 83, Fußnote 22.
111 Montoya, Victor: Das Minenmassaker von San Juan, http://www.quetzal-leipzig.de/lateinamerika/bolivien/das-minenmassaker-von-san-juan-19093.html#, abgerufen am 14.8.2016.
112 Ebd.
113 Ebd.
114 Ebd.
115 Vgl. Webber, a. a. O.
116 Montoya, a. a. O.
117 Ebd. und Webber, a. a. O.
118 Vgl. Webber, a. a. O.
119 Montoya, a. a. O.
120 Ebd.
121 Ebd. und http://www.marxist.com/san-juan-massacre-bolivia250607.htm, abgerufen am 14.8.2016.
122 Norton, Mick Jagger, S. 268.
123 CBC-Archiv: http://www.cbc.ca/archives/entry/our-world-five-conti nents-linked-via-satellite, abgerufen am 16.5.2016.
124 https://www.youtube.com/watch?v=JuqW3CsC6l4, abgerufen am 17.5.2016.
125 https://www.youtube.com/watch?v=JuqW3CsC6l4, abgerufen am 17.5.2016
126 http://web.ard.de/ard-chronik/index/6898?year=1967, abgerufen am 16.5.2016.
127 Vgl. CBC-Archive a. a. O.
128 Vgl. Youtube-Channel von http://www.sciencemuseum.org.uk, https://www.youtube.com/watch?v=hnD78Rcd13k, abgerufen am 16.5.2016.
129 Norman a. a. O.
130 Edwards, Gavin: The Beatles make history with All you need is Love, Rolling Stone online v. 28.8.2014, http://www.rollingstone.com/music/features/the-beatles-make-history-with-all-you-need-is-love-a-minute-by-minute-breakdown-20140828, abgerufen am 16.5.2016.
131 Norman a. a. O.
132 Ebd.

133 Erwe, Hans-Joachim: All You Need Is Love (The Beatles) in: Songlexikon. Encyclopedia of Songs. Ed. by Michael Fischer, Fernand Hörner and Christofer Jost, http://www.songlexikon.de/songs/allyouneedislove, 11/2011 [revised 10/2013], abgerufen am 16.5.2016.

134 Vgl. Borchers, Detlef: Vor 40 Jahren: Was diese Welt braucht, ist Liebe, Heise online v. 25.6.2007, https://www.heise.de/newsticker/meldung/Vor-40-Jahren-Was-diese-Welt-braucht-ist-Liebe-143511.html, abgerufen am 16.5.2016.

135 Vgl. Edwards, Gavin, a. a. O.

136 Ebd.

137 Ebd.

138 Ebd.

139 Sendemanuskript v. Mládková, Jitka: Kultursalon – Beim Schriftstellerkongress 1967 öffnet sich eine tiefe Kluft zwischen Kulturschaffenden und Parteispitze, Prag 1996, Czech Radio 7/Radio Prag, S. 1.

140 Vgl. ebd.

141 Vgl. ebd.

142 Ebd.

143 Ebd.

144 Ebd.

145 Rede von Milan Kundera, in: Reden zum IV. Kongress des Tschechoslowakischen Schriftstellerverbandes Prag, Juni 1967, Frankfurt/Main, 2. Auflage 1969, S. 15.

146 Ebd.

147 Abgedruckt in Reden zum IV. Kongress des Tschechoslowakischen Schriftstellerverbandes, a. a. O., S. 35–42.

148 Nachwort Kohout, ebd., S. 142.

149 Rede von Ludvík Vaculík, ebd., S. 124.

150 Mládkóva, a. a. O., S. 3.

151 Rede Václav Havel, ebd., S. 99.

152 Ebd.

153 Ebd.

154 Vgl. Nachwort von Pavel Kohout, ebd., S. 141.

155 Mládková, S. 4.

156 Ebd.

157 Ebd.

158 Alle Informationen in diesem Abschnitt aus: Norman, Philip: Mick Jagger a. a. O., S. 276 f.

159 Guevara, Bolivianisches Tagebuch a. a. O., S. 140.

160 Ebd., S.141.

161 Ebd.

162 Ebd., S.142.

163 Ebd.

164 Ebd.

165 Ebd., S.141.

166 Vgl. Norman, Philip: Mick Jagger, a. a. O., S. 278.

1 Rees-Mogg, William: Who breaks a butterfly on a wheel, in:
The Times v. 1.7.1967, S. 1. https://s10.postimg.org/8jzvbs5m1/ghggf.jpg, abgerufen am 18.5.2016.
2 Vgl. Norman, Philip: Mick Jagger, a. a. O., S. 283.
3 Rees-Mogg, William: Who breaks a butterfly on a wheel, a. a. O.
4 Ebd.
5 Ebd.
6 Ebd.
7 Ebd.
8 Ebd.
9 Ebd.
10 Ebd.
11 Ebd.
12 Ebd.
13 Ebd.
14 Ebd.
15 Vgl. Norman, Philip: Mick Jagger, a. a. O., S. 287 f.
16 Townshend, Pete: Who I am, a. a. O., S. 123.
17 Ebd.
18 Ebd.
19 Ebd.
20 Ebd.
21 Ebd.
22 Ebd.
23 Ebd.
24 Wir fordern die Enteignung Axel Springers, in: Der Spiegel Nr. 29/1967 v. 10.7.1967, S. 29–33.
25 Ebd., S. 30 f.
26 Ebd., S. 32.
27 Ebd.
28 Ebd.
29 Ebd.
30 Ebd.
31 Zahlen bei: McLaughlin, Malcolm: The Long, Hot summer of 1967. Urban Rebellion in America, New York 2014, S. 106. Der Autor beruft sich auf die Angaben aus dem Untersuchungsbericht, den die Regierung zu den Ereignissen später in Auftrag gab.
32 Alle Informationen in diesem Abschnitt aus: Wang, Tabitha C.: Newark Riot 1967 bei Blackpast.org, http://www.blackpast.org/aah/newark-riot-1967, abgerufen am 6.7.2016 und Parks, Brad: Five days that changed a city bei nj.com, http://blog.nj.com/ledgernewark/2007/07/crossroads_pt_2.html, abgerufen am 6.7.2016, beide mit weiteren Nachweisen.
33 McLaughlin, Malcolm, a. a. O.
34 Ebd., S. 101 ff.
35 Wang, Tabitha C.: Detroit Race

Riot 1967, mit weiteren Nachweisen, http://www.blackpast.org/aah/detroit-race-riot-1967, abgerufen am 6.6.2016.

36 McLaughlin, Malcolm, a. a. O., S. 54

37 Ebd.

38 Ebd. und Conyers, John: Why the 1967 Detroit Riot happened, in: Ebony v. 24.2.2016, http://www.ebony.com/black-history/john-conyers-detroit-riot-1967#axzz4P85JZ4dG, abgerufen am 6.6.2016.

39 Conyers, a. a. O.

40 Ebd.

41 Ebd.

42 Ebd.

43 Ebd.

44 Ebd.

45 Wang, Detroit, a. a. O.

46 Ebd.

47 Ebd.

48 Ebd.

49 Ebd.

50 Ebd.

51 Ebd.

52 Ebd.

53 Ebd.

54 Ebd.

55 Ebd.

56 Ebd.

57 Vgl. McLaughlin, Malcolm, a. a. O., S. 110. Später zeigt sich, dass es keinerlei Beweise für diese Annahme gibt. Auch die Berichte über Heckenschützen sind extrem übertrieben und besonders folgenreich, weil sie zum rücksichtslosen Schusswaffengebrauch gegen die Demonstranten führten.

58 Wang, Detroit, a. a.O.

59 McLaughlin, Malcolm, a. a. O., S. VIIf.

60 Ebd., S. 110.

61 Ebd., S. 101 ff.

62 Ebd., S. VII.

63 Ebd., S. VIIf.

64 Ebd., S. VIII., vorwiegend Fallschirmjäger, vgl. Wang, Detroit, a. a. O.

65 Wang, Detroit, a. a. O.

66 Zahlen ebd.

67 McLaughlin, Malcolm, a. a. O., S. VII.

68 Ausführlich ebd., S. 110 ff.

69 Ebd.

70 Der im Februar 1968 veröffentlichte Bericht stellt u. a. fest, dass es keinerlei Belege für einen organisierten Bürgerkrieg gebe. Für die zahlreichen behaupteten Angriffe von Heckenschützen fand die Kommission von zwei bis drei Ausnahmen abgesehen keinerlei Beweise. Der Ausbruch der Gewalt wird u. a. zurückgeführt auf die jahrzehntelange Diskrimi-

nierung der schwarzen Bevölkerung und geradezu gewohnheitsmäßige rassistische Übergriffe seitens der Polizei. Der Bericht prophezeit die Spaltung der US-Gesellschaft in eine weiße und eine schwarze Nation, wenn es nicht gelinge, Diskriminierung und Chancenungleichheit zu beseitigen. Die Druckversion des Berichts der Kerner-Kommission wurde mit über zwei Millionen verkaufter Exemplare zu einem Überraschungsbestseller.

71 Informationen in diesem Abschnitt: Vgl. Norman, Philip: Mick Jagger, a. a. O., S. 283 f. Die Revision von Robert Fraser vor einem anderen Gericht wird verworfen.

AUGUST

1 Feltrinelli, Carlo: Senior Service, a. a. O., S. 325.
2 Ebd.
3 Ebd.
4 Ebd
5 Ebd.
6 Ebd., S. 325 f.
7 Ebd.
8 Ebd.
9 Ebd.
10 Ebd.
11 Ebd., S. 326.
12 Ebd.
13 Vgl. ebd. mit weiteren Nachweisen.
14 Vgl. Urban, Andreas: Provokation und Reaktion. Die Medialisierung und Musealisierung der 68er Gegenkultur, in: Hieber, Lutz; Moebius, Stephan (Hg.): Ästhetisierung des Sozialen. Reklame, Kunst und Politik, S. 321.
15 Kater, Andreas: Heute keine Anzeigen, in: Die Zeit Nr. 34/1967 v. 25.8.1967.
16 Vgl. Kater, a. a.O. und Urban, a. a. O.
17 Kater, a. a. O.
18 Wörtliches Zitat bei Kater, a. a. O.
19 Ebd.
20 Ebd.
21 Ebd.
22 Ebd.
23 Ebd.
24 Ebd.
25 Ebd.
26 Ebd.
27 Ebd.
28 Ebd.
29 Wörtliches Zitat ebd.
30 Ebd.

31 Dutschke verging im Gericht das Lachen, in: BILD v. 19.8.1967, http://www.medienarchiv68.de/dl/203266/1105.jpg.pdf, abgerufen am 17.9.2016.
32 Ebd.
33 Ebd.
34 Ebd.
35 Ebd.
36 Feltrinelli, Carlo, a. a. O., S. 327.
37 Vgl. ebd. mit weiteren Nachweisen.
38 Vgl. ebd.
39 Ebd., S. 327.
40 Ebd.
41 Ebd.
42 Ebd.
43 Feltrinelli, Carlo, a. a. O., S. 326.
44 Ebd.
45 Vgl. ebd., S. 326.
46 Ebd., S. 327.
47 Ebd.
48 Vgl. ebd.
49 Ebd.
50 Ebd.
51 Ebd.
52 Ebd., S. 328. Es handelt sich um § C eines entsprechenden Dekrets v. 28.1.1937.
53 Ebd.
54 Ebd.
55 Ebd.
56 Ebd.
57 Vgl. ebd., S. 329.
58 Ebd.
59 Vgl. Kater, a. a. O.
60 Ebd.
61 Massenansturm: Schon jetzt 90.000 Gäste, in: Welt am Sonntag v. 27.8.1967, S. 31.
62 Ebd.
63 Ebd.
64 Vgl. Heitzer, Bernhard: Rede zur Eröffnung der Festveranstaltung 50 Jahre Bundeskartellamt v. 15.1.2008, http://www.bundeskartellamt.de/SharedDocs/Publikation/DE/Reden/Dr.%20Bernhard%20Heitzer%20-%2050_Jahre_Bundeskartellamt_Er%C3%B6ffnung.pdf?__blob=publicationFile&v=4, abgerufen am 26.8.2016.
65 Vgl. Die Industrie sieht rot und schwarz, in: Die Zeit Nr. 33/1967 v. 18.8.1967, http://pdf.zeit.de/1967/33/die-industrie-sieht-rot-und-schwarz.pdf, abgerufen am 26.8.2016.
66 Die Visitenkarte muss sauber bleiben, Interview mit Karl Holzamer, in: Der Spiegel Nr. 32/1967 v. 31.7.1967, S. 84.
67 Der Fall Lou van Burg, in: Der Spiegel Nr. 32/1967 v. 31.7.1967, S. 85.
68 Dunkle Ecke, in: Der Spiegel v. 21.8.1967, S. 33.

69 Die Visitenkarte muss sauber bleiben, a. a. O.

70 Ebd. und Lattka, Heike: Durch den Matsch zur Reporterkarriere, in: FAZ v. 21.3.2013, http://www.faz.net/aktuell/rhein-main/die-anfa enge-des-zdf-durch-den-matsch-zur-reporterkarriere-12123988.html, abgerufen am 27.8.2016.

71 Die Visitenkarte muss sauber bleiben, a. a. O.

72 Ebd.

73 Ebd.

74 Vgl. Ebd., S. 8 und Böhme, Andreas: Lou van Burg war im Fernsehen »wunnebar«, in: Der Westen v. 3.12.2014, http://www.derwesten.de/panorama/lou-van-burg-war-im-fernsehen-wunnebar-id10107001.html, abgerufen am 26.8.2016.

75 Mein Boss heißt Cornfeld, in: Der Spiegel Nr. 38/1967 v. 11.9.1967, S. 27.

76 Ebd.

77 Ebd., S. 29.

78 Schmid, Carlo: Erinnerungen. Gesammelte Werke in Einzelbänden. Band 3, 3. Auflage, Bern München Wien, 1979, S. 805 f.

79 Vgl. ebd.

80 Ebd.

81 Personalien, in: Der Spiegel Nr. 37/1967, v. 4.9.1967, S. 140.

SEPTEMBER

1 Das Rezept erzählte Walter Kempowskis Mutter der Generalswitwe Margarethe, mit der sie eine Zelle in Bautzen teilen musste. Statt einzuwecken empfehlen sich heutzutage zuvor ausgekochte Twist-Off-Gläser. Schmeckt als Beilage zu Fleischgerichten oder als Nachtisch.

2 In der Literatur ist von einem Biberpelz die Rede. Das Foto zeigt aber eindeutig einen Persianer.

3 Vgl. Feltrinelli, Carlo: Senior Service, a.a.O., S. 349.

4 Ebd., S. 349 f.

5 Vgl. ebd.

6 Ebd.

7 Ganz unglaublich, in: Der Spiegel Nr. 39/1967 v. 18.9.1967, S. 34.

8 Ebd.

9 Ebd.

10 Ebd.

11 Ebd.

12 Ebd.

13 Ebd.

14 Ebd.

15 Vgl. Bundestagsdrucksache V/2403 v. 1.12.1967, S. 57.
16 Vgl. ebd., S. 55.
17 Ebd., S. 6.
18 Ebd.
19 Ganz unglaublich, a. a. O.
20 Ebd.
21 Ebd.
22 Ebd.
23 Hat mei Bomb gezünd, a. a. O., S. 76.
24 Ebd.
25 Ebd.
26 Ebd.
27 Ebd.
28 Vgl. http://www.grimmepreis-archiv.de/#lb_1123, abgerufen am 21.10.2016.
29 Wiar a Kropf, in: Der Spiegel v. 23.10.1967, S. 99.
30 Ebd.
31 Ebd.
32 Siegfried, Detlef: Time Is on My Side. Konsum und Politik in der westdeutschen Jugendkultur der 60er Jahre, Göttingen 2006, S. 412 mit weiteren Nachweisen.
33 Ebd.
34 Ebd.
35 Vgl. ebd., S. 413.
36 Ebd.
37 Vgl. ebd.
38 Ebd. unter Verweis auf EMNID, Nr. 11 v. November 1967, S. 12 ff.
39 Ebd.
40 Siegfried, a. a. O., S. 434.
41 Ebd.
42 Ebd.
43 Ebd.
44 Ebd.
45 Hat mei Bomb gezünd, a. a. O.
46 Ebd.
47 Ebd.
48 Ebd.
49 Doller Jux, in: Der Spiegel Nr. 41/1967 v. 2.10.1967, S. 194.
50 Und alle, alle kamen nicht, in: Die Zeit v. 6.10.1967.

OKTOBER

1 Vgl. Andersen, Jon Lee, a. a. O., S. 631 unter Berufung auf einen kubanischen Geheimdienst-mitarbeiter namens »Santiago«.
2 Hat mei Bomb gezünd, a. a. O., S. 76.
3 Sprengstoffattentat auf Triebwagenzug, a. a. O.
4 Ebd.
5 Ebd.
6 Ebd.
7 Hat mei Bomb gezünd, a. a. O.
8 Ebd.
9 Vgl. Krachen wird es, a. a. O.

10 Ebd.
11 Hat mei Bomb gezünd, a. a. O.
12 Ebd.
13 Ebd.
14 Ebd.
15 Polizei: Roy Clark ist ein gefährlicher Irrer, in: Weser-Kurier v. 5.10.1967, S. 15.
16 Hat mei Bomb gezünd, a. a. O.
17 Ebd.
18 Herrmann, Ruth, a. a. O.
19 Sprengstoffattentat auf Triebwagenzug, in: Weser-Kurier v. 4.10.1967, S. 13.
20 Hat mei Bomb gezünd, a. a. O.
21 Ebd.
22 Ausführlich: Böttiger, Helmut: Die Gruppe 47. Als die deutsche Literatur Geschichte schrieb, München 2012, S. 397 ff.
23 Ebd., S. 412.
24 Ebd.
25 Ebd.
26 Ebd.
27 Ebd.
28 Ebd.
29 Ebd.
30 Ebd.
31 Vgl. Moorse, C. H.: Über Deutschland. A Reader on German Affairs, Oxford 1972, S. 104.
32 Löbsack, Theo: Wie lange noch DDT?, in: Die Zeit Nr. 48/1969 v. 28.11.1969, S. 5, http://www.zeit.de/1969/48/wie-lange-noch-ddt/seite-5, abgerufen am 27.8.2016. Die Zahlen beziehen sich auf Westdeutschland. In der DDR wurden DDT-Produkte bis 1989 verwendet.
33 Vgl. Our Story: How EDF got started, https://www.edf.org/about/our-history, abgerufen am 27.8.2016.
34 Ebd.
35 Ebd. Der Kampf gegen das DDT gilt als die Geburtsstunde des institutionalisierten Umweltschutzes. 1970 wurde in den USA ein weitgehendes Verbot für DDT verfügt, vorwiegend auf Basis der im Long-Island-Fall vorgelegten Beweise.
36 Guevara, Che: Bolivianisches Tagebuch, a. a. O., S. 201.
37 Anderson, Jon Lee, a. a. O., S. 608.
38 Guevara, Che: Bolivianisches Tagebuch, a. a. O., S. 201.
39 Ebd.
40 Ebd.
41 Ebd.
42 Ebd.
43 Ebd.
44 Ebd.
45 Ebd.
46 Ebd.
47 Ebd.
48 Ebd.
49 Ebd., S. 203.

50 Ebd.
51 Ebd.
52 Ebd.
53 Ebd.
54 Anderson, Jon Lee, a. a. O., S. 611.
55 Ebd.
56 Ebd.
57 Ebd.
58 Alle Informationen in diesem Absatz vgl. Anderson, a. a. O., S. 611.
59 Ebd.
60 Ebd.
61 Ebd.
62 Ebd., S. 612.
63 Ebd.
64 Ebd.
65 Ebd., S. 612 f.
66 Ebd. Die Aufzeichnungen von Oberstleutnant Selich wurden lange nach dessen Tod erst 1995 dem Autor Jon Lee Anderson durch Selichs Witwe zugänglich gemacht.
67 Alle Informationen aus diesem Abschnitt aus Anderson, Jon Lee, a. a. O., S. 613.
68 Ebd., S. 615.
69 Ebd., S. 615.
70 Ebd., S. 616.
71 Ebd. CIA-Agent Rodriguez behauptet, er habe die Bolivier von ihrem Vorgehen abhalten wollen, da die USA ein lebhaftes Interesse an weiteren Verhören Guevaras hatten. Ihm sei gesagt worden, dass der Befehl unmittelbar von Präsident Barrientos und dessen Generalstab gekommen sei. Vgl. Anderson, a. a. O., S. 615 ff.
72 Vgl. ebd., S. 617.
73 Hat mei Bomb gezünd, a. a. O.
74 Coyote, a. a. O.
75 Ebd.
76 Ebd.
77 Ebd.
78 Seyer, Ulrike: Die Frankfurter Buchmesse in den Jahren 1967–1969, in: Füssel, Stephan (Hg.): Die Politisierung des Buchmarkts. 1968 als Branchenereignis, Wiesbaden 2007, S. 174.
79 Vgl. ebd., S. 175 ff.
80 Ebd., S. 175.
81 Ebd., S. 176.
82 Ebd.
83 Ebd.
84 Ebd.
85 Ebd., S. 174.
86 § 2 Abs. 1 der Bedingungen für die Beteiligung an der Frankfurter Buchmesse 1967, zit. bei Seyer, a. a. O., S. 175.
87 Seyer, a. a. O., S. 179.
88 Ebd., S. 180.
89 Ebd.
90 Ebd., S. 182 mit weiteren Nachweisen.
91 Ebd.

92 Ebd.
93 Ebd.
94 Ebd.
95 Ebd.
96 Ebd.
97 Ebd.
98 Ebd.
99 Vgl. ebd., S. 183.
100 Ebd.
101 Ebd.
102 Herrmann, Ruth, a. a. O.
103 Hat mei Bomb gezünd, a. a. O.
104 Ebd.
105 Hunderte wollen »Fantom Roy Clark« kennen, in: Weser-Kurier v. 16.10.1967, S. 11.
106 Ebd.
107 Ist »Roy Clark« ein Schwabe?, in: Weser-Kurier v. 14./15.10.1967, S. 9.
108 Ebd.
109 Ebd.
110 Ebd.
111 Hunderte wollen »Fantom Roy Clark« kennen, a. a. O.
112 Vgl. Anderson, a. a. O., S. 617.
113 Seyer, a. a. O., S. 183.
114 Ebd.
115 Ebd.
116 Ebd.
117 Ebd.
118 Ebd.
119 Vgl. ebd.
120 Ebd., S. 188 f.
121 Ebd., S. 189.
122 Ebd.
123 Vgl. dazu: Zimmer, Dieter E.: Krach im Börsenverein, in: Die Zeit Nr. 44, 1967.
124 Die Stimme »Roy Clarks« wird heute noch einmal gesendet, in: Weser-Kurier v. 17.10.1967, S. 9.
125 Ebd.
126 Ebd.
127 Ebd.
128 Vgl. ebd.
129 Frankfurter Richter beschlagnahmte das Zonen-Braunbuch, in: Berliner Morgenpost v. 18.10.1967.
130 Zitat aus dem Gerichtsbeschluss: ebd.
131 Seyer, a. a. O., S. 186, Abschrift des Beschlusses in dem Ermittlungsverfahren gegen die Verantwortlichen des Staatsverlages der DDR wegen Verunglimpfung des Bundespräsidenten v. 17.10.1967.
132 Vgl. Was möglich ist, in: Der Spiegel Nr. 44 v. 24.10.1967, S. 76.
133 Ebd.
134 Seyer, a. a. O., S. 186.
135 Ebd.
136 Ebd. mit weiteren Nachweisen.
137 Vgl. § 90 Abs. 4 StGB.
138 Vgl. Zimmer, a. a. O.
139 Vgl. ebd.
140 Vgl. ebd.
141 Was möglich ist, in: Der Spiegel a. a. O.

142 Ebd.
143 Ebd.
144 Ebd.
145 Ebd.
146 Tagesordnungspunkt D. der 97. Kabinettsitzung am 18.10.1967, http://www.bundesarchiv.de/cocoon/barch/k0/k/k1967k/kap1_2/kap2_41/para3_6.html, abgerufen am 3.9.2016.
147 Ebd.
148 Ebd.
149 Ebd., ein erneutes Aufgreifen des Themas zu einem späteren Zeitpunkt ist aus den Kabinettsprotokollen nicht nachweisbar, vgl. Anmerkung 2 ebd.
150 https://www.deutscheakademie.de/de/auszeichnungen/georg-buechner-preis/heinrich-boell/urkundentext, abgerufen am 1.7.2016.
151 https://www.deutscheakademie.de/de/auszeichnungen/georg-buech ner-preis/heinrich-boell/laudatio, abgerufen am 1.7.2016.
152 https://www.deutscheakademie.de/de/auszeichnungen/georg-buechner-preis/heinrich-boell/dankrede, abgerufen am 1.7.2016.
153 Brief v. 22.10.1967, abgedruckt bei Renz, Renz, Werner (Hg.), Von Gott und der Welt verlassen, S. 204.
154 Ebd.
155 Es war beim SPIEGEL üblich, dass die Artikel nicht als Namensartikel erschienen.
156 Vgl. Was möglich ist, a. a. O.
157 Ebd.
158 Zitiert ebd.
159 Wojak, a. a. O., S. 443 u. passim.
160 Deutscher Bundestag, 5. Wahlperiode, 128. Sitzung v. 25.10.1967, Stenographisches Protokoll, S. 6444ff., http://dipbt.bundestag.de/doc/btp/05/05128.pdf, abgerufen am 3.9.2016.
161 Ein Instrument der wöchentlichen Fragestunde im Bundestag, s. Geschäftsordnung des Bundestags, Anlage 4, https://www.bundes tag.de/bundestag/aufgaben/rechtsgrundlagen/go_btg/anlage4/245184, abgerufen am 3.9.2016.
162 Deutscher Bundestag, Stenographisches Protokoll v. 25.10.1967, a. a. O., S. 6444.
163 Die erste Frage wurde vom Abgeordneten Rollmann, die drei weiteren vom Abgeordneten Schlager, beide der CDU/CSU-Fraktion zugehörig, gestellt, s. ebd., Tagesordnung.
164 Ebd., S. 6445.

165 Ebd.
166 Ebd.
167 Ebd.
168 Ebd.
169 Ebd.
170 Ebd., S. 6446.
171 Ebd.
172 Ebd.
173 Ebd.
174 Vgl. ebd.
175 Ebd.
176 Ebd.
177 Ebd.
178 Ebd.
179 Ebd.
180 Ebd.
181 Ebd., S. 6447.
182 Ebd.
183 Ebd.
184 Ebd.
185 Vgl. Schöne Analyse, in: Der Spiegel Nr. 30/1967 v. 17.7.1967, S. 33, http://www.spiegel.de/spiegel/print/d-46409205.html, abgerufen am 3.9.2016.
186 Ebd.
187 Ebd., S. 6448.
188 Vgl. Goldene Sporen, in: Der Spiegel Nr. 48/1968 v. 25.11.1968, S. 84–92. http://www.spiegel.de/spiegel/print/d-45922003.html, abgerufen am 4.9.2016.
189 Ebd.

NOVEMBER

1 Koenen, Gerd: Das rote Jahrzehnt, S. 15.
2 Krachen wird es, a. a. O.
3 Handwörterbuch der Kriminologie, a. a. O., S. 106.
4 Vgl. Strothmann, Dierk: Bahn-Bomber Roy Clark, in: Hamburger Abendblatt v. 10.12.2006. http://www.abendblatt.de/hamburg/article107184612/Bahn-Bomber-Roy-Clark.html, abgerufen am 18.8.2016.
5 Barnard, Mein Weg als Arzt und Mensch, S. 233.
6 Ebd., S. 234.
7 Vgl. ebd. S. 242.
8 Kempowski, a. a. O., S. 524. Das Zitat bezieht sich auf Kempowskis erstes Buch ›Im Block‹, das 1969 erschien.
9 Dinné, Olaf: 15 Jahre SPD in Bremen, dann grün. Ein Beitrag zur Bremischen Geschichte jüngerer Vergangenheit. Bremen 1979, S. 29–34, Nachdruck aus: Anno Dunnemals. 68 in Bremen, Bremen 1998, S. 169 ff.
10 Auditorium Maximum,

größter Hörsaal einer Universität.

11 Vgl. Dinné, a. a. O.

12 Arnold, Heinz Ludwig: Wilfinger Erinnerungen, Göttingen 2012, S. 70 f.

13 Ebd., S. 71.

14 Namen der Woche, in: DIE ZEIT Nr. 47/1967 v. 24.11.1967.

15 Protokoll der 136. Sitzung der 5. Wahlperiode des Deutschen Bundestages v. 17.11.1967, http://dip21.bundestag.de/dip21/btp/05/05136.pdf, abgerufen am 15.9.2016.

16 Ebd.

17 Ebd., S. 6896 und passim.

18 Ebd.

19 Ebd.

20 Ebd.

21 Ebd.

22 Ebd., S. 6897.

23 Ebd., S. 6911.

24 Ebd.

25 Ebd., S. 6917 f.

26 Ebd., S. 6918.

27 Ebd.

28 Ebd.

29 Ebd., S. 6920.

30 Kurras will sofort wieder an die Arbeit gehen, Eigenbericht des Weser-Kuriers, in: Weser-Kurier Nr. 276/1967 v. 22.11.1967, S. 12.

31 Ebd.

32 Vgl. Hermann, Kai: Feispruch für Kurras, in: DIE ZEIT Nr. 47/1967 v. 24.11.1967.

33 Ebd.

34 Vgl. Soukup, Uwe, a. a. O.

35 Vgl. Kurras will sofort wieder an die Arbeit gehen, a. a. O.

36 Vgl. z. B. Hermann, a. a. O. und Freispruch, in: Weser-Kurier Nr. 276 v. 22.11.1967, S. 2.

37 Erst im Jahr 2009 wurde bekannt, dass Kurras SED-Mitglied war und seit Jahren als Inoffizieller Mitarbeiter der Stasi die Berliner Polizei ausspionierte. Ein Auftrag durch die Stasi zur gezielten Provokation der Studenten durch eine solche Tat lag aber nach bisherigen Erkenntnissen nicht vor und wird von seriösen Forschern trotz teilweise fehlender Akten aus dem Ministerium für Staatssicherheit der DDR auch nicht für wahrscheinlich gehalten. Laut vorhandener Akten war die Stasi selbst überrascht und strich Kurras sofort nach der Tat von ihrer Payroll. Zur Einschätzung, inwieweit wegen Kurras' IM-Tätigkeit eventuell die Geschichte der »68er« umzuschreiben wäre, vgl. Prosinger, Wolfgang: Der ewige Spießer, in: Der Tagesspiegel v. 28.5.2009. http://www.tagesspiegel.de/

kultur/fall-kurras-der-ewige-spiesser/1523140.html, abgerufen am 9.8.2016.

38 Vgl. Dinné, a. a. O., S. 170f, in dessen Erinnerung die Zeiten von Rudi Dutschkes Aufzeichnungen abweichen. In diesem Abschnitt wird hinsichtlich der Zeiten, soweit sie voneinander abweichen, den Aufzeichnungen Dutschkes gefolgt.

39 Dutschke schreibt Henning, vgl. ders. Tagebücher, a. a. O., S. 66.

40 Vgl. Dinné, a. a. O., S. 171.

41 Es sind dieselben Schuhe, die nach dem Attentat auf Dutschke 1968 auf einem Tatortfoto, das um die ganze Welt geht, ikonografische Wirkung bekommen. Vgl. Dinné, ebd.

42 Dutschke, Tagebücher a. a. O., S. 67.

43 Ebd., S. 67.

44 Vgl. Dinné, a. a. O., S. 173.

45 Dutschke, Tagebücher a. a. O., S. 67.

DEZEMBER

1 Frei, a. a. O., S. 216.

2 Krachen wird es, a. a. O.

3 Ebd.

4 Ebd.

5 Ebd.

6 Ebd.

7 Ebd.

8 Ebd.

9 Ebd.

10 Ebd.

11 Alle Informationen in diesem Abschnitt vgl. Barnard, a. a. O., S. 254 f.

12 Ebd., S. 255.

13 Schilderung von Edward George Darvall, abgedruckt bei Barnard, a. a. O., S. 262 f.

14 Vgl. Schwarzer, Alice: Lebenslauf, Köln 2011, S. 145.

15 Richter, Mittendrin, a. a. O., S. 94.

16 Ebd., S. 362.

17 Ebd.

18 Krachen wird es, a. a. O.

19 Ebd.

20 Handwörterbuch der Kriminologie a. a. O., S. 106.

21 Ebd.

22 Krachen wird es, a. a. O.

23 Ebd.

24 Vgl. ebd.

25 Teufel wurde freigesprochen, in: Weser-Kurier Nr. 303/1967, v. 23.12.1967, S. 2.

26 Ebd., S. 1.

27 Vgl. ebd.

28 Vgl. ebd.

29 Ebd.

30 Ebd.

31 Ebd., S. 2.

32 Ebd.

33 Ebd.

34 Ebd.

35 Vgl. Schwarzer, Lebenslauf, S. 145.

36 Ebd. Erst sieben Jahre später lenkt sie erstmals wieder selbst ein Auto.

Namenregister

Bildnachweis

S. 10: Kleinstadt 1967. © ullstein bild/Schütt

S. 16: Hippies in San Francisco. © Süddeutsche Zeitung Photo

S. 54: Titelbild Neckermann-Katalog Frühling 1967. © Wirtschaftswundermuseum Jörg Bohn

S. 72: Twiggy 1967 in London. © ullstein bild/Morrorpix

S. 88: Kathrine Switzer beim Boston Marathon 1967. © getty images/ Walter looss jr.

S. 138: Mick Jagger und Keith Richards nach der Verhandlung wegen Drogenbesitzes. © ullstein bild

S. 164: Poster zum Monterey International Pop Festival 1967. © ullstein bild/Heritage Images

S. 208: Rassenunruhen in Detroit 1967. © getty images/Declan Haun

S. 226: Vico Torriani in der Fernsehshow ›Der goldene Schuss‹. © ullstein bild/Heinz Köster

S. 246: Jugendliche »Gammler« in Berlin. © ullstein bild/ Heinz O. Jurisch

S. 246: Protest in Berlin gegen den Springerkonzern. © ullstein bild/Binder

S. 258: Ernesto »Che« Guevara © ullstein bild/United Archives

S. 302: Erste Herztransplantation in Kapstadt. Christiaan Barnard mit seinem Team. © ullstein bild/dpa

S. 320: Berichterstattung zum Bundesbahnerpresser »Roy Clark«. © Archiv der Süddeutschen Zeitung

Zitate:

S. 69: The Beatles ›Strawberry Fields‹. Sony/Atv Music Publishing Germany GmbH

S. 139: Hans Werner Richter ›Mittendrin. Tagebücher 1966–1972‹, gebundene Ausgabe. Verlag C.H.Beck 2012